삶으로부터 배우는
인간경영

삶으로부터 배우는

인간경영

최두형 지음

이미지북

　살아간다는 것은, 나이를 먹는다는 것은 책임질 일이 그만큼 더 늘어난다는 것일 것이다. 세상의 많은 사람을 만나서 인연을 맺고, 자신의 존재를 책임져야 하는 것이 바로 인생이다. 그 누구도 자신이 선택하지 않은 인생은 없다. 그러나 모든 것은 스스로 선택한데 따른 결과물이라는 사실이다. 자신에게 솔직해져야 마음이 편안해지고, 행복을 받아들일 준비가 되어야 하고, 그것을 꽃 피울 터전이 있어야 하는 것이다.

　인간 경영은 결코 쉽지 않다. 경영 중에서 가장 어려운 것이 인간 경영이다. 사람이 사람을 관리하고 운영한다는 것 자체가 난센스지만, 사람이 사람의 마음을 얻는 것만큼 어려운 것이 없다. 인간 경영은 사람에 대한 투자이며, 사람의 마음과 마음을 하나로 묶는 마음을 통한 상호 교류이다. 누구에게나 진실해야 하고, 남을 해하지 말아야 하고, 남의 의견을 존중하고 거짓이 없는 인간적인 사랑과 신뢰를 주는 행위의 경영이다.

이 책은 내 삶의 철학이 담긴 글이다. 남보다 특별한 것도 별난 것도 없는 인생 이야기이며, 크게 내세울 것도 없는 평범한 삶의 기록이다. 내가 세상을 살아오면서 느낀 삶의 성찰이자 지혜이며, 내 주변의 아름답고 행복한 사람들의 세상사는 이야기이며, 부끄러움 없이 살아온 세월의 고백 같은 것이다.

내 인생에 있어 삶과 경영은 서로 뒤엉킨 한 몸이고 한 뿌리이다. 평생 삶이란 길 위에서 사람을 만났고, 행복과 슬픔, 명예와 성공에 감개하였다. 공무원, 국영기업, 사기업을 거쳐 성원개발을 이룩하기까지의 과정은 때로 힘들었고, 때로는 마음이 아팠다. 그것은 내가 선택한 한 경영인의 운명이고 삶이다. 어딘가에 내가 아직 만나보지 못한 삶이 있는 한, 나는 또 나 자신을 경영하기 위해 남은 내 생을 투자하면서 살아갈 생각이다.

2008년 9월에   서암 최두형

Contents

Chapter Two
즐거운 인생 행복한 인생

Chapter Five
행복한 부부 향기 나는 부부

젊었을 때는 세상을 변화시키겠다는 꿈을 가졌고, 좀 더 나이가 들어서는 나라를 변화시키겠다고 결심을 했고, 황혼의 나이가 되었을 때는 가족을 변화시키겠다는 마음을 정했다. 하지만 어느 것 하나도 이루지 못하고 죽음을 맞이하기 위해 자리에 누웠을 때 문득 깨달은 것이 있다. '나 자신부터 변화시켰더라면 그 모든 것을 변화시켰을 것이다.'

-영국 웨스트민스터 대성당 성공회 어느 주교의 묘비명에서

Chapter One

자기 계발
인간 경영

자신만의
색깔을 가지는 사람

큰 재주를 가졌다면
근면은 그 재주를 더 낫게 해 줄 것이며,
보통의 능력밖에 없다면
근면은 부족함을 보충해 줄 것이다.
-J. 레이놀즈

인간은 약육강식의 동물 섭리에서 벗어나 무리를 짓고 생각하면서 도구를 사용하며 인간다움이라는 진리를 찾아 헤매는 동물이다. 그래서 인간의 정의에 대해, 그 삶의 바른 길을 찾을 수 있을까를 고민하면서 살아간다.

이 지구상에는 많은 사람들이 살고 있다. 하루에도 수많은 인간이 태어나며 죽어가고 있다. 이들 중에는 아름다운 인생을 살다 간 사람이 있고, 때로는 너무나 더럽고 악한 비참한 인생을 살다 간 사람이 있고, 평범한 삶을 살아가는 사람이 있는가 하면 평범함을 넘어 특출한 사람이 있다.

생을 아름답게 살다 간 사람들은 자신의 인생을 빛내면서 사람들의 희망이 되고, 또한 절망에 빠진 사람들을 구하기도 하는 빛나는 인생을 살아간다. 반면 너무나 더럽고 악한 인생을 산 사람들은 남의 것을 빼앗고 짓밟으며 상처를 주는 삶을 영위하며 인생을 살아간다.

평범한 사람은 자신의 주어진 조건에 충실하게 살며, 그저 평범한 가정을 꾸리거나 자신만의 일을 해나가며 주위의 사람들과 혹은 자신 스스로 인생을 걸어간다.

평범함을 넘어 특출한 사람은 평범함 이상의 능력을 가져 그 능력을 발휘하거나 또는 평범함 이상의 노력으로 능력을 가진 사람 못지않은 위치로 올라가는 인생을 산다. 하지만 그 특출함의 자만에 빠진 사람은 자신을 다스리지 못하고 스스로가 악한 사람으로 변해가는 삶을 살기도 한다.

이처럼 우리 인생은 한 마디로 정의할 수 있는 것이 아니다. 그렇다면 후회 없는 인생을 살면서 아름답고 건강한 삶을 어떻게 살아갈 수 있을까?

철학자 칸트는 '인간이란 도대체 무엇인가?'라는 물음에 대해 "인간은 이성적인 존재자이다"라고 했다. 그리고 "나는 무엇을 할 수 있는가?", "나는 무엇을 행해야만 하는가?", "나는 무엇을 희망해도 좋은가?"라는 세 가지 질문을 통해서 인간의 지혜, 도덕적 행위, 희망을 밝히려고 했다. 즉 인간의 이성이 인식할 수 있는 것과 인식할 수 없는 것, 마땅히 해야 할 것과 행해서는 안 되는 것, 합당하게 희망해도 좋은 것과 희망할 수 없는 것을 밝혀내고 이성 자신의 한계를 규정했다.

　그렇다. 사람은 세상에 태어날 때 이미 이성을 가진 하나의 인격체로 존경받아야 한다. 개개인의 사람마다 얼굴이 다르고 성격도 다르며 타고난 소질도 다르기 때문이다.

　이처럼 세상은 서로 다른 사람들이 모여서 사회를 구성한다. 이 사회에서 인간이 조화를 이루고 살기 위해서는 많은 어려움이 따른다. 그렇지만 인간은 이성적인 존재로 서로 도움을 주고받을 수 있다. 자신만의 특기를 살려 모든 이에게 도움을 주는 공생의 삶을 사는 인간이 되어야 한다.

　특기란, 전문지식이 아닌 남이 갖지 못한 기량을 말한다. 춤을 멋지게 잘 춘다거나, 운동을 남보다 잘하는 것 등의 취미와는 또 다르다. 취미가 후천적으로 배워서 익힌 것이라면, 특기는 어머니 뱃속에서부터 익히고 나온 것이기 때문이다.

　남이 갖고 있지 않은 자기만의 기술 혹은 기량이 있다는 것은 행운이다. 이 행운을 그냥 버려둘 것이 아니라 자신을 위해, 인간 존재자로서 사회의 구성원이 되기 위해 적극적으로 계발해야 한다.

　자신의 기량을 맘껏 발휘하고 사는 사람은 인생이 즐겁다. 다른 사람에게 기쁨과 희망과 용기를 줄 수 있을 뿐 아니라 자신의 삶을 멋있게 살 수 있기 때문이다.

　최근엔 행복의 척도를 삶의 질에서 찾는 사람이 많다. 그러나 삶의 질은 남이 높여주는 것이 아니라 자신이 노력해서 얻는 것이다. 단순히 물질적인 풍요를 누린다고 해서 삶의 질이 높아지는 것은 결코 아니다.

행복한 삶은 조직 안에서 인정을 받는 것도 중요하지만 자기 자신을 스스로 인정하고 자랑스럽게 생각해야 한다. 이처럼 특기는 스스로 자신을 인정해 주는 계기가 되며, 아름다운 삶을 살아가게끔 하는 힘이 된다.

선천적으로 재능이 없는 몸이 둔한 사람이 춤이나 운동으로 자신의 특기를 계발하려 한다면 시간 낭비이다. 보기 좋다고 남을 따라할 것이 아니라 자신만이 할 수 있는 기량을 발견해 자기의 색깔을 만드는 것이 중요하다.

동창들과의 모임에서 있었던 일이다. 한 친구가 트럼펫을 멋지게 연주해 뜨거운 박수갈채를 받았다. 또 한 사람은 성악가 못지않은 노래를 선사해 앙코르를 받았다.

여느 모임과는 다르게 그날 모임은 모두에게 색다른 활력을 넘치게 해주었다. 특히 트럼펫을 연주하고 노래를 불렀던 친구는 친구들의 부러움을 샀다.

두 사람은 자기의 전문적인 일이 있지만 그와는 별개로 이런 특기를 살려 풍요로운 자신의 삶을 누리고 있었고, 더불어 모임을 즐겁게 만들어 주었다.

이때 문득 상대성 이론을 주장한 물리학자 아인슈타인이 생각났다. 금세기 가장 훌륭한 과학자이자 바이올린 연주자였기 때문이다.

어느 해 UN본부에서는 아인슈타인을 초청해 과학에 관한 강의가 아닌 바이올린 연주를 듣기로 했다.

이때 한 기자가 아인슈타인에게 질문했다.

"박사님은 어떻게 바이올린을 연주하게 되었습니까?"

"나는 과학자입니다. 과학을 하는 사람은 인간성을 상실할 위험이 많습니다. 바이올린을 연주하는 것은 바로 인간성을 상실하지 않기 위한 수단입니다."

"그럼, 박사님은 바이올린 연주를 얼마나 잘한다고 생각하십니까?"

"난 그런 것은 모릅니다. 다만 그것을 즐길 뿐입니다. 나는 오직 인간성을 상실하지 않기 위해 즐겁게 악기를 켜고, 음악을 사랑할 뿐입니다."

라고 아인슈타인은 대답했다.

이처럼 삶의 여유와 질 높은 자아 성숙을 위해서는 아인슈타인처럼 자신의 일 이외에 자신만의 특기를 살려 인생을 즐기라고 권하고 싶다.

사실 나는 특기가 없어서 이런 사람들을 보면 무척 부럽다. 회사에서 행사가 있을 때마다 특기가 있는 직원들이 자리를 빛내주는 경우가 많다. 나는 그때마다 박수를 치며 환호를 보낸다. 그들은 그 순간 주인공이 되고 스포트라이트를 받게 된다. 이 얼마나 즐거운 인생인가!

특기가 있음에도 자기의 특기를 살리지 못하고 산다면 불행한 일이다. 요즘같이 개성이 존중되는 시대에 자신을 드러내어 빛나게 하고 인정받을 수 있다면 그것은 큰 행운이라 할 것이다.

오늘, 이 순간부터
시간을 계획하고 활용하라

승자는
시간을 관리하며 살고
패자는 시간에 끌려 산다.
－ J. 하비스

　　"이것은 세상에서 가장 길기도 하고 가장 짧기도 하다. 이것은 가장 빠르면서도 가장 느린 것이다. 이것은 가장 크지만 제일 작게 쪼개지기도 한다. 사람들은 이것을 제일 아까워한다. 이것이 없으면 어떤 일도 할 수 없다. 이것은 작은 모든 것들을 소멸하게 만들고, 모든 위대한 것들을 생기 넘치게 만든다. 이것은 무엇인가?"

　국왕 선거에 참가하는 사람은 반드시 이 질문에 답해야만 했는데, 총명한 자디그가 대답했다.

　"이 세상에서 가장 긴 것은 시간밖에 없습니다. 영원히 끝이 없기 때문이죠. 가장 짧은 것도 시간입니다. 모든 계획은 완성하기엔 늘 시간이 부족하니까요. 즐거움을 찾는 사람에게 시간은 제일 빠릅니다. 반면 기다리는 사람에게 시간만큼 느린 것도 없지요. 또 시간은 얼마든지 작게 나눌 수도 있고 무한대로 늘릴 수도 있습니다. 당시에는 아무도 그 중요성을 알지 못하다가 지나고 나면 누구나 아쉬워하는 것 역시 시간이지요. 시간이 없으면 세상의 어떤 일도 할 수 없습니다. 후대에 기념할 가치가 없는 모든 것들은 시간이 지남에 따라 잊힙니다. 그러나 위대한 모든 일은 영원토록 사라지지 않지요.”

프랑스 사상가이자 작가인 볼테르는 풍자소설 『자디그』를 통해 시간의 의미에 대해 명쾌하게 대답해 주고 있다.

그렇지만 우리 삶에는 제대로 사용하지 않은 채 버려지는 시간이 너무 많으며, 헛되이 흘려보낸 시간은 결코 돌아오지 않는다. 또한 그 시간들은 우리의 소유물이자 가장 귀한 재산으로 누구에게나 똑같이 하루 24시간이 주어진다.

그것은 공평하게 주어진 선물로 누구도 더 많은 시간을 얻을 수는 없다. 공평하게 주어진 시간이지만 누가 어떻게 사용하느냐에 따라 전혀 다른 결과를 만들어낸다. 그렇기 때문에 ‘시간과 싸우는 것이 인생’인 것이다.

흔히 사람들은 “모든 것은 시간이 해결해 준다”고 말한다. 그러나 이 말은 문제를 방치하고 시간이 흐르기만을 기다리라는 것이 아니다. 흐르는 시간 속에서 문제 해결을 위해 적극적으로 노력하라는 말이다.

우리가 사는 동안에는 언제든 시간과 싸워야 한다. 그래서 인생이란 자신과의 싸움이며 시간과의 싸움이다. 그 싸움에서 패배하느냐, 승리하느냐에 따라 성공과 실패로 나뉜다.

하루 24시간을 어떻게 유용하게 활용할 것인가 하는 것이 시(時)테크로, 남들이 부러워하는 성공의 삶을 사는 사람들은 시간의 소중함을 알고 시간을 쪼개서 효율적으로 관리한 사람으로 시테크를 잘한 사람들이다.

성공한 사람들을 유심히 관찰해 시간의 계획과 활용하는 법을 배워야 한다. 자신과 똑같은 시간을 가지고 있음에도, 더 효율적으로 일하고 자기 관리에 힘쓴 사람들이다.

그런데도 보통 사람들은 "시간이 없어서……"라고 쉽게 이야기한다. 운동할 시간이 없어서, 책 읽을 시간이 없어서, 만날 시간이 없다는 이유를 들어 할 일을 못 한다고 말한다.

하지만 하루 24시간이 부족하도록 열심히 사는 사람은 그런 말을 하지 않는다. 어떤 일이든지 자신이 해야 할 일이라면 이유를 대지 않고 그 일을 해결한다. 독서의 경우라면 잠들기 10분 전에 읽어도 되고, 이른 아침 10분이어도 괜찮다. 문제는 자신의 시간을 다스릴 의지가 문제인 것이다.

'시간의 여유'란 얼마든지 자기 의지로 만들 수 있다. 시간을 소중하게 활용할 줄 안다면 언제든 가능한 것이며, 시간은 쪼개면 쪼갤수록 생기는 것이다.

"시간이 없어서……"라고 말하는 사람은 시간을 계획해서 쓰지 않는 사람들이다. 계획 없이 시간을 보내면 결국 시간을 낭비하게 되고, 인생을 낭비하게 된다.

나는 여기서 부지런함으로 잘 알려진 개미들의 생태 이야기를 떠올려본다.

어느 생물학자의 연구에 의하면, 개미들이 모두 다 부지런한 것은 아니라고 한다. 그 가운데 단지 30%만이 부지런히 일하고 나머지는 놀고먹는다는 것이다. 결국 인간도 모두 다 부지런할 수는 없을 것이다.

시간은 누구에게나 언제 어디서나 똑같이 흐른다. 과거나 현재나 미래도 마찬가지다. 삶이 고통인 사람의 시간은 느리게 흐르고, 삶이 즐거움인 사람의 시간은 너무 빠르게 흐른다.

자신이 무슨 일을 하든지 그 일 자체가 즐거운 시간이 되도록 만들어 행복한 시간을 많이 만들어야 한다. 시간은 절대 기다려 주지 않을 뿐더러 빨리 도망가지도 않는다. 늘 똑같이 흐르기 때문에 누가 그 시간을 어떻게 활용하느냐에 따라 각자의 인생이 달라진다.

고통의 시간이 있어야 행복의 시간도 있는 법이다. 만일 성공한 삶으로 자신의 인생을 빛내고 싶다면, 지금 이 순간부터 시간을 계획하고 활용하라.

상대방 입장에서
생각하고 행동하라

세상이 어둡다고
저주하지 말고
당신의 작은 촛불을 켜라.
– 마더 테레사

인도네시아 메단 부근에 추락한 가루다항공의 비행기는 추락 직전 관제탑과 급박한 교신을 나눴다.

관제탑에서는 조종사에게 비행기 기수를 오른쪽 방향을 틀라고 전했다. 조종사는 관제탑과의 교신 후 비행기 기수를 오른쪽으로 틀었다. 그러자 관제탑에서 급하게 재교신이 왔다. 오른쪽으로 방향을 틀라고 했는데 비행기가 왼쪽으로 선회하고 있었기 때문이었다. 조종사는 분명 오른쪽으로 방향을 틀었다고 소리쳤다. 그리고 얼마 후 비행기는 추락했다.

사고의 원인은 서로 마주보고 있었다는 사실을 잊은 것이다. 즉 관제탑의 오른쪽은 조종사의 왼쪽이라는 점을 잊었기 때문에 일어난 불행한 사고였다. 상대방의 입장에서 판단했다면 이런 참사는 없었을 것이다.

조직도 마찬가지이다. 자기 입장에서만 생각하고 처리하면 불협화음이 생기고 문제가 발생한다. 바른 길을 가려면 남의 입장을 먼저 생각하고, 남의 말을 경청해야만 한다. 남의 말을 경청하다보면 자기 생각과 무엇이 다른지 알 수 있다. 상대방을 통해 다시 한 번 생각을 정리할 수 있는 것이다.

또한 마음이 급할수록 참고 상대방을 배려하는 것이 필요하다. 한 번 참음으로써 위험 요소를 방지하고 자기 보호를 할 수 있다. 급한 마음으로 의견을 나누다보면 자기주장에 집착하여 상대의 입장을 배려하지 못하고 서로에게 상처만 주게 된다.

조직 사회에서는 혼자가 아닌 다른 사람과 함께 일을 처리하게 된다. 이럴 때 자기주장이 옳다면서 굽히지 않는 경우를 보게 된다. 그러나 아무리 옳은 주장일지라도 모든 사람들이 다 동감할 수 없으며 단점들이 노출되기도 한다. 때문에 나 아닌 다른 사람을 통해 내 생각을 가다듬어야 한다.

자기 주관에만 맞춰 행동하는 사람을 보면 처음에는 화도 나고 괘씸한 생각마저 든다. 설사 그런 마음이 생기더라도 시간을 두고 이해하는 마음을 가져야 한다. 그리고 상대의 입장에서 생각을 하면 그의 행동을 쉽게 이해할 수 있을 것이다.

더 나아가 상대방을 배려하는 마음을 가져야 한다. 아픈 동료에게는 "내가 나머지 일을 처리할 테니 먼저 들어가지 그래?"라고 말을 건네면, 동료는 그 말만으로도 따뜻한 감동을 느낄 것이다. 같은 직장 동료끼리 따뜻한 배려의 마음을 나누고 산다면 일하는 것이 항상 즐거울 것이다.

지동직의 『배려의 기술』을 보면, "배려에 서툰 사람들은 남에게 뭔가 대단한 도움을 주는 것이 배려라고 생각하지만, 이것은 배려의 참뜻이 아니라고 말한다. 배려란 화려한 이벤트가 아니라 매일매일 사소한 것에 관심을 가지고 좀 더 마음을 써 주는 것으로, 사소하지만 항상 챙겨주려는 변함없는 관심이 커다란 마음으로 전달되기 때문이다"라고 말한다.

배려한다는 것은 내가 남을 배려한 것이 아니라 결국 남이 나를 배려하게 만드는 것이다. 그리고 내가 베푼 작은 배려는 반드시 배가 되어 나에게 되돌아온다는 사실이다.

상대를 배려하는 마음은 평상시 습관이 되어 행동으로 옮겨져야 하며, 그 마음에 진심을 담기 위해서는 자기라는 그릇부터 비워놓아야 한다.

하지만 남을 배려하는 마음 없이 자기 욕심만 채우면서 살려고 하면 스스로 외로운 무덤을 파는 것과 같다. 혼자서는 결코 행복할 수 없다. 상대방 입장에서 생각하고 행동한다면 그 결과는 모두에게 득이 되어 돌아온다.

목표를 세우기 전에
꿈, 비전, 목적을 가져라

작은 일도 목표를 세워라.
그러면
반드시 성공할 것이다.
—로버트 H. 슐러

세상의 많은 사람들이 아침이면 일터로 나간다. 직장인, 공무원, 노동자, 자영업자, 학생 등 각자 가슴 속에 간직한 꿈을 이루기 위해 오늘도 힘찬 발걸음을 옮긴다.

이들의 삶에는 각각의 목표가 있다. 그러나 목표를 왜 세워야 하며, 어떻게 세우고, 목표 관리를 어떻게 해야 하는지 구체적인 계획을 세우는 일은 결코 쉽지 않다. 그래서 삶의 질과 행복을 위해서라도 삶에는 꼭 목표가 있어야 한다.

그러나 모든 일에는 순서가 있는 법이다. 그 중에서 가장 먼저 해야 할 일은 목표를 정하는 것이다. 자기가 정한 목표에 맞춰 계획을 세우고, 그런 후에 실행에 옮기는 것이다. 그 과정에서

 삶으로부터 배우는 인간 경영

수정이 필요하다면 수정을 거쳐 전 과정을 완성시켜야 일이 이루어지는 것이다.

첫 단추를 잘 꿰어야 한다는 말처럼, 가장 주의를 기울여야 하는 것은 목표의 설정이다. 목표가 있느냐 없느냐는 아주 중요하다. 목표가 없다면 꿈을 이룰 수 없으며, 꿈을 이루지 못하면 삶의 보람을 느끼지 못하기 때문이다.

꿈을 이루기 위해 목표를 세우고 거기에 대한 아이디어를 고민해야 한다. 그 아이디어 또한 목표처럼 단순해야 한다. 정확하지 않은 목표는 계획을 복잡하게 만들고, 실현성이 없는 계획을 세우게 만든다. 그렇다면 허황되지 않고 실현 가능한 목표는 어떻게 세울 수 있을까?

우선 자기 자신을 들여다보는 일부터 해야 한다. 현재 상태를 제대로 보아야 정확한 목표, 실현 가능한 목표를 세울 수 있기 때문이다. 길은 거기에서부터 생기는 것이다.

홍석기(META&Associates 공동대표) 씨는 「직장인들의 자기 계발을 위한 목표 달성 기법」으로 6단계를 말하고 있다.

첫 번째 단계로 '목표를 세우기 전에 꿈, 비전, 목적을 가져라'라고 말한다. 성공을 위한 목표 설정은 선택이 아니라 필수이며, 목표가 있어야 비로소 비전이 실행 가능해진다고 했다.

두 번째 단계는 '구체적이고 긍정적인 목표를 세워라'다. 현재로부터 출발해 해야 할 일과 하고 싶은 일을 명확히 구분하고 목표를 두뇌와 눈과 마음에 새기라고 했다.

세 번째 단계는 '목표를 잘게 나누면 계획이 된다'고 했다. 자신의 부족한 점을 기꺼이 인정하고 대책을 세우고, 자신에 대해 냉정히 묻고 정직하게 답하며, 발견하지 못한 위대한 나를 찾으라고 했다.

네 번째 단계는 '행동 방침을 정해 계획을 실행에 옮겨라'다. 아무리 작은 목표라도 제시간에 반드시 해야 하며, 하루 일을 철저히 기록하고 냉정하게 평가하면 뿌린 만큼 거둔다고 했다.

다섯 번째 단계는 '목표 달성의 장애물들을 극복하라'다. 두렵고 무서울수록 정면으로 맞대응하고, 뚜렷한 자아의식을 가지고 끊임없이 절제하며, 힘들고 불편하다는 이유로 중간에 포기하지 말라고 말하고 있다.

마지막 단계는 '한 가지 목표를 달성했을 때가 비로소 시작이다'라고 했다. 스스로 분석하고 평가하는 절차를 가져야 하며, 처음에 다짐한 초심을 잃지 말고 목표를 달성한 후 다시 다른 목표를 세우라고 말하고 있다.

반대로 지나치게 목표 설정에 집착한다면 자칫 허황된 목표를 세울 수도 있다. 따라서 목표는 순수하고 간단할수록 좋다. 단순하고 명쾌한 목표를 세워야 다음 단계의 계획을 세우기 쉽고 실천하는데 무리가 따르지 않는다.

목표가 정해지고 계획을 세웠다면 이제는 실천에 옮기는 일이 필요하다. 어떤 일이든 희망만 가지고서는 절대 이루어지지 않는다. 아무런 노력도 하지 않는데 어떻게 꿈이 이루어지겠는가. "시작이 반이다"라는 속담처럼 계획이 수립되면 무조건 한 걸음씩 실행에 옮기는 자세가 중요하다.

꿈도 비전도 목표도 없거나, 구체적이지도 명확하지도 않거나, 단기적으로 명확한 목표는 존재하지만 방황하다가 원점으로 돌아가거나 후퇴하는 사람은 마치 삶이 실패한 것처럼 보이고 일이 뜻대로 이루어지지 않는다. 그렇게 되면 삶 자체에 실망하게 되고, 삶이 신나지 않고 방황하게 된다.

사실 실행에 옮겨 고지까지 올라가는 데는 많은 노력이 필요하다. 아무리 좋은 목표와 계획일지라도 실행에 옮기지 않으면 다 허사가 되고, 목표에 도달하지 못하면 아무런 의미가 없다.

원하는 목표를 달성하기 위해서는 피나는 노력이 필요하다. 그 노력이 습관이 되어 몸에 익혀지면 그 목표는 성취라는 용광로의 연료가 될 것이다.

요즘 웰빙 바람이 불어 건강에 대한 관심이 높다. 그래서인지 내 주변에서도 아침운동을 계획하는 사람이 많다. 그런데 지나치게 복잡한 생각으로 실천을 미루고 있는 것이 안타깝다.

운동을 하려는데 농구화가 좋을까, 워킹화가 좋을까? 등산을 하면 좋을까? 달리기가 더 낫지 않을까를 두고 고민하는 친구를 보았다. 그는 이런 자잘한 고민 때문에 실제 운동은 차일피일 미루고 있었다. 결국 지나친 계획 때문에 한 걸음도 나가지 못하고 있는 것이다.

진정으로 건강이 걱정된다면 평소 신던 운동화를 신고 동네를 한 바퀴 뛰어보라고 권하고 싶다. 그렇게 달리다 보면 내게 맞는 운동을 찾게 되고, 거기에 맞는 신발도 찾게 될 것이다.

계획은 실천하면서 수정을 하면 되는 것 아니겠는가.

꿈이 없는 인생은 삶의 보람을 찾을 수 없다. 성공한 모습을 머릿속에 그리며 살아야 한다. 삶의 보람은 꿈꾸는 사람에게만 찾아오기 때문이다.

꿈을 꾸고 있는 사람에게는 목표가 생기고, 목표는 계획을 세워 완성시켜 나가야 실패하지 않는다는 것을 잊지 말아야 한다.

그레그 S. 레이드는 『10년 후』에서 "꿈을 날짜와 함께 적어놓으면 그것은 목표가 되고, 목표를 잘게 나누면 그것은 계획이 되며, 그 계획을 실행에 옮기면 꿈은 실현된다"고 했다.

삶에 대한 책임이 전적으로 나에게 있다는 사실을 인정하는 순간 우리는 비로소 목표의 주인이 될 수 있다. 그 사실을 인정하지 않으면 행동도 할 수 없으며 성공적인 삶도 살 수 없다.

21세기는 학벌보다
실력과 인품이 존중되는 사회

학벌이나
경력이 아닌
실력, 인품, 태도를 먼저 봐라.
―도널드 트럼프

우리는 21세기에 살고 있다. 하늘에는 인공위성이 떠 있고, 달에는 토끼 대신 탐사선이 돌아다니는 세상이다. 척박한 땅을 일궈 씨를 뿌리고 일한 만큼 거둔다는 농경 시대로부터 산업화, 정보화 시대를 거쳐 이제는 무한 경쟁 시대로 가고 있다.

그렇다면 무한 경쟁 시대에 필요한 것은 무엇일까?

이 사회에 사는 사람들은 어떤 덕목으로 사회 안에서 자기 정체성을 찾아가야 하는 것일까? 나는 그 답을 개인의 '실력'과 '인품'에서 찾아야 한다고 생각한다.

기술의 진보와 문명의 발전은 그 사회에서 통용되는 관습은 물론 윤리까지도 바꾸어 놓았다. 예전에는 사회의 도덕을 벗어나 행동하면, "배운 사람이 왜 그래?"라는 말만으로도 얼마든지 울분을 터뜨릴 수 있었다. 또한 서로 간의 의사소통도 무리 없이 이루어졌다. 그만큼 '배움'과 '배운 사람'에 대해 신뢰를 가지고 있었던 것이다.

물론 그 '배움'이라는 말 속에는 '학식'과 '인품'이 당연히 함께 있을 거라는 믿음이 있었기에 그런 말이 통행되었다. 그런 순진한 세상도 우리에게는 있었다.

그러나 사회가 발전하고 산업화 시대와 경쟁 시대를 거치면서 '배운 사람'에 대한 기대는 '학력'이라는 말로 간단히 정리되었다. 그의 학력에 따라 개인의 인품과 실력이 좌우되고 평가되었다. 꿈을 펼치며 일을 하고 싶어도 학력이라는 문턱에 걸려 실력을 펼칠 기회조차 상실한 것이다.

급기야 최근의 잇따른 허위 학력 사건은 한국 사회의 치부를 드러내기도 했다. 세계 어느 곳에나 볼 수 있는 이러한 학벌 문제는 우리나라의 경우 더욱 심각하다. 엘리트라 불리는 소수가 학벌로 다수를 차별하고 있는 것이다.

그러다보니 이름 있는 대학을 나오는 것이 성공의 지름길이 되고, 부모들의 교육열은 명문 대학이 목표가 되어 자녀들을 학원으로 내몰고 있는 것이다. 치열한 경쟁 속에서 남을 이겨야만 내가 행복해지는 세상이 된 것이다.

그러나 이제는 흐름이 바뀌고 있다. 아주 조심스럽게 학벌 파괴 시도가 조금씩 이루어지고 있지만, 아직은 우리 사회가 학벌이 아닌 다른 평가 시스템이 없어 쉽지 않을 것이다.

어떤 분야에 실력이 있다면 그것을 인정하고 대우를 해 줄 때 건강한 사회가 된다. 우리 사회가 한 단계 도약하기 위해서는 실력과 능력이 있는 사람이 대우를 받는 분위기를 만들어야 한다.

21세기는 과거의 학력이 현재의 능력이 되지 못하는 사회이다. 대학 학력은 여러 가지 지식과 능력 가운데 일부분에 지나지 않는다. 현대 사회는 끊임없이 새로운 지식과 능력을 요구한다. 세계화가 되면서 각 분야에서 요구되는 지식과 능력은 다양하기 때문이다.

정보화 시대에는 누가 더 많은 정보를 가지고 있느냐에 따라 경쟁력이 좌우된다. 그러므로 개인이 혼자서 쌓는 정보보다는 여럿이 함께 공유하는 정보일수록 창의적이고 다양한 힘을 발휘할 수 있다. 평생 학습이 요구되는 이유로, 이것이 바로 21세기 현실이다.

따라서 부모의 교육열도 그 방향이 바뀌어야 한다. 아이들의 특기를 살려 자신이 원하는 삶을 살도록 도와주어야 한다. 부모의 욕심 때문에 아이의 미래를 바꿔버린다면 그것만큼 큰 불행도 없을 것이다. 누구든 자기가 원하는 일을 할 때 발전이 있고 행복을 느낄 수 있는 것이다.

정보화 시대의 획기적인 변화는 인터넷 때문이다. 세계는 이제 한 울타리 안에 묶여서 시간과 공간의 제약 없이도 무한 경쟁과 무한 화합을 할 수 있게 되었다. 따라서 우리에게 필요한 것은 학력이 아니라 실력인 것이다. 시대가 원하는 지적인 보편 지식 즉 일반 상식과 전문 지식인 것이다.

또한 세계화 되고 세분화 되어 발전하는 사회에서는 개인도 세분화 된 장점을 지녀야 한다. 직장에서도 마찬가지이다. 조직이 세분화 될수록 그에 맞는 능력을 갖춘 전문인이 필요하다.

그것이 지식이면 지식으로, 기술이면 기술로, 운동이면 운동으로 자신의 분야에서 으뜸이 되어야 한다. 이것이 지금 세계의 흐름이 되고 있는 게 현실이기 때문이다.

그렇다면 실력만 쌓으면 되는 것일까? 그렇지는 않다. 실력이 있고 없음은 지식의 양이 아니라 질로 평가되는 것이며, 그 지식을 조화롭게 펼칠 지혜, 즉 인품에 따라 빛이 나는 것이다. 긍정적인 생각으로 근면하고 성실한 자세로 임한다면 누구라도 그를 높이 평가할 것이다.

유명한 한 연예기획사 대표가 TV 인터뷰에서, "당신은 외모와 가창력 중 어느 부분을 보고 가수로 키우십니까?"라는 질문에, "저는 '그 사람'을 봅니다. 노래를 아주 잘해도 그 사람에게서 풍기는 인간다운 매력이 없으면 듣는 사람에게 감동을 줄 수 없습니다. 그러나 노래를 조금 못하더라도 가수가 가진 인간적인 매력이 많다면 저는 그쪽을 선택합니다"라고 대답했다.

그가 말한 인간다운 매력은 바로 '인품'이었다.

사실 인품을 중요시하는 것은 동서고금을 막론하고 늘 있어 왔다. 다만 시대의 변화 속에 사회가 중요시하는 척도가 달랐을 뿐이다. 발전에 발전을 거듭하고 변화에 변화를 거듭한 후에야 다시 제자리로 왔다는 생각도 해본다.

학벌 중심사회에서 실력과 인품이 인정받는 이런 변화는 좀 더 일찍 왔어야 했다. 그런데도 여전히 학벌에만 발목 잡힌 채 변화하지 않는 사람이 있다면 나는 그에게 충고하고 싶다. 실력을 쌓고 인품을 갈고 닦으라고 말이다.

물론 인간관계가 중요시되는 세상에서 학벌도 좋고 인간성도 좋다면야 금상첨화이겠지만, 학벌을 대신할 '실력'과 '인품'이 갖춰질 때 건강한 사회가 된다.

사회 구성원 개개인이 근면하고 성실한 자세로 일하고, 맡은 바 책무를 다하면서 자신의 건강을 잘 관리한다면 자신의 분야에서 꿈을 펼칠 수 있을 것이다.

이른 아침,
화장실에서 하루를 계획하라

사업에 성공한 사람 중에
아침 일찍 일어나
그 날의 계획을 세우지 않은 사람은 별로 없다.
―윌리엄 A. 올코트

아침은 하루 중 가장 중요한 순간이다. 하루의 시작을 어떻게 하느냐에 따라 그 날 하루 일과에 많은 영향을 주어 결과물이 달라지기 때문이다. 이 말은 어떤 일이든 시작하는 마음 자세에 따라 일의 성패가 좌우된다고도 말할 수 있을 것이다.

투자의 귀재 워렌 버핏(버크셔해서웨이 회장)은 "아침에 일어나 오늘 무슨 일을 할지를 생각하고, 그 일이 다음날 신문 1면에 날만한 일인지 고민하라"고 했고, 아이제이아 토마스(NBA 뉴욕 닉스 사장 겸 감독)는 "매일 아침 삶의 목표를 생각하며 일어나라"고 했다.

이처럼 삶의 뚜렷한 목적을 가지고 아침을 보내는 습관을 갖는다면 원하는 인생을 만들기 위한 위대한 첫 걸음을 내디딘 것과 같다.

그들에게는 아침이 기다려진다. 계획성 있는 하루를 보내기 위해 아침이면 희망과 의욕으로 힘차게 일어난다. 남보다 삶에 대한 목표가 뚜렷하기에 성실하게 생활을 설계한다.

이처럼 아침의 시작은 중요하다. 그 날의 열쇠는 그 날 아침에 달려 있다. 그래서 많은 사람들은 이른 아침 산책을 하기도 하고 명상을 하기도 하며 나름의 방법으로 하루를 시작한다.

그러나 나의 하루는 화장실에서 출발한다. 잠자리에서 눈을 뜨면 크게 기지개를 켜고 이부자리에서 일어나 화장실로 간다.

어떤 이는 화장실에 오래 앉아 있으면 건강에 나쁘다고도 하지만 나는 그런 상식에 얽매이지 않는다. 나는 화장실은 단순히 생리적인 욕구를 해결하는 곳이 아니라 서재나 카페 같은 역할을 하는 장소로 많이 활용한다.

조간신문을 보고, 책을 읽고, 많은 생각을 한다. 그리고 제일 중요한 일, 즉 어제 일을 반성하고 하루 일을 계획한다.

오늘 할 일 가운데 어떤 일을 처리해야 하는지 우선순위를 정하고, 내일은 무슨 일이 있는지 등 종합적인 것들을 정리한다. 그러면서 현재 진행되고 있는 일들을 한 번씩 점검하게 된다.

그러면서 어떤 계획이나 일들이 너무 과하다 싶으면 덜어내고, 부족하다 싶으면 보충하면서 수첩에 메모하다 보면 새로운 아이디어가 떠오른다.

굳이 메모하지 않더라도 1~2분 정도 정리하고 나면 그 날 일들이 차분하게 정리되고, 내 자신이 계획한대로 삶을 풀어놓을 수 있어 정신이 맑아진다. 그러나 아무 계획 없이 시작하는 하루는 정신없이 분주하기만 하다.

그 차이는 아주 크다. 아침에 분주한 상태로 출근하게 되면 아침부터 일이 꼬이기 시작하면서 모든 일들이 계속 어그러지는 경우가 많다.

어떤 일이든 '계획 없이'는 완성될 수 없다. 그렇기에 '계획'은 원하는 것을 갖고자 하는데 중요한 동기가 된다. 인생의 여행을 떠나면서 우리는 매일 아침으로부터 시작하기 때문이다.

매일매일 계획으로부터 출발하는 아침은 훗날 인생이란 향기 나는 꽃을 피울 수 있지만, 무계획한 아침은 꽃만 무성할 뿐 알찬 과실을 맺지 못한다.

오늘! 이른 아침에 화장실에서 하루를 계획하라!

깊고 그윽한 향기 나는 인생을 꽃피우기 위해서는 아침에 인생을 계획하는 것에서부터 시작된다.

화장실에서 하루를 계획하는 일 말고도 가끔 내가 하는 일은 또 있다. 바로 거울을 들여다보는 일이다. 거울을 들여다보면 또 한 사람의 나와 마주하는 일이다.

나는 거울을 보면서 아주 익숙한 얼굴과 대화를 시작한다.

"어이! 두형이. 어제는 왜 그렇게 소리를 질렀는가? 앞으로는 그러지 말게. 자네가 뭐 그리 잘났다고 그렇게 한 거야?"

"알았네, 알았어! 나도 뼈저리게 반성하고 있다네. 앞으로는 각별히 주의함세."

전날 상식에 어긋난 행동을 저질렀다고 스스로 판단되는 날에는 그렇게 반성한다. 거울 속 두형으로부터 충고를 듣고 마음속에 새긴다. 그런가 하면 남을 위해 좋은 일을 베풀었을 때는 거울 속 나에게 칭찬도 해준다.

"어이~ 두형이! 어제는 정말 멋졌어. 좋은 일을 하면 하늘이 백 가지 행복을 내려주고, 악한 일을 하면 하늘이 백 가지 재앙을 내려준다고 했네. 그렇다고 세상의 명예에 연연하지 말게. 쉽게 깨어지는 물방울과 같은 것이라네. 항상 나보다는 남을 먼저 생각하는 마음을 잊지 않고 살기를 바라네."

"알았네. 난 자네가 맘에 들어. 그 충고 마음에 새기겠네. 오늘 하루도 최선을 다해 부끄럽지 않은 삶을 살겠네. 그럼, 내일 아침에 봄세."

아주 가끔씩 거울을 보면서 아무도 없는 빈 공간에서 오로지 나 혼자 하는 나와의 대화는 그렇게 진솔하게 이어진다. 나는 느끼는 대로, 마음에서 우러나오는 대로 나 자신과 이야기를 나눈다. 한바탕 욕을 퍼붓기도 하고 칭찬을 하기도 한다.

또 한 명의 나와 대화를 주고받으며 마음에 맺힌 것들을 풀고 반성하며 다짐을 한다. 이처럼 맺힌 마음을 자연스레 소리로 풀어내고 나면 마음이 편안해지고 기분이 좋아져 건강에도 도움이 된다.

마치 운동하고 나면 몸이 확 풀리듯 정신이 활짝 기지개를 켜는 것이다. 하루를 시작하기에 앞서 정신적인 워밍업이 되는 것 같다. 그 효과는 실로 놀랍다. 그저 몇 초 동안에 이루어지는 일이지만 내적인 면이 활성화되는 기분이다. 산 정상에서 신선한 공기를 마시듯 뇌가 열리고 마음이 열린다.

물론 나와의 대화를 매일 할 수는 없지만 인생은 자기가 만드는 것이고, 나는 그 인생의 완성을 잘 이루고 싶기 때문에 자주 대화를 나누려 한다.

불가(佛家)에서는 화장실을 '해우소(解憂所)', 즉 '근심을 푸는 곳'이라고 했다. 나 또한 내 인생의 근심을 그 곳에서 다 비워낸다. 그리고 그 자리에 즐거운 희망을 다시 채워 넣는다. 아침마다 화장실에서 바쁜 것은 그런 이유들 때문이다.

자기 혁신이
인간 경영의 시작

콜럼버스의 가장 위대한 업적은
목적지에 이르렀다는 것이 아니라
목적지를 향해 닻을 올렸다는 것이다.
― 빅토르 위고

자신의 미래를 위해 아무 것도 노력하지 않으면서 성공하기를 바라는 것만큼 어리석은 일은 없다. 성공은 어느 한순간에 얻어지는 것이 아니라 조금씩의 계획에 의해 완성되는 것이다.

사람이 성공하느냐 실패하느냐 차이는 자신의 재능과 열정을 얼마나 잘 이끌어내느냐 하는 능력에 의해 좌우되기도 하지만, 인간관계를 얼마나 잘 유지하느냐 하는 것도 매우 중요하다.

21세기의 성공 키워드는 바로 '사람'이다. 사람을 존중하는 '인간 경영' 시스템의 중요성을 강조하고 있다.

성공에 필요한 전문 지식이 15퍼센트라면 의사소통을 통한 인간관계가 85퍼센트라고 한다. 성공하기 위해선 인간관계가 얼마나 중요한가를 말해주고 있다.

당나라 때의 시인 백낙천은 "인생행로의 어려움은 물에 있는 것도 아니요, 산에 있는 것도 아니다. 인간관계의 어려움 때문이다"라고 말했다. 개인적인 능력이 아무리 뛰어나더라도 사람들과의 관계를 잘 풀어나가지 못하면 능력을 발휘할 기회조차 잡기 힘들어 성공하기 어려운 것이 현실이다.

인간관계에서 가장 중요한 것은 진실한 마음으로 연결된 신뢰이다. 내가 가슴을 열고 솔직한 마음을 털어놓을 때 상대방도 마음을 열고 다가설 수 있으며, 상대방의 진실한 마음을 보았을 때 나도 내 마음을 열 수 있는 것이다.

물질로 맺어진 관계는 시간이나 환경에 따라 갈라지기도 하지만 마음으로 맺은 관계는 변하지 않는다. 사람과 사람의 정을 느낄 수 있는 좋은 인간관계가 성공의 지름길이라는 사실은 불변의 진리이다.

21세기는 조직과 시스템 경영만으로는 경영 위기를 극복할 수 없다. 인간관계 회복을 통한 인간 경영이 절실하게 필요한 시대인 것이다.

그러나 인간 경영은 결코 쉽지 않다. 경영 중에서 가장 어려운 것이 바로 인간 경영이다. 사람이 사람을 관리하고 운영한다는 것 자체가 난센스이기도 하지만, 사람이 사람의 마음을 얻는 것만큼 어려운 일이 없기 때문이다.

그래서 서점에는 인간관계에서 성공한 사람들의 노하우를 담은 인간 경영에 관한 많은 서적들이 나와 있다. 옛 성인이나 성공한 이들의 노하우를 벤치마킹하기 위해 찾는 사람들이 많기 때문이다.

그런데 이러한 자기계발 서적을 보면 옛 성인들이 말하는 인간 경영이나 현재 경영자들이 말하는 인간 경영에 대한 생각이 별 차이가 없으며, 동양이나 서양에서 말하는 인간 경영 역시 거의 같다는 사실이다.

단순한 사고에서 복잡한 사고로 전환하는 21세기, 한 치 앞을 내다보기 어려운 격변의 시대, 변화와 불확실성의 시대 속에서도 인간 경영의 원칙에는 변화가 없다는 사실이다.

이러한 인간 경영을 실천한 기업들은 거의 성공한 기업들로 요즘 같은 불황에도 더 빛을 발하고 있다.

그렇다면 인간 경영이란 무엇일까?

인간 경영은 사람에 대한 투자이며, 이는 곧 인간적인 사랑과 신뢰를 주는 행위의 경영이다. 단순히 조직의 구성원 개개인을 다스리는 것이 아니라 조직 안팎에서 발생하는 모든 인간관계를 효과적으로 조정하고 이끌어가는 것이다. 사람의 마음과 마음을 하나로 묶는 것으로, 마음을 통한 상호 교류이다.

누구에게나 진실해야 하고, 남을 해하지 말아야 하고, 남의 의견도 존중해 줄 때 내 의견도 존중받을 수 있으며, 거짓말을 하지 말아야 한다. 이것이 자기보다 나은 사람을 만나기 위한 최우선의 인간 경영이다.

이러한 인간 경영을 실천하기 위한 리더가 되기 위해서는 자기 혁신(革新)이 필요하다.

혁신이라는 한자의 의미는 '가죽을 벗겨 새롭게 한다'는 뜻으로, 혁신이란 변화 즉 이노베이션(innovation)을 말한다.

피터 드러커 박사는 "너무 많은 것을 시도하거나 어려운 혁신, 현재가 아닌 먼 미래만 보고 실행하는 혁신은 절대 성공할 수 없다. 혁신은 목적과 초점을 갖고 조직의 경제적·사회적 잠재력에 변화를 일으키려는 노력이며, 이를 통해 조직을 유연하게 만드는 것"이라고 했다.

혁신이야말로 기업뿐만 아니라 사회·경제·산업 그리고 정부와 공공서비스 기관에 이르기까지 모든 조직이 살아남기 위해 꼭 필요한 활동이라고 했다.

그러나 나는 피터 드러커 박사의 혁신에 덧붙여 자기 혁신을 강조하고 싶다. 혁신을 하는 것도 사람이기 때문이다. 자기 자신이 변하지 않고서는 그 어떤 혁신도 성공할 수 없기 때문이다.

이러한 변화의 시작은 나 자신으로부터 시작된다. 스위스의 문학자 겸 철학자 아미엘은 "마음이 변하면 태도가 변하고, 태도가 변하면 습관이 변하고, 습관이 변하면 인격이 변하고, 인격이 변하면 인생이 변한다고 했다."

또한 영국 웨스트민스터 대성당 성공회 어느 주교의 묘에는 다음과 같은 묘비명이 있다.

"젊었을 때는 세상을 변화시키겠다는 꿈을 가졌고, 좀 더 나이가 들어서는 나라를 변화시키겠다고 결심을 했고, 황혼의 나이가 되었을 때는 가족을 변화시키겠다는 마음을 정했다. 하지만 어느 것 하나도 이루지 못하고 죽음을 맞이하기 위해 자리에 누웠을 때 문득 깨달은 것이 있다. '나 자신부터 변화시켰더라면 그 모든 것을 변화시켰을 것이다.'

이처럼 자기 혁신은 곧 자기 마음에서 시작된다. 사고방식을 바꿀 수 없는 사람은 현실을 바꿀 수 없고, 단 한 발짝도 전진할 수 없으며, 바람이 불지 않을 때 바람개비를 돌리는 방법은 앞으로 달려가는 것이 바로 자기 혁신이다.

혁신은 무언가 새로운 것이라는 고정관념을 버려야 한다. 기발한 아이디어나 발명이 아니다. 혁신은 개념보다 우리 가까이에 있는 불편함을 개선하려는 아주 작은 노력에서 나온다.

그러나 우리가 이를 쉽게 실천하지 못하는 이유는 마음의 변화가 되지 않은 탓이고, 마음의 변화가 있었다고 해도 행동의 변화를 가져오지 못한 탓이다.

우리는 마음이 자유스러울 때 변화를 받아들이게 된다. 내 스스로가 사람들에게 신뢰를 심어주지 못하면 아무리 능력을 지니고 있어도 성공할 수 없다. 내 삶이 달라져야 주위 사람들로 하여금 변화를 줄 수 있다.

자기 혁신을 통한 인간 경영은 자신의 마음을 여는 것에서부터 시작된다. 성공한 사람은 자기를 사랑한다. 그리고 자기를 사랑하는 것만큼 남도 사랑한다.

인간 경영을 통해 성공한 사람들을 부러워하는 인생이 되지 말고 내 삶이 성공이 되게 하라.

성공의 밑거름은
'실패로부터의 학습'이다

무수한
작은 실패들이
커다란 성공을 이끌어 낼 수 있는 법이다.
—중국 격언

사람이라면 누구나 원하는 인생의 꿈, 즉 성공하고 싶다면 어떤 직업, 어떤 자리에 있든지 자신의 일을 사랑해야 한다. 그리고 그 목표를 향해 힘차게 발걸음을 옮겨야 한다. 성공의 목표가 없다면 어디로 가고 있는지 몰라 전혀 다른 곳에 도착하게 될 것이기 때문이다.

그러나 세상에는 성공을 위한 꿈을 갖는 것 자체를 포기하는 사람도 많지만, 성공을 꿈꾸면서 노력을 경주하다가 중도에 포기하는 사람들이 더 많다.

"나는 성공할 수 없어. 성공은 나에게 어울리지 않아!"

"내가 원하는 성공은 지금 이 길이 아니냐!"

이처럼 성공을 위한 노력도 해보지 않고 자기 비난과 학대의 길로 자신을 인도하거나 어떤 일을 시도하다 중도에 포기하는 이유는 뭘까? 그 이유는 자신의 내면에 자리 잡고 있는 실패에 대한 두려움 때문이다.

성공할 수 없다면 시간 낭비하지 않고 일찍 포기하는 편이 낫다는 안일한 생각에서 비롯된 것이다. 아예 시작하지 않으면 실패도 없기 때문에 스스로 자기 합리화하면서 그 안에 안주하는 것이다.

그러나 사람이라면 누구나 실패할 수 있고, 또 실패를 거울삼아 성공할 수도 있다. 그런데도 어떤 사람은 실패를 하고, 또 어떤 사람은 성공하는 이유는 뭘까?

실패한 사람은 생각만 앞서고 행동이 따르지 못하기 때문이다. 실패할지도 모른다는 두려움으로 돌다리만 두드리다 만다. 그러나 성공한 사람은 자신의 생각을 행동으로 즉각 옮기고, 그 행동이 잘못되었을 때는 궤도를 수정할 수 있기 때문이다.

성공한 사람은 실패를 통해서도 무엇인가를 배워 자신감이라는 약을 얻고, 실패한 사람은 좌절감이라는 독을 얻는 것이다.

우리가 살아가면서 겪는 어떠한 실패도, 우리가 중요시하는 어떤 가치를 잃었다 하더라도 삶 그 자체를 포기할 수는 없다. 실패는 계획하고 심혈을 기울였던 어떤 일에 도전한 하나의 결과물이다. 그 도전에 실패했다고 해서 인생 전부가 실패한 것은 아니다. 인생에서의 실패는 많은 것 중에서 어떤 하나의 행위의 실패에 불과하다.

세상사람 그 누구에게 물어봐도 실패를 좋아하는 사람은 아무도 없다. 그러나 실패란 모든 사람이 경험하는 것으로, 다시는 일어설 수 없을 만큼 충격도 크고 아픔도 깊지만, 실패의 쓴 잔을 들이킨 사람만이 성공의 가치와 성공할 수 있는 방법을 안다.

실패를 슬퍼하거나 두려워해서는 안 된다. 실패에서 무엇인가 배우려는 마음을 가진 사람은 꼭 승리한다. 그러나 실패를 통해서 아무것도 배우지 않고 그 실패를 반복하는 사람은 어리석은 사람이다.

만약 스스로를 실패자라고 생각해 좌절하고 있다면, 지금까지 생각해왔던 실패에 대한 정의를 긍정적으로 수정해야 한다. 아픈 실패의 경험을 살려 성공을 위한 발판으로 삼아야 한다.

이처럼 세상에는 자신의 결과를 피드백하여 실패를 줄이고 개선하여 성취의 가능성을 높여 성공한 사람들이 아주 많다. 이들이 말하는 성공 철학은 모두 '실패로부터의 학습'의 중요성을 강조하고 있다.

미 대통령 아브라함 링컨은 성공을 묻는 질문에 "내가 실패를 많이 경험했기 때문이다"라고 대답했다.

에디슨은 필라멘트를 발명할 때 "선생님, 90가지의 재료로 실험했지만 모두 실패했습니다"라는 조수의 말에, "우리는 실패한 것이 아니고 안 되는 재료가 무엇인가를 90가지나 알아낸 아주 성공적인 실험이었네"라고 답한 뒤 결국 필라멘트를 만드는데 성공했다. 또 700번의 실험을 하고도 전구 발명을 실패한 에디슨에게 <뉴욕타임즈> 기자가 실패의 기분을 묻자, "나는 한 번도 실패한 적이 없소. 다만 700 가지의 방법이 효과가 없었음을 입증했을 뿐이오"라고 답한 뒤 2,399번의 실패를 거쳐 2,400번 만에 전구를 발명했다.

미국 농구선수 마이클 조던은 "나는 일생동안 9,000개의 골을 놓치고 300번의 게임에서 졌으며, 게임에 이길 수 있는 결정적인 골 26개를 넣는 데도 실패했다. 나는 실패의 실패를 거듭했다. 그게 내가 성공한 이유이다"라고 했다.

미국 프로야구에서 714개의 홈런을 친 홈런왕 베이브 루스는 714번의 영광을 맛보기 위해 1,330개의 스트라이크 아웃을 당하는 쓰디쓴 실패의 아픔을 겪어야만 했다.

헨리 포드는 여러 차례 파산의 아픔을 겪은 뒤 자동차 왕이 되었으며, 스티브 잡스는 애플 컴퓨터에서 쫓겨났다가 복귀하여 회사를 정상 궤도에 올려놓았다. 또한 월트 디즈니는 토끼 캐릭터 '오스왈드'의 상업적 권리를 상실하는 실수를 겪은 후 '미키 마우스'를 창조하여 성공시켰다.

아스피린은 원래 염료로 개발됐다가 실패한 제품이었으며, 처음 접착제로 만들어진 'Post-it'도 한 직원의 아이디어와 집념으로 히트 상품이 됐으며, NASA의 한 엔지니어 아이디어인 에어 쿠션화도 나이키가 몇 년 동안의 실패 끝에 개발해냈다.

빌 게이츠는 자신의 저서 『생각의 속도』에서 여러 번의 실패가 마이크로소프트사의 더 큰 성공을 위한 학습과 기회가 되었다고 역설했다.

시간 낭비라고 할 수도 있었던 오메가의 데이터베이스 프로

그램의 실패가 마이크로소프트사에서 가장 유명한 마이크로소프트 액세스를 탄생시켰으며, 수백만 달러의 돈과 엄청난 시간을 투자한 IBM과의 운영체제(OS) 프로젝트의 중단이 Windows NT를 만들게 되었으며, 실패한 로터스 1-2-3이 결국은 엑셀의 발전에 큰 도움을 주었다고 했다.

이처럼 실패를 학습으로의 교훈으로 삼아 성공한 사람이나 기업들은 모두 두려움 없이 잠재 능력을 최대한 발휘해 성공할 수 있었다.

나이키사의 교육담당 이사 넬슨 패리스는 "우리는 실수와 실패를 권장한다. 두려움 없이 잠재 능력을 최대한 발휘하도록 함으로써 혁신이 이뤄진다"고 했다.

빌게이츠 회장은 "우리는 실패한 기업에서 근무한 경력이 있는 간부들을 채용하고 있다. 실패할 때는 창조성이 자극되기 마련이다. 밤낮없이 생각에 생각을 거듭할 수밖에 없다. 나는 그런 경험이 있는 사람을 곁에 두고 싶다. 앞으로 MS도 반드시 실패를 겪을 것이다. 난국을 타개할 능력이 있는 사람들은 어려운 상황일수록 빛을 발할 것이다"라고 했다.

그런가 하면 미국항공우주국(NASA)에서는 "실패 경험이 없는 사람은 큰 어려움에 직면하면 쉽게 당황하고 혼란스러워 하는 반면, 실패를 경험한 사람은 큰 어려움에 직면해도 당황하거나 혼란스러워하지 않고 차분하게 대처할 가능성이 높다"고 판단해 후보자 채용시 실패 경험을 매우 중요하게 고려하고 있다.

이처럼 성공하는 사람이나 기업은 실패의 경험을 통해 다양한 지식을 습득하고, 실패를 숨기거나 두려워하지 않고 과감하게 도전(Risk taking)하는 용기로 성공할 수 있었다.

승자는 실패를 통해 성공에 다가서는 법을 배우고, 패자는 실패를 통해 성공에서 멀어지는 법을 배운다고 했다. 실패로부터 무엇인가를 배울 수만 있다면 그 실패를 두려워하지 말고 도전해야 한다.

성공하고 싶다면서 실패를 두려워한다면 한 발짝도 앞으로 나가지 못하고 제자리걸음만 하게 된다.

실패를 두려워하지 않는 사람은 일을 시작할 때 머뭇거리지 않는다. 이러한 용기는 많은 일을 겪은 사람만이 가질 수 있다.

비록 실패하더라도 여유로운 마음을 가지고 실패가 준 교훈을 가슴에 새겨야 한다. 실패를 통한 깨달음은 우리를 성공의 길로 안내할 것이며 더 큰 사람으로 만들어주기 때문이다.

그런 까닭에 나는 경험이 많은 사람들을 존중한다. 나이가 어린 사람일지라도 내가 가보지 않은 길을 걸어온 사람이라면 나는 그의 지혜를 높이 사고 싶다. 그에게는 더 큰 미래가 있기 때문이다.

단순하고 명쾌하게
실천할 수 있는 계획을 세워라

새해가 되거나 자신에게 특정한 때가
되면 사람들은 거창한 계획을 세운다. 지난 한 해 잘못한 것들
을 반성하고, 그 문제점들을 반성하고 성공적인 삶을 영위하고
자 함이다.

그러나 그 계획들이 얼마만큼 실천되고 있을까?

아마도 새해를 맞이하며 세웠던 각오들이 며칠을 못 가서 유
야무야 되는 경험을 많이 했으리라. 그러기에 작심삼일(作心三
日)이라는 말도 있지 않은가.

일에서도 마찬가지이다. 새로운 일을 계획하면서 그것이 성
공으로 이어진 경험은 많지 않을 것이다.

마음먹고 세운 계획이 좋은 결실을 맺으려면 어떻게 하면 좋을까? 작심삼일이 되지 않고 평생 실천하는 계획을 세우기 위한 방법 세 가지를 소개한다.

첫째, 계획은 단순하고 명쾌하게 세워라.

계획을 복잡하게 세우면 시작이 어렵다. 그러나 단순하고 명쾌한 계획은 실천하기 쉽다. 일에 대한 욕심이 지나쳐 너무 세세한 계획까지 설계하는 것은 시작만 더디게 할 뿐이며, 지나치게 복잡한 계획을 세우는 것은 일을 시작하지 않겠다는 뜻과 같다. 큰 줄기의 목표는 최대한 단순하고 명쾌하게 세우는 것이 실천 가능성이 높다.

둘째, 입장에 따라 계획의 틀을 짜야 한다.

큰 틀을 짜는 것이 리더의 역할이라면, 조직원의 역할은 세부 계획을 설계하는 것이다. 세부 계획은 일이 진행되면서 더 정확하게 짤 수 있기 때문이다. 회사의 경우라면 CEO는 큰 목표를 정확히 설계해 아이디어를 제공하고, 세부 계획은 실무진에게 맡겨 일을 추진하는 것이 바람직하다.

큰 틀의 계획을 설계한 리더가 명심해야 할 사항은 일의 진행을 보고 받고 확인하는 일이다. 이때도 리더는 일의 진행을 살피며 수시로 메모하는 것이 좋다. 번득이는 아이디어는 아무 때나 떠오르는 것이 아니다. 떠오른 그 순간을 놓치지 말고 메모했다가 확인하고 재설계하는 것이 필요하다. 계획한 대로 확인하면 일은 실수를 만들지 않고 완성되기 마련이다.

셋째, 계획은 자신과의 약속이다.

큰 목표를 세우는 것에만 집착해 남에게 과시하거나 보여주기 위한 것이 아니라 자신의 미래를 위한 계획으로 자신과의 약속이다. 자신만의 강점을 극대화 할 때 성공할 수 있다. 지금 자신을 돌아보고, 만약 어떤 일이 안 풀리고 있다면 계획부터 다시 세워야 한다. 늦었다고 생각할 때가 바로 시작할 때이다.

인생에서도 마찬가지이다. 풍요롭고 알찬 인생을 살려면 각자에게 주어진 시간을 잘 활용해야 한다. 그러기 위해서는 계획하는 습관이 반드시 필요하다. 그리고 그 계획은 단순하고 명쾌할 때 쉽게 시작할 수 있고 끝까지 완성할 수 있다.

장대한 계획에 눌려 일을 시작하지도 못하거나, 지나치게 세부적인 계획을 세워 시행착오를 겪지 않으려면 단순하고 명쾌한 계획을 세워야 한다.

그러나 많은 전략가들은 그 계획을 설계함에 있어 유연성과 대안이 포함되어야 한다고 말한다. 계획에 너무 집착하면 수시로 변화는 상황에 대응할 수 없기 때문이다.

자신의 미래에 대하여 분명한 그림을 그리고 있다면 미래가 불확실하다는 것도 잘 이해하고 있어 상황 변화에도 쉽게 적응할 수 있을 것이다.

'시작이 반이다'라는 말을 생각해 보라. 이 말 뜻은 어떤 일을 계획했을지라도 시작이 얼마나 어려운 것인가 하는 것을 깨우쳐주는 속담이다. 절반의 성공은 성공이 아니며, 이제 시작했을 뿐이다. 그만큼 성공의 길은 험난하고 힘들다.

자신이 가고자 하는 목적지를 정했다면, 목적지에 최대한 빨

리 도착할 수 있는 길을 찾기 위해 중간 중간 지도를 확인해야
하고, 걷는 도중에 여러 가지 점검도 해야 한다.

이처럼 계획은 인생이란 긴 여행을 떠나면서 중간에 길을 잃
은 사람에게 방향을 잡아주는 이정표 역할을 해주며, 꿈을 현실
로 이루어지게 해주는 목표를 밝게 비추는 불빛이다.

새로운 시작을 위해 한 걸음 내딛는 용기는 단순하고 명쾌한
계획에서 나온다. 그리고 그 계획을 유연하게 수정하고 평가한
뒤 불필요한 것들을 구조조정하고 반드시 실천해야만 한다. 그
계획이 완벽하고 미래의 비전을 제시하는 완벽한 것일지라도
실천하지 않으면 바퀴 없는 수레일 뿐이다.

공자는 "일생의 계획은 어린 시절에 달려 있고, 일 년의 계획
은 봄에 있고, 하루의 계획은 새벽에 달려 있다. 어려서 배우지
않으면 늙어서 아는 것이 없고, 봄에 밭을 갈지 않으면 가을에
바랄 것이 없으며, 새벽에 일어나지 않으면 그만한 일이 없게
된다"고 했다.

자신이 세운 계획이 성공하기를 바란다면 거창하고 원대한
것이기 보다는 단순하고 명쾌하게 세워야 쉽게 실천할 수 있다
는 사실을 명심해야 한다.

인생을 바꾸는 힘, 메모!
데이터베이스화 하라

아무리
뛰어난 기억력도
희미한 먹에 비할 수 없다.
—중국 속담

창의력과 상상력의 시대, 정보의 시대인 21세기 무한 경쟁 시대에 살아남아 성공한 이들의 대부분은 그때그때의 아이디어나 하루의 일과를 잘 정리하는 메모 습관 때문에 가능했다.

아침에 일어나 하루 일을 계획하고, 잠자리에 들기 전 하루 있었던 일을 반성하는 하루의 기록은 자신의 내일을 보여주는 지표로 성공의 중요한 습관이다.

아침에 일찍 일어나는 생활 습관은 건강 유지에도 좋을 뿐 아니라 인간의 뇌가 가장 활발히 움직이는 시간대라 최고의 인생 전략을 짜는 시간으로 활용하고 있다.

내가 아침 이부자리에서 일어나는 시간은 5시에서 6시 사이이다. 아직 해가 뜨기 전이지만 이때부터 하루를 시작한다. 뉴스나 신문을 보고, 책상 앞에 앉아 이것저것 생각하면서 메모를 한다. 그리고 중요한 사항은 포스트잇에 오늘 할 일을 메모해 수첩에 붙인다.

내 수첩에 붙은 메모지에는 다양한 정보가 기록되어 있다. 모임 날짜, 친구 부친 조문, 아픈 친구에게 전화하기, 종합소득세 신고 문의, 재단 업무 보고 받기, 시계 수리 의뢰, 서점에서 사야 할 두 권의 책 등등이 적혀 있다.

이 메모 내용은 아침에 일어나자마자 혹은 출근하기 전까지 떠올랐던 생각들을 정리해 메모한 것이다.

이와 같은 메모 습관은 벌써 몇 십 년째 계속되고 있다. 첫 직장이었던 심계원(현 감사원) 시절부터 시작된 것으로, 언제 (Anytime), 어디서든지(Anywhere), 무엇이든지(Anything) 철저하게 메모하는 습관을 가지고 있다.

아침 TV 뉴스를 볼 때나 출퇴근시 차 안에서 또는 근무 중에나 직원들과 업무 회의를 할 때, 식사할 때, 잠자리에 들기 전이나 일어날 때, 화장실에서 일을 볼 때, 심지어는 샤워하면서 아이디어가 떠오르면 그 즉시 메모한다.

메모지가 없을 때는 휴지나 손바닥에도 메모한다. 그래서 우리 집 안방은 물론 거실이나 식탁 옆, 심지어 화장실 안에도 메모지가 준비되어 있다.

사무실 또한 내 책상 위나 응접실 등 내가 자주 앉는 곳에는 반드시 메모지가 놓여 있으며, 자동차 앞뒤 좌석에 모두 펜과 메모지를 준비해 언제든지 메모할 수 있도록 하고 있다.

책을 읽거나 차창 밖 풍경을 바라볼 때 번뜩이는 아이디어가 떠오르면 그 순간 메모지에 기록한다. 그 즉시 메모하지 않은 아이디어는 시간이 지나면 다시 떠오르지 않기 때문이다.

또한 하루를 마감하는 저녁이 되면 메모했던 종이들을 펼쳐놓고 하나하나 체크해 나간다.

내가 친구에게 전화하는 사소한 일까지 메모하는 이유는, 나이 탓에 자꾸 잊어버리거나 업무에 집중하다 시간을 넘기거나 바쁜 일정 때문에 미처 전화를 걸 타이밍을 놓치는 경우가 많기 때문이다.

나는 사람과 사람 사이의 정(情)도 노력과 정성이 한데 모아져야 생기는 것이라고 믿고 있다. 그래서 처리해야 할 일을 잊지 않기 위해 메모하고, 메모지에 기록된 내용들을 하나씩 체크하며 일을 처리한다.

세기의 천재들은 물론 글로벌 기업의 최고경영자나 역사에 이름을 남긴 음악가나 정치가들 모두 메모광이었으며, 남들보다 앞서가며 성공한 사람들 역시 철저한 메모 습관을 통한 자기 관리로 명성을 남겼다.

대표적인 메모광으로는 레오나르도 다 빈치를 꼽을 수 있다. 역사상 가장 위대한 천재로 일컬어지는 그는 화가였을 뿐 아니라 지질학·수학·해부학·광학·항공학 등의 분야에서도 뛰어난 능력을 발휘했다.

그는 자신의 아이디어를 남이 도용할까봐 거꾸로 메모한 뒤 나중에 거울에 비추어 판독했을 정도로 메모의 중요성을 잘 인식하고 있었다.

베토벤은 악상이 떠오르면 어디에나 메모를 했지만 그 메모를 다시는 보지 않았다고 한다. 메모를 하다 보면 다 외워져 다시 볼 필요성을 느끼지 못한 것이다. 이처럼 메모는 그 자체가 중요한 기억 프로세스이다.

또한 아인슈타인이나 피카소·에디슨 같은 천재들도, 나폴레옹·링컨·이순신·리 아이어코카나 월드컵 4강 신화를 견인한 히딩크도 메모를 잘한 사람으로 유명하다.

이들은 모두 메모 습관을 생활화 해 성공한 좋은 지도자나 음악가가 되었다. 학습 능력을 키워주는 것도, 자신의 능력을 향상시키는 것도, 자신의 비전을 성취하는 것도 모두 철저한 자기 관리와 메모 습관에서 비롯된다.

만일 자기 삶의 꿈과 희망의 고지에 도달하기를 원하는 사람이라면 메모 습관을 가져야 한다. 메모 습관을 갖게 되면 성공으로 가는 멋진 지름길 하나를 발견한 셈이기 때문이다.

그렇다고 아무렇게나 메모하라는 것은 결코 아니다. 『메모의 기술』 저자 사카토 켄지는 '언제 어디서든 메모하라', '주위 사람들을 관찰하라', '기호와 암호를 활용하라', '중요한 사항은 한눈에 띄게 하라', '메모하는 시간을 따로 마련하라', '메모를 데이터베이스로 구축하라', '메모를 재활용하라'고 말하고 있다.

머릿속에 떠오른 생각은 바로 그 자리에서 바로 기록하는 것이 메모의 법칙으로, 일 잘하는 사람의 방법을 보고 배우는 것도 중요하고, 꼭 글자가 아닌 자신만이 알 수 있는 그림이나 문자로 정리하면 시간 절약이 되며, 검토했을 때 중요한 사항이 한눈에 들어오는 것이 좋은 메모 방법이라고 말한다.

또한 메모하는 시간을 따로 마련해 생각을 정리해 주고, 이 자료를 날짜나 주제별로 데이터베이스화 해 책을 만들거나 보관하고, 이 메모를 시간 나는 대로 검토해 재활용하는 것도 메모하는 것만큼이나 중요하다고 말한다.

메모는 시간을 절약해 주고, 효율적인 일 처리를 가능하게 해 주며, 기억을 일깨워줘 슬기롭고 지혜로운 삶을 살도록 안내해 준다. 그래서 메모는 이제 내 생활의 일부가 되었다.

그런데 아내나 아들도 나의 메모 습관을 닮아 가족 모두 메모 습관이 몸에 배었다. 심지어는 명함을 받을 때 시간이나 장소, 내용까지 메모한 뒤 안부 전화를 하기도 한다. 나는 이러한 행동이 곧 사람이 살아가는 예의라고 생각한다.

단 일 년을 살더라도 남과 다른 인생을 즐기며 살고 싶다면 메모하는 습관이 필요하다. 인간의 두뇌가 모든 것을 기억할 수는 없기 때문에 기록해두고 꼼꼼히 체크하지 않는다면 언젠가는 잊어먹을 것이다.

하루를 시작하는 그날의 아침시간이 얼마나 중요한가를 항상 생각해야 한다. 하루의 시작을 계획하는 것은 바로 인생을 설계하는 것이다. 아침시간 30분이 저녁시간 몇 시간보다 훨씬 더 중요하고 가치 있는 이유이기도 하다.

로버트 H. 슐러는 이렇게 말했다.

"나는 좋은 생각이 머리에 떠오를 때는 언제나 메모를 해둔다. 목표 달성을 위하여 매우 중요한 일이다. 당신은 적극적인 생각이 떠오를 때마다 그것을 즉시 기록해 둘 수 있도록 항상 종이를 준비해 두라. 좋은 생각이 떠올라 종이에 기록할 때는 언제나 '지금 바로 그것을 시도하자'라고 기록하라. 당신의 생각을 누군가가 시도하기 전에 당신이 먼저 시도하라. 그러면 당신은 남들로부터 비범한 사람이라 불릴 것이다."

만약 성공을 꿈꾸는 사람이라면 지금 당장 펜과 수첩을 준비해 자신의 생각과 아이디어를 메모하라. 메모에 대한 열정이 자신에게 성공의 씨앗을 줄 선물할 것이다.

고정관념의 틀을 깨면
세상이 달라 보인다

어리석은 자의 고집은
자신을 죽이며,
미련한 자의 자기만족은 자신을 파괴시킨다.
─잠언 1:32

세 마리 개구리가 한 우물에 살고 있었다. 우물 안은 늘 어두웠고, 대낮에도 희미한 빛만 들어왔다.

그래서 하늘이 우물의 입구보다 크지 않을 것이라고 믿었으며, 우물 안에서 보이는 것이 전부인 줄 알고 살았다.

그러던 어느 날 궁금증 많던 한 개구리가 우물 밖의 세상을 직접 보고 싶어서 모험을 하기로 했다.

힘든 여행 끝에 우물 밖으로 나온 순간 깜짝 놀랐다.

엄청나게 크고 밝은 빛 덩어리가 온 세상을 환하게 비추고 있었기 때문이었다. 바깥세상을 보고 우물로 돌아온 개구리가 두 친구들에게 말했다.

“얘들아! 바깥세상에는 아주 크고 밝은 빛 덩어리가 있었어.”

“거짓말 하지 마. 그렇다면 왜 우물 안은 늘 어두운데?”

“아냐. 정말이라니까.”

우물 안에서만 살던 세 마리의 개구리들은 그 동안 푸르스름하고 연한 빛을 발하는 달만 보았던 것이다.

답답했던 개구리는 두 친구를 설득하기 시작했다. 그러나 모두 바깥세상으로 나가는 걸 두려워했다. 그래서 개구리는 생각을 바꾸어 한 친구만을 설득했다.

“네가 나갔다 와 봐. 내가 보았던 것을 네가 본다면 다들 믿을 수 있을 거야.”

결국 두 마리 중 한 마리가 개구리의 말을 경청했고, 바깥세상을 구경하기로 마음먹고 큰 용기를 냈다.

하지만 우물은 너무 깊어 바깥세상으로 나오기 위해서는 온몸이 상처투성이가 되었다.

두 번째 개구리가 본 우물 밖 세상은 이미 해가 진 뒤였다. 그래서 친구가 보았던 크고 밝은 빛 덩어리를 볼 수 없었지만 부드럽게 세상을 밝히는 보름달을 보았다. 그것은 우물 안에서 볼 때보다 훨씬 크고 아름다웠다.

“친구야, 네가 말한 빛 덩어리는 없었어. 내가 본 것은 동그랗고 부드러운 고운 빛이었어.”

“그럴 리 없어. 그 빛은 너무 눈부셔서 오랫동안 쳐다볼 수도 없었는데……”

“아냐! 절대 그렇지 않아.”

바깥세상을 구경하고 돌아온 두 마리의 개구리는 서로 자신이 옳다고 주장했다. 그리고 아직 우물 밖 세상을 구경하지 못한 친구에게 자신의 주장이 옳다고 강요했다. 그러자 바깥세상을 보지 못한 개구리가 의견을 냈다.

"둘 다 그만 해. 이 문제를 해결하려면 우리 모두 함께 나가보는 거야."

결국 세 마리의 개구리는 우물 밖으로 나가 확인하기로 했다. 커다란 난관에 부딪힐 때마다 먼저 나갔다 온 개구리들이 방법을 제시했고, 세 마리 모두 서로의 의견을 존중하면서 협동한 결과 드디어 우물 밖으로 나갈 수 있었다.

하지만 하늘에는 눈부신 태양이 없었다. 그러나 서쪽 하늘에 걸려 있는 따스한 해가 그들을 기다리고 있었다.

세 마리의 개구리는 하늘을 붉게 물들이며 지는 해를 조용히 지켜보았다. 그것은 개구리들이 처음 본 세상이었다.

맨 처음 해만 구경한 개구리는 자신의 생각이 전부가 아니었음을 깨달았다. 달만 구경한 친구 역시 마찬가지였다.

세 마리의 개구리는 해가 이미 졌지만 우물 밖의 세상을 더 구경하기로 했다.

이어 어두운 하늘에는 달과 별이 가득 채워졌고, 세 마리의 개구리는 그 황홀경에 빠져들었다. 그리고 시간이 흘러 아침이 되자 아주 밝고 커다란 빛 덩어리가 눈부시게 했다.

그때서야 세 마리 개구리는 자신들의 세계가 얼마나 좁았는지 깨닫게 되었다.

세 마리의 개구리들은 바깥세상을 구경하기 전까지는 오직 우물 안이 자기들의 세상인 양 그 안의 삶에 만족하며 스스로 갇혀버렸다. 그러나 우물 밖으로 나오면서 무한한 세상이 있다는 사실을 깨달은 것이다.

우리 인간의 삶도 이와 같다. 자기만의 고집과 고정관념을 버리고 생각을 바꾸면 세상이 달라 보인다. 하지만 생각을 바꾸는 것이 결코 쉬운 일이 아니며, 설사 생각을 바꾼다고 해도 실천이 따르지 않으면 삶은 바뀌지 않는다.

우물 안의 개구들처럼 우리는 누구나 내 생각, 즉 주관을 가지고 있다. 그러나 그 잘못된 주관을 끝까지 주장하지 않고 다른 개구리들의 의견을 수렴한 뒤 행동으로 옮겨 우물 밖에 존재하는 새로운 세상을 발견한 것이다.

그러나 우리는 내 생각만을 고집하고, 자신과 사회가 만들어 낸 수많은 고정된 틀의 고정관념을 뭉뚱그려 '내 생각'으로 만들어놓고 자기 주관이라고 말한다. 아니 내 삶의 가치관이라 말하고 있는 것이다.

자기 생각만 옳다고 주장하면서 스스로 고정관념의 틀 안에 갇혀 일을 추진하고, 남의 말을 무시하고 자기 생각만을 남에게 강요한다. 이런 편협한 생각을 가진 사람은 스스로 자기 인생을 그르치게 된다.

이처럼 다른 사람의 판단이나 결심, 의견과 주장을 받아들이지 않고, 자기주장과 판단과 의견이 우월하고 옳다고 생각해 남에게 강요하는 사람들이 고집쟁이이다.

고집이 센 사람은 마음의 문을 깊이 닫고 자기주장을 강요하면서 주관적인 입장에 선다. 그래서 남에게 거칠고 오만하고 불손하게 보이고, 언제나 다른 사람을 아프게 하고 상처를 준다.

뿐만 아니라 융통성이 없고, 자신의 주장을 절대화하고, 다른 사람을 무시하는 행동은 결국 자신을 상심시키고 썩고 병들게 해 깊은 죄책감에 빠져들게 한다.

하지만 투철한 자기 주관 없이 삶을 산다면 그것 또한 고집쟁이만큼 어리석은 사람이다. 그러나 모든 상황을 이성적·긍정적으로 생각하고 행동할 때 그 주관은 존경을 받는다.

아무리 옳은 것도 객관화되고 검증되지 않고, 지적인 지식이 뒷받침되지 않으면 아무 쓸모가 없다. 어설픈 지식으로 자기주장을 내세우는 행동은 어리석고 쓸데없는 고집이다.

또한 고정관념이라는 틀에 갇혀 세상을 바라보는 시야로는 문제를 해결하는 힘이 단편적일 수밖에 없다. 개구리처럼 우물 안에서 보는 세상은 우물 입구의 크기 밖에 안 되며, 우물 입구를 통해 눈에 보이는 것이 전부이다.

그러나 생각을 바꿔 바깥세상을 구경한 개구리처럼 넓은 시야를 가진 사람은 문제를 보는 시각과 문제를 푸는 방법을 다양하게 생각할 수 있다.

내 의견이 옳다고 생각하면 남의 의견도 옳을 수 있음을 알아야 한다. 다른 사람의 의견과 주장을 인정해 주고 내 생각의 틀을 깨면 상대방의 생각에 대한 이해가 달라진다.

더불어 사는 세상에서는 고집쟁이와 고정관념을 가진 사람은 자기 발전이 없으며, 남들로부터 호감을 얻지 못할 뿐 아니라 행복한 삶을 살 수 없다.

고집을 버리면 세상이 달라 보인다. 그리고 고정관념의 틀을 깨야 자신이 변한다. 우물에서 뛰쳐나온 개구리들처럼, 알에서 나온 병아리처럼 세상을 보는 기준이 확연히 달라진다.

내 생각이 옳다는 고집과 고정관념을 버리고 열린 마음으로 세상을 바라볼 때 세상은 내 앞에 활짝 열린다.

누구든 행복한 삶을 원한다면 인생이란 여행을 떠나는 그 길 위에 성공을 위한 자신만의 로드맵을 그려라.

여행의 목적지는 바로 삶의 목적지이며, 성공을 꿈꾸기 위한 계획은 바로 목적지가 그려진 지도이다. 지도를 가진 여행자는 어떤 길 위에서도 당황하지 않는다. 자신이 지금 어디에 있고, 어디를 향하고 있는지를 알고 있기 때문이다.

여행은 인간을 겸허하게 만든다. 세상에서 인간이 차지하고 있는 입장이 얼마나 하찮은가를 두고두고 깨닫게 하기 때문이다.

—플로베르

Chapter Two

즐거운 인생
행복한 인생

먼저 배려하라!
배려하는 사람은 행복하다

남에게
먼저 대접받고자 하는 대로
너희도 남을 대접하라.
―마태복음 7:12

산다는 것은 무엇일까? 그리고 행복하게 산다는 것은 어떤 의미일까? 사람마다 그 가치관이 모두 달라 꼬집어 '이것'이라고 말할 수는 없지만, 내게 있어 행복한 삶 중의 하나는 마음의 평화이다.

어리석은 대답일지는 모르지만 내 마음이 향하는 곳, 그 세상 사람들과 더불어 살아가면서 원칙을 지키고 내가 좋아하는 일을 하며 사는 것이 행복이라고 믿는다.

그 행복을 추구하기 위해 다른 사람에게 기쁨과 슬픔을 줄 수도 있고, 절망과 희망을 줄 수도 있으며, 아픔과 용기 등 다른 사람에게 줄 수 있는 것은 아주 많다.

그러나 내가 주고 싶은 것은 물질적·금전적인 것이 아니라 아주 작고 사소한 일이라도 함께 나누면 서로가 행복할 수 있는 아주 편안한 마음이다. 그 마음으로 누군가의 마음을 읽고 배려해 주는 것이다.

내가 나를 아끼듯이 다른 사람도 따뜻한 마음으로 아껴주고 보살펴주는 것, 내 생각대로 다른 사람을 잘 대해주는 것이 아니라 그 사람의 처지를 이해하고 한 걸음 더 다가서는 것이 배려라고 생각한다.

그런데 세상의 많은 사람들은 배려는 남을 위해 하는 것이라고 말한다. 배려는 하면 할수록 자기가 손해 보는 일이라고 생각한다.

비록 사소한 일이지만 남에게 배려를 해보면 마음이 편안해지는 것을 느낄 것이다. 배려가 남을 위한 것이 아니라 자신에게 기쁨을 주고 행복을 가져다준다는 것을 알게 된다.

좁은 길을 먼저 가려고 서두를 것이 아니라 한 발자국만 배려하면 오히려 빨리 갈 수 있고, 내 마음에 평화가 찾아온다는 걸 느낄 수 있다. 이처럼 배려는 하나를 건네면 둘이 되어 나에게 돌아온다.

그러나 배려의 기쁨을 처음부터 맛보는 것은 아니다. 스스로 용기를 내 배려를 실천하기 전에는 그 즐거움을 알 수 없다. 때문에 배려를 통한 행복한 사람이 되기 위해서는 평상시 훈련이 필요하다.

배려가 몸에 배지 않은 사람은 그 마음가짐을 갖기 위해 부단한 노력이 필요하다. '이렇게 하면 상대가 기뻐할까?', '이런 행동은 상대가 상처 받지 않을까?' 등을 늘 생각하고 실천해야 한다. 작은 실천이 쌓여 몸에 밸 때 진정으로 마음에서 우러나오는 배려가 되는 것이다.

아무런 생각 없이 자기 편한 대로만 행동한다면, 나도 모르는 사이 상대에게 상처를 줄 수 있다. 그리고 그 상처는 부메랑이 되어 다시 나에게 돌아와 서로 불편한 관계를 만든다.

이처럼 불편한 마음 관계를 가진 채 살아가는 것은 불행한 삶이다. 나도 남도 함께 행복해지기 위해서는 먼저 남을 배려하는 마음을 실천으로 옮겨야 한다.

물론 배려하는 기쁨보다 배려 받는 기쁨이 더 크지 않느냐고 반문하는 사람도 있을 것이다.

그러나 받는 즐거움은 순간의 행복이지만, 베풀고 배려하는 즐거움은 오래 간다. 배려를 받은 사람들이 다시 나에게 되돌려 주기 때문이다.

이것이 배려하는 사람의 행복이 아닐까. 세상 사람들과 함께 더불어 살아가는 즐거움이 아닐까.

그런 의미에서 상대방으로부터 듣는 '고맙다'는 말 한 마디가 그 어떤 선물보다 더 큰 기쁨이다.

인간은 누구나 자신을 가장 소중하게 여긴다. 때문에 자신의 입장에서 모든 일을 이해하고 처리하려고 한다. 그렇게 되면 다른 사람과 이해관계가 얽혀 원하지 않는 다툼이 일어나 서로 얼굴을 붉히게 된다.

한 걸음 먼저 물러나 상대에게 양보하는 마음, 나아가 상대의 마음을 먼저 헤아려 배려한다면 서로에게 행복하다. 그 행복의 크기는 받는 쪽보다 주는 쪽이 더 크다는 사실을 기억해야 할 것이다.

나는 주일에 교회를 갈 때 주머니 속에 가끔 사탕을 준비해 가지고 간다. 그런데 주변에 휴지통이 없으면 사탕 껍질을 바닥에 함부로 버리지 않고 주머니 속에 넣어 다시 가져온다.

청소하는 사람을 배려하는 마음이기도 하고, 많은 사람들이 오가는 곳을 더럽히지 않기 위한 배려이다. 아주 사소한 일이지만, 그 사소한 것부터 실천하고자 하는 마음에서이다.

또 회사 근처에는 뻥튀기 장사가 있는데, 나는 점심식사 후 돌아오는 길에 가끔 뻥튀기 한 자루를 사온다. 건물을 청소하시는 분이나 관리실 직원들에게 나누어주기 위해서다.

나이가 어느 정도 드신 분들이라 옛 생각을 하면서 쉬는 시간에 심심치 않게 먹으라고 말이다. 그런데 직원들은 뻥튀기를 받아들고 참 기뻐했다. 비록 값비싼 것은 아니지만 뻥튀기에 담긴 내 마음을 건네받았기 때문이다.

이처럼 작고 사소한 배려이지만 그 배려를 통해 나와 남이 함께 행복해진다면 세상은 더 아름다워질 것이다.

공자는 "다른 사람을 대할 때 그 사람의 몸도 내 몸같이 소중히 여기라. 내 몸만 귀한 것이 아니다. 남의 몸도 소중하다는 것을 잊지 말라. 그리고 네가 다른 사람에게 바라는 일을 먼저 그에게 베풀어라"라고 했다.

내 자유가 소중하듯 남의 자유도 존중해 주는 사람, 남의 실수를 내 실수처럼 감싸 안는 사람, 남의 말을 잘 경청해 주는 사람, 내 사랑처럼 남의 사랑도 아름답고 값진 것임을 잘 알고 있는 사람, 남이 힘들어 할 때 손을 내밀며 함께 갈 수 있는 사람, 받기보다는 늘 못다 준 것을 아쉬워하는 사람, 그런 사람이 참으로 행복한 사람들일 것이다.

아무리 작고 사소한 일이라도 먼저 남에게 배려해 보라. 원칙을 지키면서 사는 삶이 손해를 보거나 헛된 삶이 아니고, 다투기보다는 서로 나누어 주고 베풀 때 가장 행복한 삶이라는 것을 알게 될 것이다. 한두 번 배려하다 보면 그 즐거움이 무한대로 늘어나는 기쁨을 맛보게 될 것이다.

 삶으로부터 배우는 인간 경영

세상에서
가장 아름다운 꽃, 미소

미소는
가장 강렬한 영향력을 주는
유일한 것이다.
—디어도어 루빈

우리는 하루 24시간을 살면서 몇 번이나 웃을까? 아니 몇 번이나 얼굴을 붉히면서 찡그리며 살까?

누구나 한 번쯤은 거울 앞에서 자신의 모습을 비춰보면서 자신의 용모에 대해 생각한 적이 있을 것이다. 어떤 이는 자신의 용모에 대해 만족한 미소를 보내는가 하면, 또 어떤 이는 얼굴을 찡그리며 자신에게 화를 내기도 할 것이다.

그러나 얼굴이 잘 생겼다고 사람들에게 존경받거나 인생이 더 나아지는 것도 아니고, 얼굴이 못 생겼다고 해서 멸시를 받거나 인생이 추락하는 것은 아니다. 얼굴을 찌푸린 미인보다는 바보의 웃는 얼굴이 우리를 더욱 기쁘게 하는 것과 같다.

도스토예프스키는 "사람의 웃는 모양을 보면 그 사람의 본성을 알 수 있다. 누군가를 파악하기 전 그 사람의 웃는 모습이 마음에 든다면, 그 사람은 선량한 사람이라고 자신 있게 단언해도 되는 것이다"라고 했다.

세상에서 가장 아름다운 얼굴은 바로 미소 짓는 사람의 얼굴이다. 미소 짓는 얼굴은 사람의 마음을 바꾸는 놀라운 힘을 가지고 있다. 미소는 사람을 끌어들이는 마술이며, 마음을 여는 열쇠이기 때문이다.

실의에 빠진 사람에게 보내는 미소는 용기와 희망을 주고, 슬픔이 가득한 사람에게 보내는 미소는 기쁨이 있음을 알게 해주며, 두려워하는 사람에게 보내는 미소는 편안함을 준다.

이처럼 미소의 위력은 대단하다. 남의 마음을 편하게 해주는 것은 물론 미소를 보내는 사람의 얼굴에는 사랑과 용서, 이해와 친절이 담겨 있으며 자기 마음까지도 편하게 해준다.

데일 카네기는 미소에 대해 이렇게 말했다.

"마음 속에서 즐거운 듯이 만면에 미소를 띠워라. 자신이 사뭇 즐거운 듯이 행동하면 침울해지려고 해도 결국 그렇게 안 되니 참으로 신기한 일이다."

카네기는 누군가와 만났을 때 얼굴 가득 온화한 미소를 머금고 있으면, 당신의 얼굴을 바라보는 사람은 당신 얼굴처럼 바뀔 수밖에 없다고 했다.

그런가 하면 엘라 윌러 윌콕스는 "웃어라, 그러면 세상도 그대와 함께 웃는다. 울어라, 그러면 그대 혼자 울게 된다"고 했다.

즐거운 일에만 미소를 지을 것이 아니라 침울해지려고 할 때도 미소를 지으면 거꾸로 삶이 즐거워지는 것이다.

웃음은 홍역처럼 전염성이 강하고 또한 감염이 잘 된다고 했다. 웃음은 마음의 치료제로 건강에도 좋을 뿐 아니라 많이 웃는 사람은 행복하고 많이 우는 사람은 불행하다고 했다.

그래서 나는 내 건강도 지키고 행복하게 살기 위해 언제 어디서 누구를 만나든 얼굴 가득 미소를 짓는다. 미소의 힘을 알기 때문에 남에게도 웃음을 잊지 말고 살라고 권한다.

물론 진짜 반가워서 웃음꽃이 피어나는 사람도 있지만, 살면서 꼭 그런 사람만 만나는 것은 아니다. 그러나 나는 모든 사람에게 밝은 미소와 함께 반가운 음성으로 유쾌한 인사도 곁들이고, 높고 밝은 톤의 악센트를 가지고 다가오는 사람을 반갑게 맞이한다.

햇볕이 누구에게나 따뜻한 빛을 주듯이 사람의 웃는 얼굴도 포근한 햇볕처럼 모든 이에게 친근감을 준다. 인생을 즐겁고 행복하게 살려면 찡그린 얼굴을 하지 말고 웃어야 한다.

사회생활은 사람과 사람 사이의 관계 속에서 이루어지고, 그 첫 관계는 인사로 시작되기 때문에 미소로 인사하며 사람을 대하는 기본이라고 생각한다.

어떤 이는 처음 사람을 대할 때 예의를 지킨다면서 정중하고 엄숙한 얼굴로 대하는 경우가 있다. 이런 인간성 없는 무뚝뚝한 표정은 상대에게 경계심을 갖게 해 자칫 오해를 사기 쉽다.

자신이 정말 반가울 때나 괴로울 때 한 가지 표정밖에 표현할 수 없다면, 대인관계에서 넘어야 할 산이 많다는 것을 알아야 한다. 서로 친숙해져서 자신의 무뚝뚝한 성격을 상대가 알기 전까지 당신은 많은 노력을 해야 한다.

얼굴 표정이 어두운 건 자신 탓이다. 표정은 스스로 만들어가는 얼굴의 거울이다. 또한 미소는 자신의 마음을 가꾸는 화장법이며 남을 위한 작은 배려이다.

카네기는 미소는 지친 사람에게 쉼을 주며, 낙담한 사람에게 용기를 주고, 절망에 빠진 사람에게 희망을 주고, 고통을 잊게 해주는 자연이 베풀어주는 가장 좋은 약이라고 했다.

그런데 이 미소는 돈으로 살 수도 없고, 구걸할 수도 없고, 빌릴 수도 없으며 훔칠 수도 없다고 했다. 미소는 내가 줄 때에야 비로소 누구에게나 좋은 것이 되기 때문이라는 이 말을 나는 100% 확신하다.

영화 <바람과 함께 사라지다>에서 주인공 스칼렛 오하라 역을 연기했던 비비안 리를 기억할 것이다. 그녀는 사실 주인공을 뽑는 오디션에서 떨어졌던 사람이었다.

그녀는 오디션에서 떨어졌다는 소식을 듣고 자리에서 일어나 돌아서면서 아쉬운 듯 웃었다고 한다. 그런데 그녀의 밝은 웃음소리를 들은 심사위원들은 '저 여자가 진짜 스칼렛 오하라이다'라고 생각했다고 한다.

결국 그녀는 자신의 밝은 웃음 덕분에 불후의 명작 <바람과 함께 사라지다>의 여주인공으로 캐스팅 되어 전 세계 팬들의 마음을 사로잡게 된 것이다.

이처럼 웃는 얼굴은 긍정적인 생각에서 나온다. 지금부터라도 활짝 웃는 얼굴로 인사를 나누어 보라. 미소는 세상을 따뜻하게 해주고, 세상에 사랑을 심어주고, 어색한 인간관계를 부드럽게 해준다.

힘찬 웃음으로 하루를 시작하면 활기찬 하루가 될 것이다. 처음 만난 사람에게도 미소를 보이면 마음이 열리고 기쁨이 넘칠 것이다. 힘들 때 자신에게 웃음을 지어주면 없던 힘이 저절로 생겨날 것이다. 그리고 집에 들어올 때 웃음을 보이면 행복한 가정이 꽃피게 될 것이다. 그래서 미소 짓는 얼굴은 꽃보다 아름답다.

색깔과 향기 있는 말
사람에게 상처 주는 말

> 말은 파괴하거나
> 치유하는 힘을 갖는다.
> 진실하고 친절한 말은 세상을 변화시킬 수 있다.
> ─붓다

중국 당나라 때 관리를 등용하는 시험에서 인물 평가, 즉 사람의 됨됨이를 판단하기 위해 '신언서판(身言書判)'을 기준으로 삼았다. 몸가짐이 단정해야 하고, 말을 잘해야 하며, 글과 글씨를 잘 써야 하고, 판단력이 뛰어나야 처세하는데 손색이 없다고 생각한 것이다.

이러한 기준은 현재 기업의 일반적인 채용 프로세스인 서류전형, 필기시험, 면접시험과 유사하다고도 할 수 있다. 그러나 나는 사람의 됨됨이를 판단하는데 있어 '첫인상', '몸가짐', '말' 이 세 가지를 중요하게 생각한다.

사람을 만날 때 제일 먼저 느껴지는 것이 첫인상이다. 인사를 나누기도 전 상대로부터 전해져오는 따뜻한 느낌은 경계심을 풀게 하고 호감을 갖게 한다.

사람은 감정의 동물이어서 처음에 좋은 인상을 받으면 그 기억을 가지고 그 사람을 계속 만나게 되고, 그 반대로 나쁜 인상을 심어주면 그 기억이 오래도록 남아 원만한 대화를 이끌어가기가 쉽지 않다. 이처럼 사람을 만나는데 가장 중요한 첫 번째가 인상이라면 그 다음은 몸가짐이라고 생각한다.

그래서 매일 아침 출근할 때 거울을 보며 머리에서부터 발끝까지 확인하고, 그날 날씨에 따라 옷 색깔까지도 맞춰 입는다. 이처럼 몸가짐을 바르게 하면서 마음의 각오를 다지면, 그날 하루를 힘차고 보람되게 보낼 수 있다.

또한 여러 모임에 나가다보니 경조사가 많아 검정 넥타이를 사무실에 두고 다닌다. 기쁜 일이나 슬픈 일 등이 때를 정해놓고 발생하는 것이 아니기 때문에, 그때마다 의복을 제대로 갖출 수가 없어서 항상 준비하고 있는 것이다.

이처럼 사회생활을 하기 위해서는 첫인상이나 몸가짐(마음가짐)도 중요하지만, 무엇보다도 말을 조심해야 한다.

옛날부터 사람을 알려면 그 사람의 말을 들어야 한다고 했다. 말은 자신의 생각을 담는 그릇이요, 사상과 감정을 표현하는 소리이기 때문이다.

이처럼 사람이 한 마디 뱉는 말은 사람의 몸을 벨 수 있는 칼이 될 수도 있고, 사람을 살릴 수도 있는 아름다운 색깔과 향기를 가지고 있다.

격려와 기쁨의 말은 사람에게 용기와 행복을 주지만, 저주와 비난의 말은 한 사람의 신용과 명예를 일시에 무너뜨리고, 독을 품은 말은 죽음을 부르는 예리한 칼이 된다.

이처럼 말의 위력은 대단하다. 세 치 혀에서 나온 말이 남을 해치는 독이 될 수도 있고, 갈등을 치유하는 약이 될 수도 있다. 똑같은 물을 마시고도 뱀은 독을 만들어내고, 소는 우유를 만들어내는 이치와 똑같다.

그래서 동서고금을 막론하고 말을 조심하라는 경계의 명구가 유난히 많다.

"부드러운 대답은 분노를 멈추게 하고, 사나운 말은 노여움을 불러일으킨다."(잠언), "새장으로부터 도망친 새는 붙잡을 수가 있으나 입에서 나간 말은 붙잡을 수 없다."(탈무드)

이러한 명구는 사람 입으로 내뱉는다고 해서 다 말이 되는 건 아니라고 경계하고 있다. 사람 입에서 나오는 말은 진실성이 없어 신뢰감을 주지 못하고, 머리로 생각하는 말은 자신의 이익만을 내세우는 말이라고 했다.

그렇다면 어떤 말이 진정한 말일까? 바로 가슴에서 우러나오는 말이다. 이 말에는 힘이 들어 있어 사람의 마음을 움직이고, 생명력이 있으며 감동과 감명을 준다. 진실한 말이 인간을 움직이고 힘을 주는 것이다.

부주의한 말 한 마디가 싸움의 불씨를 제공하고, 잔인한 말 한 마디가 삶을 망가트리고, 쓰디쓴 말 한 마디가 증오의 씨를 뿌리고, 무례한 말 한 마디가 사랑의 불을 끄고, 은혜로운 말한 마디가 길을 평탄케 하고, 즐거운 말 한 마디가 하루를 빛나게 하고, 때에 맞는 말 한 마디가 긴장을 풀어주고, 사랑의 말 한 마디가 축복을 준다고 했다.

이처럼 말은 향기와 아름다운 색깔을 가지고 있어서, 아무리 좋은 말도 향기가 없으면 상대방은 감동하지 않고, 색깔이 강한 말이라도 인간적 진실이 묻어나면 상대방은 감동을 받는다.

말의 향기를 더하고 아름다운 색깔을 담기 위해서는 그 말에 인간적인 진실이 담겨야 한다. 언제, 어느 때, 어느 곳에서든 조심성 있게 심사숙고한 뒤에 해야 하며, 자기가 무슨 말을 하든 그 말은 침묵보다 가치 있는 것이어야 한다.

꽃이 여러 색깔로 피어나 아름답고 특유의 향기가 있듯이, 사람도 같은 말이라면 아름답고 듣기 좋은 색깔의 말로 자기 생각을 표현해야 한다.

상대와 대화할 때 평상시 웃는 얼굴에 밝고 높은 악센트로 말하면 상냥하게 들려서 상대방의 마음을 활짝 열게 해준다. 그러나 걱정거리가 많은 사람을 만났을 때는 위로가 되는 말, 근심을 덜어주는 말을 해줄 수 있어야 한다.

이처럼 늘 똑같은 톤으로 이야기하는 것보다는 장소와 상황에 따라 말의 색깔에 변화를 주어 상대방의 걱정과 슬픔을 진심에서 위로한다면 그는 참으로 고마워 할 것이다.

세상 사람들은 사회생활을 하는데 "처신이 중요하다"고 말한다. 이 처신의 기본이 바로 언행이다. 말과 행동이 일치되지 않으면 상대방으로부터 오해를 사게 된다.

　언행일치(言行一致)를 강조하면서 내가 제일 경계하는 것은 반말의 사용이다. 나는 상대방이 나보다 아랫사람일지라도 반말하지 않고 상대방을 존중하여 말을 가린다.

　특히 전화 통화시는 더욱 조심한다. 눈에 보이지 않는다고 함부로 말하는 것은 큰 실례다. "말 한 마디로 천 냥 빚을 갚는다"고 했듯이, 상대방에게 상냥하고 친절하게 높임말을 한다면 좋은 인상을 심어줘 반드시 그 배로 되돌아온다.

자기주장을
굽힐 줄 아는 용기

용기를
존중하는 것과
삶을 가볍게 여기는 것과는 크게 다르다.
―게도

　　"저사람 고집불통이라서 주변 사람들까지 괴롭힌다"거나 또는 "저 사람은 소신이 뚜렷해 백절불굴(百折不屈)에 가깝다"라고 사람들은 말한다.

　'고집불통'이란 조금도 융통성이 없이 자기주장만 계속 내세우는 사람을 일컫는 말로, 자기 생각에 얽매여 다른 사람과 의사소통을 하지 못하는 사람을 이른다.

　반면에 '백 번 꺾여도 굴하지 않는다'는 뜻의 백절불굴은, 어떠한 어려움에도 결코 굽히지 않은 사람으로 불굴의 의지와 강인한 주체성을 지닌 고집불통 지식인의 표상을 이르는 말로도 사용된다.

그러나 자기주장과 자기 철학만이 옳다고 강요하는 말은 고집불통의 독이 된다. 쌍방향이 아닌 일방통행의 말은 상대에게 상처를 주어 다른 사람의 불편은 물론 일의 발전을 저해할 수도 있다.

하버드 로스쿨 협상 연구책임자 윌리엄 유리가 쓴 『돌부처의 심장을 뛰게 하라』에는 고집불통 상대를 설득하는 전략이 기술되어 있다.

먼저 본능이 시키는 것과 반대로 하고, 주장하고 싶을 때 상대의 말을 경청하고, 화내며 맞받아치고 싶을 때 시간을 벌어 마음을 차분히 가라앉히라고 말한다. 그리고 사람과 문제를 구분해서 문제에 대해서는 단호하되 사람, 즉 협상 상대에게는 부드럽게 대하라고 권하고 있다.

이처럼 자기 뜻을 주장하더라도 여럿이 그 주장에 반대한다면 과감하게 그 주장을 접을 줄 아는 용기가 필요하다. 진정한 용기란 그런 때 발휘되는 것이며, 옳고 바른 일을 슬기롭게 처리하고자 마음을 다잡는 일이 바로 용기이다.

용기란 "두려움이 없는 것이 아니라 두려운 데도 불구하고 행동할 수 있는 능력"으로, 마음의 결심을 하는 용기는 사용하면 할수록 더욱 강해지는 힘이다.

이처럼 용기를 낸다는 것은 마음의 문제이지 행동의 문제가 아니다. 그러나 아주 사소한 일상에도 용기가 필요하다. '아침에 일찍 일어난다', '운동을 한다', '독서를 한다'는 결심도 용기가 있어야 한다.

지혜가 있는 사람은 이런 용기를 바로 실천하지만 지혜가 없는 사람은 자기주장만 강요해 적을 만들고 나아가 일의 성공을 그르치게 하는 경향이 많다.

타인으로부터 옳지 않다는 의견을 들었다면 자기 고집을 버리고 다른 사람의 의견에 귀를 기울여야 한다. 여러 사람의 의견을 듣고 조율하는 것이 바람직한 일의 결과를 가져오기 때문이다.

따라서 다른 사람의 이야기를 경청하면서 물러섬과 나아갈 때를 알고, 자신의 마음을 조정할 수 있는 사람이 바로 참된 지혜를 지닌 사람이다.

그러나 자기주장을 접는다는 것은 웬만한 용기와 지혜로는 실천하기 어렵다. 우선 자기 자신을 이길 수 있는 용기가 있어야 할 것이다. 자신을 절제하지 못한다면 진정한 용기를 발휘하기 어렵다.

이런 용기를 내지 못하고 고집불통이 되어 자기만 옳다고 주장하는 사람은 바보이다. 끝까지 자기주장이 옳다고 고집하는 이유는 자기 자존심에 상처를 받지 않기 위해서이다. 그러나 자존심이란 그렇게 해서 얻는 것이 아니다.

자신이 남에게 존중받기를 원한다면 다른 사람을 먼저 존중해야 한다. 그런 인품이 없이는 남에게 존중받을 수 없다.

우리는 지혜와 슬기를 지닌 사람에게는 저절로 고개를 숙일 수밖에 없다. 용기와 더불어 지혜와 슬기가 있는 그들은 현명한 판단을 할 수 있기 때문이다.

일본 여행을 친구들과 함께 갔었다. 그런데 어떻게 갈 것인가를 놓고 서로 의견이 분분했다. 이제 나이도 있으니 체력을 생각해서 비행기를 타고 가자는 쪽과 조금 피곤하겠지만 부산에서 하룻밤 자고 배를 타고 가면 경비가 적게 든다고 하는 쪽으로 나뉜 것이다. 우리는 서로의 의견을 듣고 양보하고 조율했다. 그 덕에 즐거운 여행이 되었다.

모든 것은 장점과 단점이 있게 마련이다. 다른 사람의 주장에 장점과 단점이 있다면, 내 주장에도 장점과 단점이 있다. 내 주장이 제3자에게 통하지 않았다면 거기에는 반드시 여럿이 느낄 단점이 컸기 때문이다. 그런 이유로 여럿에게 공감을 얻지 못한 것이리라.

사람은 누구나 자기 처지에서 판단하기 때문에 입장이 다르다. 또한 그렇기 때문에 의견도 다를 수밖에 없다.

만일 모두로부터 존경받고 사랑을 받으며 사회생활을 하고 싶다면, 또는 행복한 인생을 누리고 싶다면 자기주장을 접을 줄 아는 진정한 용기를 발휘하라.

여행, 그 길 위에서
인생의 로드맵을 그려라

사람이 여행하는 것은
도착하기 위해서가 아니라
떠나기 위해서이다.
—괴테

인생을 즐겁게 사는 나만의 방법 중 하나는 여행이다. 기분이 침체되었거나 마음이 우울할 때, 생활에 리듬이 깨졌을 때 여행을 떠난다. 낯선 거리와 풍경, 낯선 사람들의 삶을 통해 마음의 문이 활짝 열리기 때문이다.

어떤 이는 여행을 권하는 나에게 "길 떠나면 고생이다"라고 말하기도 한다. 물론 낯선 여행지가 음식이나 기후가 맞지 않거나 집보다 잠자리가 불편해 고생하는 것은 사실이다.

그러나 여행을 떠나는 목적은 이러한 것들을 감수하고서라도 자연과의 만남, 사람들과의 만남 그리고 또 다른 나와의 만남에서 얻는 즐거움을 얻기 위해서다.

매일 일상에 지쳐 사는 우리는 자기 내면을 돌아볼 시간조차 없고, 하루 24시간 일에 시달려 삶의 즐거움을 찾을 수 없다. 이러한 삶에 변화를 줄 수 있는 것이 여행이다.

여행은 전혀 다른 세계와의 만남이다. 그런 만남을 위해서는 머리를 텅 비운 채 백지 상태로 내가 지닌 것들을 다 두고 떠나야 한다. 그래야 새로운 것을 채워 올 수 있다.

그런데 여행을 떠날 때 가방에 고추장이나 김치 등 많은 음식을 챙겨가는 사람을 종종 보게 된다. 늘 먹던 음식을 며칠 안 먹는다고 큰 일 나는 것도 아닌데, 수선을 떠는 사람을 보면 참으로 안타까운 생각이 든다.

나는 여행을 가면 낯선 곳에 몸을 맡기고, 낯선 세상에 몸을 던져 그 곳 문화와 그 곳 사람들 속에 젖어 있다가 돌아온다. 장이 나빠 배탈 걱정이 있긴 해도 그 지방의 음식을 먹고, 그들의 옷을 입어보는 등 그 문화와 풍습을 이해하려고 노력한다.

이런 고생을 사서 하는 이유는 평소 느껴보지 못한 기쁨을 얻기 위해서다. 새로움에 대한 인식으로, 세상을 보는 시야가 넓어지고 생각의 범위가 깊어지는 것이다.

물론 책이나 텔레비전, 인터넷 등을 통해 새로운 것을 느낄 수 있는 다양한 방법이 있다. 하지만 내게는 직접 눈으로 보고 피부로 느끼는 여행이 가장 효과적이었다.

'백문이 불여일견'이라고 했다. 직접 보고 느끼는 것만이 오감을 열게 해주고, 미처 생각지도 못한 것들을 깨닫게 해준다. 그래서 여행 후에는 활력이 넘치고 삶에도 희망이 생긴다.

나는 여행을 통해 행복한 추억을 만들어간다. 아내도 여행을 즐기는 편이라 부부가 함께 여행을 자주 떠난다.

여행을 다녀온 뒤 아내와 나 사이에는 평상시보다 더 많은 시간의 대화가 이어진다. 아직도 소녀 같은 순수한 마음을 지닌 아내는 작은 것에도 감동하는 사람이라 여행에서 느꼈던 그 순간의 아름다운 것들을 시시콜콜 이야기한다.

"아! 어쩌면 그렇게 아름다울까요? 꽃 피면 한 번 더 갈까요?"

아내의 말에 우리 부부는 다시 여행 계획을 세우고, 그때를 기다리며 희망에 부푼다. 가끔은 따뜻한 차를 마주하고 행복했던 여행의 순간들을 회상하며 공감대를 갖기도 한다.

해마다 새해가 시작되면 우리 부부는 여행을 떠난다. 지난해를 마무리하고 새해를 맞아 새로운 마음의 각오를 세우기 위해서다. 그런데 올해는 아들 내외가 함께 여행을 가자고 해 가까운 일본을 다녀오기로 했다.

아들 내외의 마음 씀씀이가 기특하고 고맙기도 해 부모로서 함께 가야 할 의무감 같은 것도 느껴졌다. 또한 부모와 자식이 함께 여행할 수 있는 기회가 많지 않을 것 같아 결단을 내린 것이지만, 많은 것을 생각하게 해 주는 즐거운 여행이었다.

젊은이들처럼 거리를 거닐며 꼬치를 먹기도 하고, 노천카페에서 차를 마시며 대화하는 평화로운 시간도 만끽하고, 며느리와 한 상에서 식사를 하면서 더 많이 가까워지는 것을 느꼈다.

평상시에도 예쁜 며느리였지만, 이번 여행에서는 그 정이 더욱 깊어져 뿌듯한 마음이 들었다. 이런 행복 또한 여행이 주는 또 다른 맛이라 할 수 있을 것이다.

그렇다. 인생은 돌아오기 위해 떠나는 여행이라고 했다. 자기 마음의 감옥으로부터 탈출하여 익숙한 곳에서 낯선 곳으로 떠나 새로운 이야기를 안고 돌아오는 일이다.

익숙한 생활을 벗어나 한 번도 경험해보지 못한 낯선 환경으로 떠나 특별한 느낌과 색다른 이야기를 가슴에 안고 돌아와 일상의 삶 속에 내려놓는 일이다.

그리고는 새로운 사람, 새로운 생각, 새로운 장소에서 마음의 자유를 얻어 미움과 다툼과 상처는 털어내고, 사랑과 용기와 희망을 안고 본래 있던 자리로 돌아오는 것이다.

누구든 행복한 삶을 원한다면 인생이란 여행을 떠나는 그 길 위에 성공을 위한 자신만의 로드맵을 그려라.

여행의 목적지는 바로 삶의 목적지이며, 성공을 꿈꾸기 위한 계획은 바로 목적지가 그려진 지도이다. 지도를 가진 여행자는 어떤 길 위에서도 당황하지 않는다. 자신이 지금 어디에 있고, 어디를 향하고 있는지를 알고 있기 때문이다.

현자들은 여행에 대해 다음과 같은 명언을 남기고 있다.

"바보는 방황하고 현명한 사람은 여행한다." ― 풀러

"여행은 인간을 겸허하게 만든다. 세상에서 인간이 차지하고 있는 입장이 얼마나 하찮은가를 두고두고 깨닫게 하기 때문이다." ― 플로베르

웃어라, 하루 한 번
유쾌하게 웃어라

많이 웃는
사람은 행복하고,
많이 우는 사람은 불행하다.
— 쇼펜하우어

우리나라 사람들은 유교적인 풍습 때문인지 감정 표현이 서툴고 표정 관리가 잘 안 되는 민족인 것 같다.

옛날 선비들은 뜨겁거나 찬 것을 만져도 뜨겁다거나 차갑다는 말은 물론 표정도 짓지 못했다. 즉각적인 감정 표현은 경망한 행동이라는 문화적 관습에 익숙해져 있기 때문이다.

그런데 시대가 변환 현대에도 한국인들은 웃음을 아끼고, 마치 화가 난 사람처럼 굳은 얼굴 표정으로 사람들을 대한다.

나는 외국인들로부터 "한국 사람들은 불만이 가득하고 화난 것 같은 얼굴 표정을 하고 있는지 이해가 되지 않는다"라는 말을 가끔 듣는다. 그럴 때면 우리의 문화적 관습에 대한 이해 부족으로 생각해 "조금 친해지면 아주 친절하고, 깊은 속정도 나눈다"고 에둘러댄다.

사실 곰곰이 생각해보면 그들의 말이 결코 틀린 것은 아니다.

아파트 한 동에 사는 이웃인데도 엘리베이터 안에서 만나면 인사를 건네기는커녕 무표정한 표정으로 모른 체하거나, 심각한 얼굴로 애써 외면하거나, 서로 눈을 마주치지 않으려고 천장을 보거나 바닥을 보는 경우가 많다.

어쩌다 한 사람이 "안녕하세요?"하고 인사라도 하면 그때서야 마지못해 기어들어가는 소리로 대답하거나 가볍게 목례를 하고는 이내 이전의 표정으로 되돌아가는 것이다.

웃음은 모든 동물 중에서 유일하게 인간만이 지을 수 있는 것으로, 인간관계를 부드럽게 해주고 신뢰할 수 있게 해주는 평화의 메시지이며, 돈으로 살 수도 빌릴 수도 훔칠 수도 없다.

또한 알랭은 "아름다운 의복보다는 웃는 얼굴이 훨씬 인상적이다. 기분 나쁜 일이 있더라도 웃음으로 넘겨보라. 찡그린 얼굴을 펴기만 해도 마음은 한결 편해질 것이다. 웃는 얼굴은 좋은 화장일 뿐만 아니라 피의 순환을 좋게 하는 효과가 있다. 웃음은 인생의 약이다"라고 했다.

언제나 항상 웃는 얼굴로 밝고 친절하고 상냥하게 "안녕하세요, 감사합니다, 미안합니다, 죄송합니다"라는 인사를 건네면 누구나 좋아할 것이고 건강에도 좋을 것이다.

최근에는 웃음으로 병을 치료하는 웃음치료 요법도 등장하고, 큰소리로 유쾌하게 웃을 때마다 몸 안에 암세포가 하나씩 죽고, 억지로 웃는 것만으로도 건강하게 해준다는 연구 결과도 있으며, 건강을 지키는 웃음폭소클럽 모임이 활성화되고 있다.

큰소리로 유쾌하게 웃을 때는 스트레스 호르몬이 만들어지는 것을 억제하고, 엔도르핀 같은 진통 완화 물질이 생겨나 우리 몸의 고통을 줄여준다고 한다. 이때 생겨난 엔도르핀은 진통제로 쓰이는 모르핀보다 200배나 더 효과가 있다고 한다.

또한 입을 크게 벌리고 몸까지 들썩이는 파안대소나 박장대소로 웃을 때는 80개의 얼굴 근육 가운데 15개가 움직이고, 650개의 몸 근육 가운데 231개의 근육이 움직인다고 한다.

UCLA대학교 통증치료소의 데이빗 브레슬로우 박사는 통증이 심한 사람들에게 한 시간에 두 번씩 거울을 보고 웃게 한 결과, 억지로나 가식으로 웃는 환우들까지도 90% 치료 효과를 보았다고 한다.

이처럼 돈도 들이지 않고 유쾌하게 웃는 일 하나만으로 병을 치료하고, 근육운동이 되고, 진통 완화 물질인 엔도르핀이 나오고, 스트레스 호르몬도 억제할 수 있어 일석사조이다.

인도에는 웃음으로 건강을 지키기 위한 모임인 폭소클럽이 있다. 1995년 마단 카타리아 박사가 만든 '래핑클럽'은 웃음이 최상의 정신치료제라고 확신하며 실천하는 모임이다.

인도 대도시에는 이러한 폭소클럽 수백 개가 활발하게 운영되고 있으며, 미국에도 전파되어 백여 개의 웃음 모임이 만들어졌다고 한다.

래핑클럽 사람들은 유머나 농담 등에는 관심이 없다. 그들은 유쾌하게 웃는 행위에만 관심을 집중한다. 처음에는 마지못해 웃지만 나중에는 서로의 웃는 모습을 보고 저절로 파안대소나 박장대소를 한다.

그들이 웃는 웃음의 이름 또한 재미있다.

맹수처럼 혀를 내밀고 눈을 번득거리며 웃는 '맹수웃음'부터 '신생아웃음', '태풍웃음', '장마철웃음', '빗줄기웃음', '철부지웃음' 등 어떤 것이든 웃음의 소재가 된다고 한다.

우리에게도 이와 같은 소리와 표현에 따른 다양한 웃음의 종류가 옛날부터 있었다.

소리를 내지 않고 빙긋이 웃는 따듯한 '미소(微笑)', 마음 아플 때 눈물을 머금고 웃어넘기는 쓴웃음인 '고소(苦笑)', 어이가 없을 때 짓는 '실소(失笑)', 입을 크게 벌리고 떠들썩하게 웃는 '홍소(哄笑)', 여럿이 폭발하듯 큰소리로 웃는 '폭소(爆笑)', 얼굴 표정을 한껏 지으며 크게 웃는 '파안대소(破顔大笑)', 손뼉을 치며 숨 넘어 가게 웃어대는 박장대소(拍掌大笑) 등이 있다. 그런가 하면 남을 비웃는 웃음인 조소(嘲笑), 여성의 애교 있는 웃음인 '교소(嬌笑)' 등 60여 가지가 있어 그들보다 못한 것도 없다.

또한 순수 우리말 웃음 종류 또한 다양하다.

간사스럽게 몹시 아양을 떨면서 웃는 '간살웃음', 마음에도 없이 겉으로만 웃는 '겉웃음', 경망스럽게 키드득거리며 웃는 '까투리웃음', 너스레 떨면서 웃는 '너스레웃음', 크게 소리 내어 시원하고 당당하게 웃는 '너털웃음', 소리 없이 눈으로만 가만히 웃는 '눈웃음', 시원치 않게 웃는 '데설웃음', 여러 사람이 함께 웃는 '뭇웃음', 크게 웃지 않고 가볍게 웃는 '반웃음', 입을 벌리 거나 소리 내지 않고 볼 위에 표정으로 드러내는 '볼웃음', 흉보 듯이 빈정거리거나 업신여길 때 웃는 '비웃음', 일부러 볼 살을 움직이며 얼굴 표정을 지어서 웃는 '살웃음', 우습지도 않은데 꾸며서 웃는 '선웃음', 겉으로 드러내지 않고 속으로 웃는 '속웃 음', 어이가 없거나 마지못하여 짓는 '쓴웃음', 웃기 싫은 것을 억지로 웃는 '억지웃음'이 있다.

그리고 교활하고 간사스러운 '여우웃음', 염소처럼 처신없이 웃는 '염소웃음', 잔잔하게 웃는 '잔웃음', 콧소리를 내거나 코끝 으로 가볍게 웃는 비난조의 '코웃음', 크고 환하게 웃는 '함박웃 음', 마음에 없이 지어서 웃는 '헛웃음', 호탕하게 웃는 '호걸웃 음', 경멸하는 뜻으로 차갑게 웃는 '찬웃음', 기대했던 상황이 이 루어지지 않을 때 웃는 '허탈웃음', 놀라거나 고정관념이 깨질 때 나오는 '놀란웃음', 마음에 없을 때 웃는 '억지웃음', 감동의 순간에 매우 가슴이 벅차서 웃는 '감동웃음', 입을 크게 벌리고 웃는 '함박웃음', 바닥에 떼굴떼굴 구르면서 배를 잡고 웃는 '자 지러진웃음', 소박하게 만족감을 표시하는 '너털웃음' 등이 있다.

이렇게 다양한 웃음이 있으니 우리는 상황에 따라 얼마든지 웃음을 달리하며 자기감정을 표현할 수 있으며, 매일 한 가지씩 의 웃음만 웃어도 두 달 정도 다른 웃음을 웃을 수 있다.

나는 평소에도 누구에게나 미소 짓는 행동을 생활화해야 한 다고 강조한다. 미소는 부드러운 말씨나 바른 행동처럼 일상 속에 몸에 배어야 하는 것이기 때문이다.

하지만 잔잔한 웃음보다는 몸을 흔들며 큰소리로 유쾌하게 웃는 파안대소, 박장대소를 권한다.

이들 웃음은 크기부터 다르다. 입 모양도 더 크게 벌려 웃게 되면 건강에도 좋을 뿐 아니라 혼자 웃는 것보다는 여럿이 함께 웃는 웃음이 더 효과가 크다는 것을 알기 때문이다. 그래서 유쾌한 웃음을 하루 한 번씩 웃어야 한다고 생각한다.

나는 인도의 래핑클럽처럼은 아니지만 나만의 유쾌한 웃음을 웃기 위해 가끔 비디오 가게를 찾아 웃음을 빌리러 간다.

나는 사람들이 하루 한 번만이라도 유쾌한 웃음을 웃었으면 좋겠다. 매일 매일의 삶에 유쾌한 웃음만 있는 것은 아니지만 억지로라도 웃어야 한다고 말하고 싶다.

이 세상에서 우리를 강하게 살도록 만드는 것은 웃음이며, 인간은 웃을 때 가장 아름답다. 또한 웃음은 마음의 치료제일 뿐만 아니라 몸의 미용제로 삶의 활력소를 만들어 몸과 마음의 건강뿐 아니라 삶에도 희망을 주어 생활이 즐거워진다.

늙음을 두려워 말고
아름다움을 발견하고 즐겨라

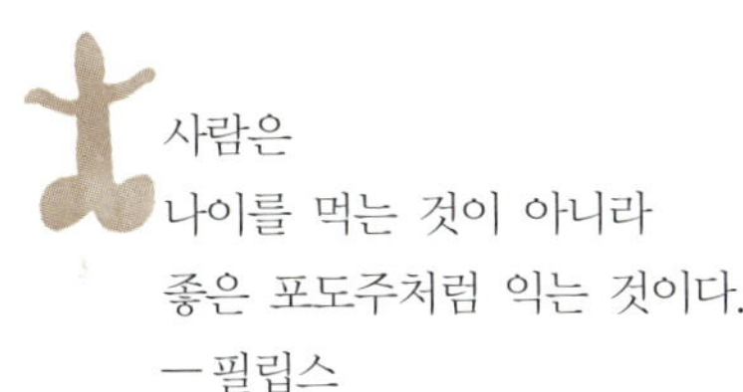

언젠가 지하철 2호선 잠실역에서 약속이 있어 나간 적이 있다. 회사에서 가까운 터라 약속 시간보다 조금 일찍 도착했다.

이 전철역은 환승역이면서 놀이공원도 있고 백화점도 있어 항상 많은 사람들이 붐비는 곳으로, 문화 공간으로 활용되는 만남의 장소이기도 하다.

나도 그 많은 사람들 틈에 끼여 자리를 잡고 앉았다. 처음에는 어색했지만 곧 분위기에 익숙해지면서 문득 그 곳의 자유를 즐기고 싶다는 마음이 일었다.

화려한 샹들리에의 불빛 아래 분수가 뿜고, 쇼윈도에 진열된

상품들이 "나 좀 사 주세요"하면서 오가는 사람들 시선을 유혹하고, 물건을 팔기 위해 손님을 부르는 점원들의 소리까지 더해져 사람 사는 세상을 느끼게 해주었다.

쇼핑하는 사람, 수다 떠는 사람, 패스트푸드 점에서 음료수와 빵을 먹는 사람, 전화통화를 하는 사람, 호젓한 자리에서 책 읽는 사람, 나처럼 혼자 누군가를 기다리면서 지나가는 사람들의 표정을 읽으면서 알 듯 모를 듯 묘한 미소를 짓는 사람, 바쁘게 움직이는 사람 등 매우 다양했다.

그런데 그 곳 사람들의 행동을 지켜보면서 발견한 것은, 쇼핑하는 부류는 대부분 젊은 사람들인 반면, 분수대 주변 벤치에 앉아 있는 사람들은 전부 노인들이었던 것이다.

때가 겨울인지라 마땅히 오갈 데가 없는 노인들이 이곳으로 와 삼삼오오 모여 앉아 이야기꽃을 피우거나 그도 아니면 외롭게 혼자 앉아 지나가는 사람들을 바라보고 있었다.

그들은 자식이나 손자, 며느리 자랑을 늘어놓거나 흉을 보고, 양념으로 이웃의 일까지 시시콜콜 이야기하거나 지나가는 사람들을 보면서 "저놈 참 똑똑하게 생겼네", "저 아가씨 참한데 우리 며느리 삼았으면 좋겠네", "저 총각은 어때? 딸 있으면 사위 삼고 싶구먼?"하면서 상상의 날개를 펴고 있을 것이다.

내가 이런 저런 생각으로 노인들의 거리 소풍을 지켜보면서 즐거운 상상력을 발동하는 것도 여기까지였지만, 그들을 바라보면서 문득 '나이 듦'과 '늙는다는 것'에 대해 생각하지 않을 수 없었다.

우리나라는 지금 전 세계적으로 그 유례를 찾아보기 힘들 정
도로 고령화가 빠르게 진행되고 있다고 한다. 평균수명 연장에
따른 사망률 저하와 출산율 감소가 그 이유이다.

평화롭고 안정된 사회를 상징하는 선진국 진입이라는 점에서
는 반길 만하나 고령에 따르는 질병이나 빈곤, 고독, 무직업 등
에 따른 사회·경제적 대책이 시급한 것 또한 사실이다.

경제협력개발기구(OECD)는 우리나라의 경제활동인구(15~
64세) 100명이 부양해야 할 노년층이 10명 수준이었으나 2030년
에는 30여 명으로 늘어날 것이라면서 대책을 촉구했다는 기사
를 읽은 적 있다.

최근에는 출산율 저하에 따른 경제활동 인구를 늘리기 위해
각 지자체별로 출산장려금까지 지급하면서 아기 낳기를 권장하
고 있는 것도 이와 무관하지 않을 것이다.

예전에는 오래 사는 것이 큰 축복으로 여겨왔고, 지금도 건강
하게 오래 사는 것을 복으로 여기고 있다. 그리고 인간이라면
누구나 오래 살면서 더 많은 것을 누리고 싶어 한다.

그러나 우리의 삶의 모습은 너무나 변했다. 농경 사회에서 산
업화 사회, 다시 정보화 사회를 살고 있으며, 최근에는 디지털
시대를 운운함과 동시에 환경 시대로 변화하면서 경제는 발전
하고 있다.

세계 11위 경제발전 국가로서 우리 국민들의 삶의 질도 좋아
지고 평균수명도 늘어나 모두들 행복하다고 생각하고 있다. 이
와 같은 위치에 이르기까지 역동적인 삶을 살아온 주역이 바로

현재 고령화 사회의 주범으로 지목받고 있는 것이다.

물론 고령화 사회는 국가나 사회에 부담이 되는 것은 사실이다. 그런데 고령화 사회가 마치 나이 먹은 사람들의 잘못이며, 인류 사회의 재앙을 가져올 것처럼 이야기하는 기사나 보도를 보면 마치 오래 사는 것이 죄인처럼 느껴지기도 하다.

물론 고령화 사회의 문제에 대한 해법은 국가에서 찾을 일이지만, 그렇다고 노인들을 홀대해서도 안 될 것이다.

내 개인적인 소견으로는 어려운 나라를 이만큼의 위치에 올려놓은 노년층들의 지적 재산과 물질적 재산을 사회에 재투자할 수 있도록 유도할 수 있는 시스템을 마련하는 것이 최우선이라고 생각한다.

또한 노년층의 명예를 높여줘 가족에게도 긍지를 심어주면서 삶의 가치를 성취할 수 있도록 일자리를 마련해 주는 것이 바람직하다고 생각한다.

평소 나는 이런 생각을 가지고 사회생활을 하고 있기에 고령화 사회라든가 늙는다는 것 혹은 나이 먹는다는 것에 대해 심각하게 생각해 본 적이 없었다.

그러나 "노년은 우리를 더 현명하게 만들고 또 더 바보로 만든다"는 존 레이의 말을 귀담아 들을 필요는 있다. 또한 세네카는 『루킬라우스에의 편지』에서 "사람은 모두 잘 살 생각은 않고 오래 살 생각만 한다. 누구나 잘 사는 행복은 스스로 얻을 수 있지만 오래 사는 것은 마음대로 할 수 없다"고 했다.

나이 들어 늙어가는 것은 아름다운 것이라고 많은 사람들이 이야기하고 있지만 현실은 그렇지 않다. 세월이 지나면 젊음도 점차적으로 퇴색되고, 모든 생각과 행동도 늦어지고 육신은 쇠잔해져 늙어가면서 몸에 병이 온다는 것이 우리를 참으로 서글프게 한다.

이것이 인생이다. 우리가 늙어가는 과정과 그 삶에 대한 무게를 어떻게 감당해 내며, 우리 스스로가 어떻게 그 문제점들을 지혜롭게 풀어나가며 감당해 내는가 하는 것이 바로 인생의 물음인 것이다.

인생이란 길을 걸으면서 해야 할 수많은 '좋은 일' 중에 내가 지금 할 수 있는 일을 택하는 것이 진정 아름다운 삶이다. 그 일이 조금이라도 세상을 치유할 수 있고, 그 일에 열정을 불태울 수 있다면 그것이 제일 아름다운 인생이 아닐까.

나도 이제 나이 들어 '노인' 대접을 받으며 살고 있지만, 나는 언제나 젊은이처럼 생각하고 청년처럼 하루를 보낸다. 결코 나 스스로를 할 일 없는 늙은 사람으로 깎아내리지 않는다.

내가 나이 들어가면서 깨달은 것이라면 '세월이 결코 짧지 않다는 것', '나이를 먹으면서 삶의 지혜가 생긴다는 것' 그리고 '삶을 포기하거나 절망하지 말라는 것'이다.

의학의 발달로 평균수명이 늘어나 노년의 세월이 절대 짧지 않다. 계획 없이 하루하루를 산다면 노년의 삶을 정리하는 시간으로는 너무 길다. 시간을 어떻게 활용하느냐에 따라 인생이 즐거울 수도 회색빛이 될 수도 있다.

"나이 들수록 철든다"는 말처럼, 어떤 식으로 늙어야 하는지 아는 것이 바로 지혜다. 젊어서는 미처 깨닫지 못했던 삶의 지혜를 발견해 인생의 길을 밝혀야 한다. "세상이 너무 빠르게 변하니 내가 뭘 아나?"라고 물러나 앉지 말고, 당당하게 그 지혜를 활용할 수 있는 마음의 자세를 가져야 한다.

내 경험으로는 60세가 되면 지혜가 최고로 발달하는 것 같다. 이때는 새로운 지식을 익히고 습득하는 것보다 아는 지혜를 사회에 환원하고, 젊은이들이 겪을 시행착오의 실수를 덜어주는 것이 노년의 의무이다.

이 의무를 충실히 수행할 때 사회의 한 구성원으로서 당당하게 설 수 있으며 삶을 즐길 수 있다. 다만 그 지혜를 젊은이들에게 일방적으로 강요할 때 잔소리가 될 수 있음을 명심해야 한다.

마지막으로 삶을 포기하거나 희망을 버리지 말고 꿈을 가져야 한다. 나이 들었다고 해서 그 대접을 받으려고 하지 말고 스스로 짐을 지라고 말하고 싶다.

열심히 일을 하면 더 이상 노인이 아니다. 손에서 일을 놓을 때 그때가 바로 노인이 되는 순간이다. 대가를 받는 일이든 자원봉사이든 사회 속에서 당당한 존재로 움직일 때 젊음은 유지되는 것이다. 그러니 노동의 기쁨은 늙을수록 더 커지고 더 절실해지기 마련이다.

이마에 깊게 팬 주름살 깊이만큼이나 삶의 지혜는 깊어지고, 인격은 먹은 나이만큼이나 풍성해지며, 표정은 살아 온 세월만큼이나 인자해지는 법이다. 우리는 그러한 노인이 되기를 힘써야 한다.

중천에 떠 있는 대낮의 태양보다도 서산에 지는 석양이 더욱 장엄하고 아름답다고 했다. 인고의 많은 시간을 견디고 봉오리를 머금어야만 아름다운 꽃을 피우고 과실이 익어가는 것처럼, 나이가 들어가면서 우리 인생을 서서히 영글어가게 하는 것이 늙음이 아닐까.

영국 극작가 버나드 쇼는 이렇게 말했다.

"나이 먹는 것을 두려워하지 말라. 걱정해야 할 일은 나이 먹을 때까지의 여러 가지 장애를 뛰어넘는 일이다."

'사랑하라, 한 번도
상처받지 않은 것처럼'

가장 배우기 어려운 교훈은
상처를 안겨준 자들을
용서하는 것이다.
— 조셉 자콥스

내게는 아직도 잊히지 않고 내 마음에 생채기로 남아 있는 상처가 하나 있다. 초등학교 때 입은 상처로 너무나 마음이 아파 지금까지도 남아 있는 것이다.

그 시절은 근로봉사 시간이라는 것이 있었는데, 그날은 만들어진 퇴비를 들것을 이용해 옮기는 일이었다.

그 무렵은 화학비료가 생산되지 않던 때라 지천에 널려 있는 풀을 이용해 퇴비로 사용했다. 이 풀을 오랜 시간 퇴비장에 묵혀두면 풀들이 썩어 거름이 되는 것이다.

그런데 퇴비가 썩는 고약한 냄새가 났고, 잘 썩은 끈적끈적한 퇴비의 느낌이 소름을 돋게 하고 비위를 상하게 했다.

이런 퇴비를 들것에 실어 날라야 하는 나는 괴로웠다. 퇴비가 옷이나 손에 묻을까봐 마치 벌레를 만진 사람의 행동처럼 겁먹은 채 들것의 손잡이를 잡았다.

그런 내 모습을 본 한 친구가 못마땅했는지 덥석 퇴비 덩어리를 집어 내 손에 묻혔다. 그러면서 한 마디 내뱉었다.

"더럽고 지저분하다고 꾀를 부리니? 귀공자처럼 행동하는 넌 이런 맛도 좀 봐야 해!"

그 친구의 행동까지는 참을 수 있었지만, 이 말은 내 마음에 큰 상처를 주었다. 창피하기도 하고 자존심이 상했으며 모멸감까지 느꼈다. 그 친구는 그때의 행동을 잊었겠지만 나는 평생 못 잊는 말이 되어버린 것이다.

세월이 흐르면서 웬만한 옛일은 까마득히 잊혔건만 그때 그 말만은 잊히지 않고 남아 있다. 그리고 그때의 상처를 기억하며 항상 조심스럽게 행동했다. 아이들에게 야단을 칠 때도 모멸감을 주지 않으려 조심하고, 될 수 있으면 남에게 상처를 주지 않으려 한다.

그런데 나를 처음 만나는 사람들로부터 들은 내 첫인상에 대한 말을 들으면 그때 그 친구의 행동도 이해할 것 같다.

나는 소탈하고 소박한 것을 좋아하는 사람인데도, 내 외모가 풍기는 인상은 내 생각만큼 그다지 소박하지 않은가 보다.

나를 처음 만나는 사람들의 나에 대한 촌평은 절대 소박해 보이지 않는다는 것이다. 어떤 사람은 매너 좋은 깔끔한 영국신사 같다고도 하고, 또 어떤 사람은 내가 너무 깍듯하게 대해줘 오히려 까다롭고 조심스러워진다고 말하기도 한다.

하지만 오랫동안 나를 보아온 친구들은 내 진짜 모습을 잘 안다. 소박하고 푸근한 정(情)을 그리워하며, 그런 삶을 실천하기 위해 노력하며 살고 있다는 사실을 모두 다 안다.

그래서 사람들과 갈등이 생기면 무척 가슴 아파한다. 어쩌다 본의 아니게 실수라도 한 날은, 그것이 아무리 사소하고 작은 실수라 할지라도 내 마음이 먼저 상처를 받는다. 그리고는 돌아서서 바로 후회를 한다.

'조금만 참으면 될 텐데……. 아! 더 참을 걸' 하는 후회가 내 마음 속에서 소용돌이치며 나를 괴롭힌다. 상처는 아픔을 주는 사람보다 받는 사람이 더 크다는데, 내 경우는 그 반대다.

내 성격 탓이기도 하지만, 본의 아니게 남에게 아픔을 주는 행동이나 말 실수를 했을 때는 오히려 내 마음에 비수가 되어 깊은 상처를 입는다.

이런 마음은 아마 초등학교 시절 입었던 상처의 영향일 수도 있다. 내 마음 속에 자리 잡은 그 마음의 상처가 교훈이 되어 나를 변하게 한 것이다.

그러나 자신의 아픈 상처를 들여다보는 것은 자신의 과거를 들여다보는 것으로 용기가 필요하다. 고통스러운 자신의 과거와 다시 만난다는 것은 너무 괴로운 일이기 때문이다.

복효근 씨는 「상처에 대하여」 라는 글에서 이렇게 말했다.

"모든 상처는 꽃을, 꽃의 빛깔을 닮았다. 잘 익은 상처에선 꽃향기가 난다."

이 말처럼 우리는 상처를 잘 치유하면 아름다운 꽃이 되고, 고운 꽃의 빛깔을 볼 수 있으며, 그 상처를 잘 가꾸면 꽃향기를 맡을 수 있다.

하지만 우리는 늘 누군가에게 상처를 주고 또 누군가로부터 상처받으며 살고 있기 때문에 우리들의 삶에는 상처가 너무나 많다. 아니 세상 그 어떤 사람도 상처 없는 사람은 없다. 정신적이든 육체적이든 감정적이든 간에 모든 사람은 마음의 상처가 있게 마련이다.

이처럼 그 어떤 의미로든 한 번 마음에 생긴 상처는 그 어떤 약으로도 치료가 쉽지 않다. 칼에 베인 상처는 밖으로 남지만, 마음에 생긴 상처는 아무리 시간이 흘러도 내밀한 곳에 박혀 있는 가시가 된다.

그러나 아무리 작은 가시라도 우리 몸에 박히면 아프기 때문에 가시를 빨리 뽑아내 덧나지 않도록 치료해야 한다. 시간이 상처의 아픔을 무뎌지게 해줄 수는 있어도 아픈 상처의 흉터는 평생 아물지 않고 마음 속에 계속 남아있기 때문이다.

만약 남에게 상처를 준다면 꽃으로도 때리지 말아야 한다. 남에게 마음의 짐이 되는 상처를 주지 않아야 하며, 특히 입으로 상처를 입히는 일은 삼가야 한다.

남에게 상처를 준 뒤 자신의 잘못을 인정하고 사과한다고 해도, 상대가 용서하고 싶은 마음이 없을 때는 아무리 친한 친구 사이라 할지라도 관계를 해친다.

또한 마음 속으로 복수의 칼을 갈거나 평생 '분노'나 '적개심'

을 갖게 해 삶에 돌이킬 수 없는 오점을 남기게 할 수도 있다. 때문에 그 어떤 것으로든 남에게 상처를 주는 말이나 행동을 해서는 안 된다. 이는 곧 자신을 위한 것이기도 하다.

설령 자신이 상처를 받았다 할지라도 상대방의 실수를 큰마음으로 용서해 보아라. 상처가 부끄러운 과거나 흉터로만 남지 않고 치유의 약이 될 수 있다면, 우리는 수많은 상처 속에서도 남을 치료하는 치유자가 될 수 있을 것이다.

아물지 않은 상처는 또 다른 상처를 내고, 단단히 아문 상처는 다른 상처를 치유한다. 또한 남의 상처를 치유해 줄 수 있어야 자신의 상처도 치유 받을 수 있다.

하루 한 번쯤
마음의 평화를 찾아라

행복한 생활이란 마음의 평화에서만 성립할 수 있다.
— 키케로

현대인은 자신의 성공을 위해, 행복한 삶을 살기 위해 타인과의 경쟁을 피할 수가 없다. 남보다 뒤처진다는 것은 바로 패배를 의미하며, 패배는 곧 원하는 것의 포기를 의미한다.

그래서 살아남기 위한 무한 경쟁 때문에 내가 지금 어디에 서 있는지, 어디에서 무슨 일이 벌어지고 있는지 돌아볼 틈도 없이 바쁘게 살아가고 있다.

가정에서조차 제대로 쉬지 못하고 있다. 회사의 일이나 걱정거리를 집에까지 갖고 와 해결하려는 사례가 많아 가정이 휴식 공간이 아닌 일터가 되는 경우가 있다.

남보다 더 앞서가기 위해, 빨리 승진하기 위해, 많은 돈을 모으고 싶은 욕심 때문에 스트레스를 받고, 그 스트레스로 인해 마음의 고통을 자초해 결국은 건강을 해치게 된다.

경제적으로 풍요롭게 사는 것, 자신의 직업에서 인정받는 것, 화목한 가정을 이끌어가는 것, 건강하게 살아가는 것 등 모두 인생에서 중요하다. 그러나 마음의 평화를 얻지 못한다면 아무런 의미가 없다.

원하는 것을 갖고 싶을 때일수록 조용한 혼자만의 시간을 가지고 좋은 풍경을 마음에 그려보는 평화의 시간이 필요하다.

나는 '마음의 평화'를 찾기 위한 나만의 방법을 갖고 있다. 명상을 통해 나 자신을 들여다보는 시간을 갖는 것이다.

나는 마음이 어지러울 때마다 눈을 감고 차분히 정리하면서 편안한 마음을 얻는다. 지그시 눈을 감고 복잡해진 마음을 가라앉히면 저절로 평화가 얻어진다.

물론 '갈등의 마음'에서 '평화의 마음'으로 가기 위해서는 '반성'의 첫걸음을 걸어야 한다. 반성을 통해 갈등의 원인들을 정리하면 마음은 어느새 평화 속으로 들어간다.

또 다른 방법 하나는 눈을 감고 평화로운 광경들을 떠올려보는 것이다. 좋은 경치, 아름다웠던 것들, 행복했던 일들, 즐거운 여행이나 감명 깊은 영화의 한 장면 등을 생각하는 것이다.

내가 자주 떠올리는 광경은 여행지에서 만난 풍경들이다. 나는 사무실 내 의자에 앉아 눈을 감고 그 광경들을 머릿속에 떠올리며 마음 속에서 재생하여 평화를 얻는다.

아프리카를 여행했을 때 보았던 초원의 광경을 느끼는 것이다. 저물녘 푸른 초원을 붉게 물들이는 석양, 그 푸른 초원을 기린의 무리들이 마음껏 내달리고, 그 초원 한가운데 하늘을 향해 뻗은 나무숲이 펼쳐져 있고, 그 아래에는 코끼리 무리가 느릿느릿 줄지어 걸어가는 모습 등을 상상한다.

하루 일을 끝내고 집으로 돌아가는 모습을 통해서 자연의 순리를 거스르지 않고 순응하면서 살아가는 것을 느끼며, 지극히 안정적이고 평화로운 마음의 평화를 얻는다.

그리고 캐나다의 어느 호수도 머릿속에 펼쳐진다. 마치 한 폭의 그림처럼 호수에 비친 산 그림자들이 아름답게 빛나고, 잔잔한 바람에 일렁이는 물결을 떠올린다.

그리고 그 물 위에 떠 있는 나뭇잎들의 자유를 상상하는 동안 힘들었던 삶의 일상을 벗고, 내 마음은 그때 그 풍경을 바라보았을 때 느꼈던 평화처럼 어느새 나룻배의 주인이 되어 그 호수를 저어가고 있는 것이다.

이처럼 마음의 평화를 찾는 일은 결국 자신의 마음을 다스리는 것이다. 자기 자신을 다스릴 때 복잡한 마음, 고단해진 마음에서 벗어나 행복해질 수 있다.

그러나 우리는 완벽한 인간이 아니기에 언제든지 마음의 갈등을 일으킨다. 물론 갈등 없는 삶이 제일 좋지만 그럴 수만은 없는 게 우리네 인생이다. 따라서 마음을 불안하게 하는 요소를 만들지 않는 것이 마음의 평화를 얻는 일이다.

태국의 아짠 차 선사는 "조금 놓아버리면 조금의 평화가 오고, 크게 놓아버리면 큰 평화를 얻을 수 있으며, 완전히 놓아버리면 완전한 평화와 자유를 얻을 수 있어 세상을 상대로 한 싸움은 끝을 보게 되어 마음의 평화를 얻는다"고 했다.

그러나 마음의 평화는 놓아버리는 것도 중요하지만 자신에게 충실할 때 맛볼 수 있다. 자신이 해야 할 일은 하지 않고, 하지 말아야 할 일을 할 경우에는 마음의 평화를 얻을 수 없다.

해야 할 일을 하지 않았을 때 마음이 얼마나 불안한가? 거짓말을 할 때 마음이 얼마나 불안한가? 마음의 평화는 자신의 생각이나 말, 행동에 어긋남이 없어야 찾아온다.

누군가를 미워하고 시기하거나 지나친 욕심 때문에 갈등이 일어나 마음을 불안하게 한다. 그래서 헤르만 헤세는 "마음의 평화는 언제나 되풀이 되는 부단한 싸움에 의해서 나날이 새로 쟁취되는 것으로 싸움이며 희생이다"라고 했다.

이러한 마음의 평화를 얻을 수 있는 휴식처로는 가정이 최고다. 하루 일과를 끝내고 가족과 함께 즐겁고 행복한 시간을 보내는 것은 지친 몸과 마음을 회복시키는 최고의 약이다.

마음의 평화를 얻으려면 조용히 홀로 있는 시간 호흡에 집중하고, 몸과 마음을 편안히 내려놓은 뒤 하루 중 평화로운 생각들을 마음 속에 그려보라.

여행에서 느꼈던 평화로움, 사랑하는 사람들과 함께 했던 즐거운 시간들, 삶에서 가장 기뻤던 순간들, 아름답고 행복했던 순간의 추억들을……

우물 안 개구리,
드넓은 세상에 눈 뜨다

여행이란
우리가 사는 장소를 바꾸어주는 것이 아니라
우리 생각과 편견을 바꾸어주는 것이다.
—아나톨 프랑스

흔히 세상 물정을 모르고 자기 아집에 빠져 사는 사람을 일컬어 '우물 안 개구리'라고 말한다.

그렇다면 개구리처럼 살지 않기 위해서는 어떻게 해야 할까!

나의 첫 직장은 심계원(현 감사원)이었고, 두 번째 직장은 국제관광공사(현 한국관광공사)였다. 이런 관계로 전국 각지와 세계의 많은 나라를 다니며 견문을 넓힐 기회를 갖게 되었다.

심계원 업무상 전국을 돌아다녀야 했고, 관광공사의 경우 국내를 막론하고 해외 각 나라를 여행할 수밖에 없었던 것은 나에게 큰 행운이었다.

지금도 그때의 일을 떠올리면 여러 나라의 여행지에서 만난

문화적 충격과 경험이 고스란히 전해지는 것 같아 가볍게 흥분되는 것이 사실이다.

경험은 그 어떤 것이든 간에 사람의 인생을 풍요롭게 한다. 그 경험을 통해 올바른 판단과 합리성을 갖추게 해주기 때문이다. 그래서 나는 스스로를 '여행 예찬론자'로 여기고 있다.

여행만이 견문을 넓혀주는 것은 아니다. 각종 조찬회나 강연회·세미나 등도 좋은 기회가 된다. 나는 경영자로서 전경련 등 각종 단체에서 주최한 강연회는 가급적이면 참석해 초청강사나 연사들로부터 배우는 것을 게을리하지 않는다.

그리고 아들에게도 이런 기회를 놓치지 말라고 당부한다. 자신의 경험만큼이나 타인의 경험을 통해 얻는 지혜 또한 많기 때문이다. "배움에는 정도(正道)가 없다"라는 격언을 항상 마음속에 새겼으면 하고 바라는 것이다.

2007년 2월에는 회사 전 임직원 70여 명을 중국에 보낸 적이 있다. 실제 중국의 변화와 발전상을 눈으로 직접 보고 체험해 지식화하는 경험을 갖기를 희망했기 때문이다.

직접 자기 눈으로 보고, 귀로 듣고, 마음으로 느낀 것들은 지혜의 살이 되고 뼈가 된다. 신문과 방송을 통해 얻은 것보다 더 오래 기억에 남고 실무에 직접적인 도움을 준다.

이렇게 육화(肉化)되고 체화(體化)된 지식들은 회사의 업무나 개인의 인생을 살찌워 발전할 수 있는 인간으로 만들어준다. 그렇게 되면 회사는 물론 국가 경제에도 많은 도움을 준다. 그래서 옛 선인들은 견문을 넓히는데 힘쓰는 일은 세상에 큰 뜻을 품은 자로서 당연히 해야 할 일이라고 강조했다.

나의 첫 해외여행은 심계원에 근무하던 1960년경이었다. 미국에 유학중인 셋째 아우를 위로하고 격려하기 위한 목적도 있었다. 그 이전에 일본의 도쿄(東京)를 한 차례 다녀오긴 했으나, 미국을 생애 첫 번째 해외 여행지로 꼽는 이유는 세계의 중심을 둘러본다는 설렘과 기대가 컸기 때문이다.

아우의 안내로 9·11테러로 사라진 국제무역센터와 우리나라가 첫 배출한 반기문 유엔사무총장이 수장으로 있는 UN빌딩, 미국 독립 100주년을 기념해서 프랑스가 기증한 뉴욕의 상징 자유의 여신상 등 말로만 듣던 명소들을 관광했다.

나는 관광하는 내내 '이 거대한 세계 초강대국의 힘은 도대체 어디서 나오는 것일까' 하고 많은 생각을 했다.

뉴욕 시내는 동양의 작은 나라에서 온 나 말고도 세계 각지에서 몰려온 다양한 인종들로 넘쳐났고 활기차 보였다. 모두가 '아메리칸 드림'을 이루기 위해 이 낯선 미국 땅을 찾은 그들의 마음 속에는 어떤 희망이 숨어 있을까를 생각했다.

이러한 나의 많은 생각은 '우물 안 개구리'를 실감하게 만든 아주 특별한 여행이었다. 책을 통해 알고 있던 지식보다 직접 눈으로 보고 느끼는 견문이야말로 사람을 가장 빠르게 변화시킬 수 있는 첫걸음이라는 것을 새삼 깨달았다.

그 여행 이후 나는 국제관광공사로 직장을 옮기게 되었다.

1961년 관광진흥법에 의해 설립된 국제관광공사는, 초창기 많은 시설투자 없이도 해외 관광객을 유치해 외화를 벌어들일 수 있다는 박정희 대통령의 의중에 따라 설립된 기관이다.

그 당시 주요 호텔인 워커힐·반도·타워·조선 호텔을 비롯해 아리랑택시와 대한여행사 등을 직영하고, 서비스업 종사자들의 교육과 자격제도를 시행하는 호텔 학교도 운영하며 해외 관광객 10만 명 유치를 위하여 다양한 활동을 펼쳐나갔다.

나는 조선호텔 등의 재건축 공사를 총괄하면서 예산 문제로 많은 고생을 했지만, 최선을 다해 열심히 일한 능력을 인정받아 대한여행사의 총지배인까지 오를 수 있었다.

관광산업이라는 말도 생소하던 그 시절, 여행과 관광에 대한 선진 프로그램을 습득하기 위해 관광산업이 잘 발달된 선진국 사례를 벤치마킹하기 위해 자주 해외를 드나들었던 것이다.

그런데 PATA(아시아태평양관광협회) 총회에 참석할 수 있는 기회가 주어졌다. 여행사 대표 몇 사람과 함께 미국의 PATA 총회 참석은 우리나라 관광업의 발전에 크게 기여했다.

지난 1979년, 우리나라는 PATA 총회 및 관광교역전을 동시에 유치하여 국내외 관광 관계자 1,600여 명이 참가한 가운데 행사를 성대히 개최한 바 있다.

당시 우리나라의 관광 여건은 하드웨어나 소프트웨어 모두 매우 열악한 실정이었다. 그러나 PATA 총회의 성공적인 개최는 한국 관광을 세계에 알리고, 국제회의를 유치해 산업 발전의 시금석을 마련하는 전기가 되었다.

또한 같은 해 PATA 총회를 앞두고 개장된 보문관광단지는 내국인은 물론 외국인 관광객이 즐겨 찾는 관광 명소로 오늘날까지 각광받고 있다.

PATA는 WTO(세계관광기구), ASTA(미주여행업협회)와 함께 세계 최대 관광 관련 기구의 하나로 2006년 현재 77개국 정부의 관광기구·행정기관·항공사·여행사·호텔·미디어 등 1,261개 회원사로 구성되어 있을 정도로 세계관광산업에 미치는 영향력이 대단하다.

나는 세방여행사 오세중 사장과 함께 세 명이 일행이 되어 LA 인근의 디즈니랜드를 관람하기로 했다. 교통편은 호텔마다 디즈니랜드를 왕래하는 순환버스를 이용했다.

그런데 우리는 그 순환버스가 계속 이동한다는 사실을 미처 몰랐다. 안내원이 "관람을 마친 후 다시 와서 타면 된다"고 말한 터라, 나는 여권과 소지품이 든 가방과 바바리코트 등을 버스 선반에 올려놓은 채 디즈니랜드 구경에 나섰던 것이다.

처음 대하는 방대한 놀이시설에 감탄을 연발하며 구경을 끝마친 후 주차장으로 돌아온 우리 일행은 깜짝 놀랐다. 타고 온 그 순환버스를 찾을 수가 없었던 것이다.

다행히 차 넘버를 적어놓긴 했지만, 그 넓은 주차장에서 똑같은 버스의 번호를 찾아 헤맨다는 것은 한강에서 바늘 찾기처럼 어려운 일이었다.

결국 안내원의 도움을 청하기 위해 안내소로 달려갔다. 마침 데스크에 앉아 있는 안내원이 일본 여성이었다. 나는 일본어로 자초지종을 설명하고 도움을 청했다.

안내원은 한참 동안 여기저기 전화를 해본 뒤, "너무 걱정하지 마십시오. 사무실에서 보관 중이니 호텔에 가 계시면 갖다드리도록 하겠습니다”하고 친절하게 말해 주었다.

일본인 안내원의 말에 안도의 가슴을 쓸어내렸지만, 마음 한편으로는 불안하기 짝이 없었다. 당시 우리나라 같았으면 어림도 없을 친절이었기 때문이었다.

호텔로 돌아와 오세중 사장과 커피숍에 앉아 목을 빼고 호텔 입구만 쳐다보며 기다리고 있는데, 미국인 아가씨가 바바리코트를 들고 나타났다. 여권은 물론 모든 물건이 그대로였다.

오 사장과 나는 그 서비스 정신에 감격해 미국인 아가씨에게 저녁식사를 대접했다. 관광은 첫째도 둘째도 서비스라는 사실을 몸소 체험을 통해 배운 소중한 기회였다.

우리나라에 서비스 개념이 부재하던 그 시절, 관광공사 직원들에게 서비스 정신을 고양시키기 위해 교육 사례로 들었던 에피소드 하나를 더 소개하겠다.

뉴욕 발 일본행 비행기의 중간 기착지인 LA공항에서 있었던 사건이었다.

여행 중 와이셔츠가 너무 지저분해져 LA공항 면세점에 들러 와이셔츠를 한 벌 사기로 했다. VIP룸에 들어서자, 때마침 중국계 아가씨가 영어와 한국어 공부를 하고 있었다. 나는 이국땅에서, 그것도 중국계 아가씨가 한국어 인사말 공부를 하는 것이 하도 반가워서 이것저것 몇 마디를 가르쳐 주었다.

그런데 그것이 또 사단을 일으켰다. 너무 열심히 인사말을 가르쳐주다 그만 출발 시각을 깜박하고 비행기를 놓쳐버린 것이다. 비행기는 이미 내 짐과 함께 이륙해버린 뒤였다.

내가 낭패스런 얼굴로 서 있자 그 중국계 아가씨는 자신 때문에 비행기를 놓쳤다고 생각했는지 다음 비행기를 예약해 주었다. 그리고 면세점에는 내게 맞는 와이셔츠 사이즈가 없으니 시내에 나가 쇼핑을 도와주겠다고 제안했다.

내가 괜찮다고 거절했지만 마침 교대시간이 다 되었으며, 이후 특별한 약속이 없다면서 미안해하지 말라고 했다.

그런데 LA 시내로 나간 것이 또 탈이 났다. 공항으로 돌아오는 길에 데모 행렬을 만나 시간이 지체되어 탑승시간을 맞출 수 없었다. 계속 두 번씩이나 비행기를 놓치자 나도 그 중국계 아가씨도 난감했다.

하지만 그녀의 친절 정신은 이 대목에서 더욱 빛났다. 연신 자신의 불찰이라고 사과하면서 다음 날 일본행 비행기를 예약해 주었다. 그리고 공항 인근의 유스호스텔로 나를 안내해 하룻밤을 묵을 수 있게 배려해 주었다.

다음 날 일본 하네다(羽田)공항에 도착하자 검색대에 내 짐이 놓여있어 또 한 번 감격했다.

지금도 가끔 LA를 방문할 때면 그때의 즐거운 기억을 떠올리며, 그 중국계 아가씨에게 감사하다는 말을 마음 속으로 한다.

"이 세상을 아름답게 하고, 모든 비난을 해결하고, 얽힌 것을 풀어헤치고, 어려운 일을 수월하게 만들고, 암담한 것을 즐거움으로 바꾸는 것이 있다면 그것은 바로 친절이다"라고 한 톨스토이의 말처럼, 친절은 사람을 즐겁게 만든다.

이처럼 여행은 사람으로 하여금 많은 것을 배우고 깨닫게 한다. 또한 다양한 사람을 알게 해주고, 그 나라의 문화와 정신을 느끼게 해 준다.

우리는 대부분 여행을 통해 견문을 넓힌다면서 그 나라의 크고 웅대한 것만을 배워오려고 하는 경우가 많다. 하지만 작은 것에도 그 나라의 혼과 열정이 숨어 있는 경우가 많다.

음식에서부터 생활 풍속, 옷 입고 말하는 것 등 관심과 흥미를 가지고 관찰해 보면 보이지 않던 것들이 보인다. 그렇게 되면 어느새 나도 모르게 그것들은 내게로 와 고인다.

여행은 변화하려는 우리를 더욱 격려하여 새롭게 탈바꿈하는 데 도움을 준다. 그것을 맛보고 음미하면서 잘 씹고 소화시켜서 영양분으로 만들어야 한다. 이것이 여행이자 견문을 넓히는 첩경이라는 사실을 잊지 말았으면 한다.

가뭄을 겪은 나무는
장마도 이겨낸다

인간은
명예를 알기 전에
시련을 겪지 않으면 안 된다.
—솔로몬

우리는 역사를 통해 명성을 얻은 많은 사람들을 만나게 된다. 이 사람들의 전기를 읽으면 역경을 극복하고 남들보다 더 많은 노력을 해 성공과 명예를 얻은 주인공이었다는 사실이다.

그런데도 우리 현대인들은 성공해 명예를 얻겠다는 욕심만 갖고 있을 뿐 역경과 시련을 두려워하고, 남보다 더 많은 노력을 기울이지 않으려고 한다.

그러나 쉽고 편안한 환경에선 강한 인간이 만들어지지 않는다. 시련과 고통의 경험이란 단련을 통해 강한 인간이 만들어지고, 자신의 삶을 냉철한 통찰력으로 바라볼 수 있으며, 미래에 확신을 가질 수 있어 마침내 성공할 수 있다.

그러나 명성은 동전의 양면성이 있다. 성공해 명성을 얻게 되면 그 명성을 관리하기 위해 스스로 짐을 짊어져야 하는 부담이 된다. 그 사람이 그 짐을 어떻게 관리하고 처신하느냐 하는 태도에 따라 사람들이 그를 판단하기 때문이다.

만일 그가 그 짐의 부담을 감당해 낼 경우 위대한 인물이란 수식어를 죽어서도 가질고 갈 수 있지만, 만일 그 반대라면 사기꾼이라는 소리를 듣게 될 것이다.

전설적인 투자의 귀재 워렌 버핏은 "명성을 쌓는 데는 20년이란 세월이 걸리지만, 명성을 무너뜨리는 데는 채 5분도 걸리지 않는다. 그걸 명심한다면 행동이 달라질 것이다"라고 했다.

명예를 얻고자 하는 사람들은 남들이 우러러보는 위치에 오르기 위해 오랫동안 노력하지만, 일단 명예를 얻은 다음에는 세상 사람들의 눈으로부터 숨기 위해 짙은 안경을 낀다고 했다.

그렇지만 명성이 가볍고 과장된 것은 물 위에 떠오르고, 무겁고 견실한 것은 조용히 가라앉는 법이다. 잘못된 방법으로 얻은 명성의 지위는 쉽게 무너진다.

과거의 명성만 믿고 자만하다가는 그 명성마저 잃는다. 과거의 명성은 오늘을 살아가는데 아무런 도움도 되지 않는다. 명성은 자신이 자신의 몸에 옷을 입혀주는 것이 아니라 타인이 나에게 입혀주는 옷과 같은 것이다.

배움이 많다거나 많은 부를 쌓았다 해도 나눔이 없이 축적만 한다면 명성을 얻을 수 없다. 명성이란 남에게 내가 베푼 만큼 받는 것이고, 인격은 얻은 만큼 남에게 주는 것이다. 따라서 오늘 하루 최선의 삶을 살면서 노력하면 반드시 명성을 쌓을 수 있을 것이다.

조급하게 서두르지 않고 묵묵히 시련과 고통을 참고 이겨내 자신 앞에 놓인 장애물을 극복하는 데서 기쁨을 느껴야 한다. 인생의 소금이 시련이라면 희망과 꿈은 인생의 성공이다. 꿈이 없다면 우리 인생은 너무 쓰기 때문이다.

그러나 공자는 헛된 명성과 명예를 좇지 말고, 자기의 바탕을 바로 세우고, 신중하게 생각하고, 신속하게 행동하되, 자신을 낮추라고 인간의 자만심을 경계하고 있다.

이처럼 온갖 시련과 역경을 극복하고, 인생의 쓴 경험을 밑거름으로 성공이라는 열매를 따 명예를 얻은 사람들은 스스로를 경계하고 자신의 것을 남과 나눔으로써 그 명성을 지켰다.

강철왕 카네기는 열네 살에 미국으로 이민 와 갖은 고생을 다 겪었으며, 교육도 단 4개월 밖에 받지 못했을 정도로 형편이 어려웠다. 하지만 그는 세계의 부자가 되었고, 그 부를 남과 나눌 줄 아는 진정한 기업가로 이름을 빛냈다.

링컨도 소년 시절 신문팔이와 심부름꾼 등을 해야 할 정도로 가난했지만 열심히 독학하여 미국의 위대한 대통령이 되었다.

이처럼 어려운 시절 시련과 역경을 극복한 사람들일수록 잘 여문 인생의 열매를 얻을 수 있으며, 그 아픈 인내의 과정이 삶의 지혜가 되어 난관을 헤쳐 나가 성공한 것이다.

어릴 적부터 부유하게 자라 아무런 어려움 없이 행복한 생활을 누린 사람은 고통을 이겨내는 힘이 약하다. 어떤 일을 처리하거나 난관을 극복하는 과정이 가난하게 자란 사람과 다르다.

눈물 젖은 빵을 먹어 본 사람은 차돌처럼 단단한 마음을 먹지만, 하얀 쌀밥만 먹고 자란 사람은 독한 마음을 먹는다 해도 그 정도가 푸석한 현무암과 같다.

또한 어렵게 자라 시련을 겪은 사람들은 살면서 얻은 세상에 대한 지혜가 풍부하기 때문에 어떤 문제를 만나더라도 쉽게 좌절하지 않는다.

인간보다 더 오랫동안 지구에서 살고 있는 나무를 보라.

나무들은 비가 온다고 비를 피하지 않고, 가뭄이 들었다고 땅을 옮겨 자라지 않는다. 그냥 태어난 그 자리에서 묵묵히 시련을 이겨낸다.

가뭄 때는 뿌리에 저장해 둔 물을 공급하고, 여름 장마에는 물을 내보내 자기 몸을 조절하면서 이파리를 푸르게 하고 꽃송이마다 열매를 맺게 한다.

한여름의 땡볕 가뭄과 장마철을 이겨내고, 겨울 혹한의 바람과 눈보라가 치는 혹독한 환경 변화를 견뎌내고 더욱 꿋꿋하게 자란 뒤 남을 위해 온전하게 자신의 몸을 내어놓는다.

그러나 온실에서 자란 초목들은 다르다. 사시사철 적당한 온도에 넉넉한 물까지 마련되어 있으니 걱정할 게 없다. 그래서 이파리가 무성하지만 열매는 적다. 또한 열매의 맛도 같은 이름이지만 다른 맛을 지니는 것이다.

자연의 거친 환경을 온몸으로 버틴 벌판의 초목들은 다양한 색깔의 그 열매 속에 많은 영양분을 축적하고, 풍부한 과즙과 감칠 맛 나는 향긋한 향기를 지닌다. 온실에서 자란 초목에서는 결코 맛볼 수 없는 인내와 지혜의 단맛이 들어 있는 것이다.

좋은 경험은 잘 관리된 기름진 땅과 같다고 했다. 이 경험이라는 땅은 농부의 필요에 응하여 무한의 힘을 낳아 많은 수확을 얻게 해준다.

그런데 사람들은 경험이란 진실의 땅을 풍요롭게 가꾸는 것을 게을리하면서 많은 양의 곡식이 나오기를 기대한다.

인생의 승리는 자신이 경작한 살아 있는 땅을 어떻게 활용하느냐에 달려 있다. 그 땅에 많은 경험의 거름을 주고 인생이라는 씨앗을 파종해야 한다. 그리하여 그 땅에서 성공이라는 풍요로운 열매를 거둬들여야 한다.

기부란 꼭 돈으로 하는 것은 아니다. 자신에게 주어진 시간과 재능과 관심을 어려운 이웃에게 대가를 기대하지 않고 베푸는 것도 향기로운 기부의 시작이다.

행복의 척도는 얼마나 많은 부를 가졌느냐로 결정되지 않는다. 행복한 삶의 완성은 자신이 가진 돈과 시간, 재능 그리고 남은 육신까지 기부하는 것이다. 그리고 이 기부를 통해 더 큰 것을 누리는 사람들이 많아질 때 세상은 아름다운 것이다.

Chapter Three

베푸는 삶
더불어 사는 세상

가정교육은
모든 교육의 뿌리

우리 사회의 최근 뉴스를 보면 가슴이 아프고 걱정스럽다. 학생이 친구를 때리고, 학생이 선생님을 때리고, 자식이 부모에게 폭력을 휘두르는 부끄러운 세상이 되어 가고 있다.

학교에서 친구들의 괴롭힘에 시달리던 학생들이 자살을 시도하거나 가출을 하고, 선생님의 말에 반항해 학생들이 있는 자리에서 선생님에게 폭력을 휘두르고, 유흥비를 주지 않는다고 자식이 부모에게 폭력을 휘두르는 안타까운 일이 벌어지고 있다.

이처럼 아이들이 폭력적이 되어 가는 이유에 대해 전문가들은 타인을 배려하지 않고 자기만 생각하게 하는 잘못된 가정교육, 폭력을 양산하고 매스컴 등을 통해 이를 미화하는 사회 분위기 등이 폭력성을 부추긴다고 지적한다.

나 또한 가정의 잘못된 인성교육에서 그 원인을 찾고 싶다. 가정교육이야말로 모든 교육의 뿌리로, 뿌리가 튼튼한 나무는 외부 환경의 변화를 견뎌내는 적응력도 강하기 때문이다.

부모는 자녀들이 훌륭한 사람으로 성장하도록 인격 형성과 지식 습득 등 인생의 첫걸음을 걸을 수 있도록 가르치는 최초의 선생님이다. 이 교육의 장이 바로 가정이다.

그렇다고 가정교육은 일부러 하는 것이 아니라 자연스럽고 일상적인 가정생활 그 자체가 교육이다. 집안의 가풍이나 부모의 말씨, 행동 등 그 하나하나가 자녀들에게는 교육이다.

만약 어떤 특별한 내용을 계획 세워 아이들을 가르친다면, 그것은 이미 가정교육을 벗어난 학교 교육이나 훈련이라고 말할 수 있을 것이다.

"인간은 교육을 통하지 않고는 인간이 될 수 없는 유일한 존재다"라고 했던 철학자 칸트의 말처럼, 우리가 살아가면서 중요하게 느끼는 것 중의 하나가 바로 교육이다.

우리는 태어날 때부터 배우기 시작하여 삶을 사는 동안 모든 것을 배우며 자라고, 죽는 그날까지 배우며 살아가야 한다.

그런데 이 배움에도 정도가 있다. 진실하고 바르게 배워야 올바른 배움이라고 할 수 있다. 자기 자신은 물론 남에게도 이롭게 하는 학습을 익혀야 한다.

물론 '이것이다'라고 말할 수 있는 자녀 교육의 정도(正道)는 없다. 그러나 사회적으로 성공한 이들의 가정교육에는 분명 우리가 배워야 할 몇 가지 공통점이 있다.

사람으로서의 '예절과 덕성', 아무리 작은 일이라도 책임을 질 줄 아는 '책임감', '검소하고 절약하는 정신', 직업을 통한 '사회봉사 정신'을 길러주었으며, 마지막으로 '자연의 질서와 자연에 대한 사랑'을 배우게 해주었다는 것이다.

"자식은 부모의 거울이요, 어린이는 그 집안의 거울이다"라는 말처럼, 자식들이 사회생활에 필요한 기본적인 도덕과 지혜를 가정에서 배운다. 어머니의 무릎에서 어머니의 표정을 바라보며 인생을 배우고, 성격을 형성하고, 삶의 지혜를 익힌다.

책임감을 길러주는 것은 자기의 선택과 그 결과에 책임지는 도덕성을 깨닫게 해주어 잘못된 원인을 밝혀 올바른 선택을 할 수 있도록 도움을 주는 것이다.

그리고 평상시 검소하고 절약하는 생활을 몸에 익혀 주어야 한다. 요즘 아이들은 너무 풍요로운 생활에 젖어 참을성 없고 무책임하며 과소비 생활을 당연한 것으로 여기기 때문에 부모가 직접 보여줌으로써 본받게 해야 한다.

사회봉사 정신을 길러주는 이유는 수단 방법을 가리지 않고 돈만 벌면 된다는 생각을 버리고, 사회에 환원하는 아름다운 마음을 길러주기 위함이다.

자연의 질서와 사랑을 배우게 해주는 이유는, 꾸밈이 없고 거짓이 없는 자연을 어려서부터 사랑할 줄 아는 하는 사람은 건전한 성격을 형성하고, 자연의 정서를 본받아 인간관계에서도 남을 배려할 줄 알기 때문이다.

그런데 우리 사회는 언제부터인가 오직 학력이나 재력, 권력만이 성공한 인간이라는 생각들이 팽배해 있다. 그래서인지 가정교육이나 학교 교육 또한 인성교육을 도외시하고 오직 일류 대학에 보낼 수 있는 공부 기계로 아이들을 길러오고 있다.

하지만 내가 생각하는 사람다운 사람이란 옳고 바르고 곧은 인품을 가진 사람이다. 좋은 학력과 부와 권력을 모두 가져 성공한 사람일지라도 사람다운 사람이 되지 않으면 다른 사람들로부터 존경을 받을 수 없다.

인품은 내가 의식적으로 행동한다고 해서 나오는 것이 아니라 참 인간다운 모습이 어렸을 때부터 몸에 배어나 자연스럽게 풍기는 것으로, 바로 이런 습관은 가정교육에서부터 출발한다고 생각한다.

지난 1968년 작고하신 나의 아버님은 주문진에서 학생들과 이웃들에게 많은 선행을 베푸셨다. 명절날이나 큰 행사 때면 우리 집 사랑방은 발 디딜 틈 없이 많은 사람들로 넘쳐났으며, 아버님은 한 분 한 분에게 정성을 다해 대접하셨다.

그런데 이 손님들은 나이 어린 내가 보아도 흔히 하는 겉치레나 인사치레가 아닌 진심에서 우러난 방문이었다. 그것은 훗날 아버님이 작고하셨을 때 사람들로부터 주문진 읍장으로 장례를 치르자는 제안이 나왔다는 사실 하나만으로도 충분히 입증이 가능한 일이다.

아버님은 언제나 입버릇처럼 이렇게 말씀하셨다.

"내가 돕는 이들이 자라나 작게는 향리를 위하고, 크게는 국가를 위해 잘 쓰일 수 있는 재목으로 커 가는 모습을 바라보는 것만으로도 기쁘고 행복하다."

나 또한 학교를 졸업하고 공무원으로, 국영기업과 기업체 사장으로 한평생 수많은 사람들의 도움을 받으며 살아왔다. 낳아주고 길러주신 부모님부터 선생님, 학교 친구, 사회 친구, 직장 동료들도 마찬가지이다. 나는 수많은 사람들의 도움을 받으며 세상에는 천상천하 유아독존의 독불장군은 존재하지 않는다는 사실을 깨달았다.

내게 도움을 준 많은 사람들이 오늘날 나를 있게 하였으니, 이제 내가 그 신세를 갚는다는 마음에서 복지장학사업을 시작한 것뿐이며, 이 일을 할 때면 저절로 흥이 나고 기쁨에 넘쳐 마음이 한결 가벼워졌다.

그렇다. "훌륭한 가정교육이란 식탁보에 소스를 흘리지 않는 데 있는 게 아니라, 누군가 다른 사람이 실수로 소스를 엎지르더라도 모르는 체하는 데 있다"고 안톤 체홉은 가정교육의 중요성을 강조했다.

가정교육은 빠르면 빠를수록 좋다. '사람다운 사람'으로 자녀를 키우기 위해서는 부모가 가정교육에 대해 공부해야 한다.

1998년 '청소년보호위원회'는 신가정교육 실천 덕목으로 〈좋은 가정교육 십계명〉을 발표했다. 모든 부모들이 십계명 내용을 참고로 실천할 수 있도록 노력을 기울여보기 바란다.

① 부모는 진정한 사랑으로 자애롭고 스스로 효를 실천한다.

② 자녀 앞에서 부부 싸움을 삼가고 서로 존중하는 모습을 보인다.

③ 아들·딸 차별하지 않고 형제자매를 똑같이 대한다.

④ 어린 자녀는 자주 안아주고 커 가면 따뜻한 말로 사랑을 표현한다.

⑤ 자녀의 말을 끝까지 경청하고 믿고 기다려준다.

⑥ 화나는 일도 참고 이해하고 이겨내는 모습을 보여준다.

⑦ 자녀에게도 "안녕, 고마워, 미안해"라는 말을 자주 사용하고 바른 인사말을 가르친다.

⑧ 자녀에게 집안일을 고루 시키고 힘든 일도 스스로 책임지고 마무리할 수 있는 기회를 준다.

⑨ 옳고 그름을 일관되게 가르치고 작은 약속이라도 반드시 지킨다.

⑩ 남에게 해를 끼치지 않고 이웃을 위해 봉사하는 사람이 되도록 가르친다.

부모의 교육은 말로 하는 것 보다는 부모의 '솔선수범'이다. 부모의 일거수일투족이 자녀에겐 참 교육이다. 그래서 옛사람들이 말하기를 '그 부모에 그 자식이라 했다.'

그러니 자식 탓하기 전에 부모부터 바르게 살아야 한다. 부모가 바르면 자식은 저절로 올 곧게 자라난다. 그것은 삶의 철학이요 진리이다.

항상 '밑진다'는
마음으로 세상을 살자

평생을 두고
양보해 보았자
백 보를 넘지 않는다.
— 唐書(당서)

"두형아! 항상 밑진다는 생각으로 살아라. 그건 절대 밑지는 것이 아니다. 또 그렇게 살아야 외롭지 않은 법이다."

아버님의 가르침 중 내 인생의 좌표를 찍어준 말씀은 '밑진다는 생각을 갖고 살아라'였다. 어려서 철이 없던 나는 그 말뜻을 잘 이해하지 못해 왜 그렇게 살아야 하는지 납득이 되지 않았다.

하지만 나이가 한두 살 더 먹어갈수록 그 말씀은 내 가슴에 와 닿았다. 그리고 그런 삶을 살다 가신 아버님처럼 되고자 나 또한 노력하며 살고 있다.

아버님의 '밑지며 사는 삶'의 철학은 남을 위해 배려하라는 의미였다. 각박한 마음이 아닌 마음의 여유를 갖고 세상을 살라는 의미로, 자신의 이익을 위해 누군가가 상처 받는 것을 경계하셨던 것이다.

조금 밑진 듯 양보하고 손해를 본다는 생각으로 배려하면 자신의 삶은 물론 타인의 삶도 풍성해진다는 것을 온전하게 깨닫기까지에는 적잖은 시간이 필요했다.

어린 시절에는 아버님 말씀을 거역할 수 없어 마음에도 없이 따랐다. 하지만 계속 이어진 행동은 습관이 되어 갔고, 사회생활을 시작하면서는 내 삶의 철학의 밑거름이 되었다.

나무도 밑거름이 있어야 잘 자라는 것처럼, 사람도 밑거름이 있어야 깊게 뿌리내리고 가지를 크게 치며 잎이 푸르다.

마찬가지로 인간관계도 상대를 위해 밑진다는 마음으로 양보하고 배려하면, 신뢰라는 밑거름이 삶의 자양분이 되어 언젠가는 아름다운 꽃을 피울 수 있다.

그러나 인간관계에서 자신에게 돌아올 것이 없다고 자기주장과 자존심을 세우면 서로 대립각을 세워 관계가 회복되지 않고 불신만 더 쌓여간다.

성경에서도 "누구든지 자기를 높이는 자는 낮아지고, 누구든지 자기를 낮추는 자는 높아지리라"고 했다. 자신 안에 있는 자기중심적 사고와 자존심을 버리고 신뢰를 쌓으면 사람 사이에서도 아름다운 꽃을 피울 수 있다.

해방 직후 우리나라에 극장이 처음 생겨났을 때였다.

아버님과 함께 영화를 보기 위해 극장을 갔는데, 매표소 앞에 표를 끊으려는 사람들이 길게 늘어서 있었다. 우리도 그 줄 후미에 서서 차례를 기다렸다.

한참을 기다리는 동안 우리 뒷줄에 아버님 친구 분들의 낯익은 얼굴들도 보였다. 오랜 기다림 끝에 우리 차례가 왔다.

"어른 셋에 학생 하나입니다."

나와 아버님뿐인데 왜 어른 셋일까 하고 의아해했지만 의문은 금세 풀렸다.

아버님은 관람권을 가지고 뒷줄에 서 계신 친구들에게 다가가 표를 건네시면서 함께 들어가자고 하셨다. 뜻밖의 표를 받은 친구들은 환한 웃음을 지으시며 고맙다는 마음을 전하셨다.

사실 영화 티켓은 값으로 따지자면 사소한 것이었지만, 친구 분들은 아버님의 그 마음 씀씀이에 고마워하셨던 것이다.

아버님은 그런 분이셨다. 남에 대한 배려가 평상시 몸에 배어 몸소 실천하시며 사셨다. 어린 내 눈에 비치는 아버님의 배려하는 모습은 언제나 한결같았다.

동네에 불우한 이웃이나 어려운 사람이 있으면 가족처럼 돌보셨고, 안타까운 일에는 내 일처럼 가진 걸 내놓으셨다. 그 때문에 아버님의 신망은 고향(주문진) 사람들에게 두터웠다.

'언제나 밑지면서 살아라. 설사 그럴 형편이 못 되더라도 마음만이라도 그렇게 지니고 살라'는 아버님의 말씀을 가슴에 심은 채 나도 사회생활을 시작했다.

그런데 놀랍게도 밑진다는 생각으로 양보했던 행동들이 결국은 나에게 득이 되어 돌아왔다. 손해 볼 것이라고 여겼던 일은 언제나 좋은 결과를 가져다준 것이다. 아버님 말씀처럼 밑져서 손해 본 것이 아무것도 없었던 것이다.

비록 어린 시절 아버님 강요로 몸과 마음에 익힌 습관이었지만, 이제는 자연스럽게 실천하게 된 것이다.

종로 4가에 살 때였다. 근처에 유명한 냉면집이 있었는데, 등산을 갔다 내려오는 길이면 난 그 집에 들러 냉면을 먹곤 했다.

그런데 냉면이 먹고 싶을 때 가끔 그 집을 들를 때면 친구들을 자주 만났다. 나는 식사를 마치고 내가 먼저 나설 때면 언제든 이들의 식사비를 함께 계산했다.

내가 계산하는 이유는 주머니에 돈이 많아서가 아니다. 친구들에게 따뜻한 정을 나누고 싶었고, 그것이 사람 사는 정이라고 아버님께 배웠기 때문이다.

그 몇 천 원의 냉면 값은 나중에 몇 배로 불어나 더 큰 값의 도움으로 내게 돌아왔다. 무얼 바라고 한 행동은 아닌지라 그 도움은 참으로 민망하기도 했지만 고맙게 생각하고 있다.

첫 직장인 공무원 생활을 할 때도 마찬가지였다.

그때는 지금처럼 사무실에서 커피를 타 마실 수 있는 환경이 아니었다. 그래서 출근하자마자 커피를 마시기 위해 다방을 찾아야만 했다.

커피를 마시고 하루 업무를 시작하는 것이 일상의 업무처럼 되어 있던 때라 동료들에게 부담을 주지 않기 위해 자신들이 마신 커피 값은 으레 더치페이를 했다.

하지만 나는 더치페이가 익숙하지 않아 동료들의 커피 값까지 계산하는 횟수가 많았다. 그때마다 동료들은 말했다.

"커피 잘 마셨어……."

몸에 밴 습관 때문에 한 행동으로 인해 동료들로부터 인사를 받는 것이 머쓱하기도 했지만, 설사 사소한 오해를 받는다 해도 고칠 생각은 없다. 내 마음이 기뻐서 하는 것이기 때문이다.

그래서 아버님이 내게 가르쳐주신 교훈처럼 내 자식들에게 똑같은 말을 자주 한다.

"무슨 일이든지 밑진다는 생각으로 살아라. 그렇게 사는 것이 행복해지는 길이다."

"밑지며 살아라. 그래야 외롭지 않다."

"형편이 안 되면 생각만이라도 언제나 밑진다 하고 살아라."

내 삶을 풍요롭게 해준 아버님의 그 말씀이 내 자식들의 삶에도 풍성한 밑거름이 되기를 바라기 때문이다.

참된 친구는
인생의 귀중한 자산이다

친구란 무엇인가?
두 사람의 신체에 사는
하나의 영혼이다.
—아리스토텔레스

내게는 잊히지 않는 그림 한 점이 있다. 독일 화가 알브레히트 뒤러의 '기도하는 손'이다. 독실한 크리스천이신 어머니께서 집안에 두고 늘 보시며 기도하던 복사 그림인데, 어릴 적부터 그 그림을 보면서 함께 성장했다.

그렇다고 그림에 대해 전문적인 식견이 있는 것도 아니어서, 나는 내 방식대로 그림을 감상한다. 어떤 그림에서는 위안을 느끼고, 어떤 그림에서는 평화를 얻으며, 어떤 그림에서는 슬픔의 감정을 통해 카타르시스를 느끼기도 한다.

'기도하는 손'은 두 손을 모은 채 기도하는 장면이 화폭을 가득 채우고 있다. 고된 노동으로 거칠고 투박해진 손을 모으고 무언가를 위해, 그 누군가를 위해 간절하게 기도하는 메시지가 전달되어 마음을 다잡게 된다.

나는 이 그림을 볼 때마다 무엇을 위해 저렇게 간절하게 기도하고 있을까 하고 나름대로의 상상력을 동원하면서 그 해답을 찾으려고 했다.

'고단한 삶을 살면서도 오늘 무사하게 소박한 하루를 살게 해 준 것에 대한 감사 기도일까?, 풍요로운 내일을 염원하는 기도일까?' 등 여러 가지를 생각을 유추하면서 어지러운 마음을 안정시키곤 했다.

그런데 이 그림의 탄생 배경을 알게 된 이후부터는 더욱 감동적으로 다가온다. 뒤러의 '기도하는 손'에는 그림보다 더 아름다운 이야기가 숨어 있었던 것이다.

알브레히트 뒤러와 친구 프란츠 크닉스타인은 어려운 환경 속에서도 꿈을 잃지 않았던 젊은 화가들이었다. 넉넉지 않은 형편 때문에 그림 공부와 생계를 동시에 꾸려나가야 했다. 하지만 일하면서 그림 공부를 함께 하기란 쉽지 않았다.

결국 두 사람은 서로 의논한 끝에 한 가지 방법을 찾아낸다. 친구가 먼저 뒤러에게 제안을 했다.

"뒤러야, 네가 먼저 학교에 가서 공부를 하렴. 나는 식당 일을 하면서 너의 학비를 벌겠다. 그리고 네가 공부를 마치고 내 학비를 지원해 주면 나도 공부할 수 있지 않겠니?"

친구의 청을 거절할 수 없었던 뒤러는 미술학교에서 열심히 그림 공부를 했다. 친구는 뒤러가 미술학교를 졸업할 때까지 매달 학비를 보내는 등 그의 뒷바라지를 아끼지 않았다.

뒤러가 졸업할 때쯤에는 그의 작품도 한두 편씩 팔리게 되었으며, 미술학교도 졸업할 수 있었다.

뒤러가 친구를 만나기 위해 식당을 찾아갔을 때, 그 친구는 식당의 한 구석에서 무릎을 꿇고 간절히 기도하고 있었다.

"주님! 저의 손은 식당 일로 너무 거칠고 굳어져서 더 이상 그림을 그릴 수 없게 되었습니다. 내 몫까지 뒤러가 할 수 있도록 도와주시고, 아름다운 그림을 그릴 수 있게 하소서!"

그 모습을 몰래 지켜보던 뒤러는 자기를 위해서 희생하고 기도하고 있는 친구의 손을 바라보고 있는 순간 고마움과 죄책감에 가슴이 아팠다.

뒤러는 눈물을 흘리면서 지금까지 보았던 어떤 그 무엇보다 가장 커다란 감동을 받았다. 뒤러는 그 자리에서 연필을 들어 친구의 기도하는 손을 스케치하기 시작했다.

그리고 훗날 뒤러는 이렇게 말했다.

"기도하는 손이 가장 깨끗한 손이요 가장 위대한 손이다. 기도하는 자리가 가장 큰 자리요 가장 높은 자리다."

이렇게 친구에 대한 사랑과 고마운 마음을 담아 그린 그림이 바로 알프레히트 뒤러의 세계적으로 유명한 그림 '기도하는 손' 이다.

뒤러와 친구 프란츠 크닉스타인의 우정과 신뢰와 희생이라는 아름다운 이야기가 숨어 있기에 그 그림을 보면서 저절로 내 마음이 평안해지는 것은 어쩌면 당연한 일인지도 모르겠다.

좋은 친구, 나아가 뒤러처럼 훌륭한 친구를 둔 사람은 진짜 부자라고 해야 할 것이다. 한 사람의 삶이 그의 친구로 인해 얼마나 가치 있게 변할 수 있는 것인지 이 일화를 통해 뼈저리게 느끼게 된 것이다.

그러나 좋은 친구를 갖는 것은 그냥 얻어지는 행운이 아니다. 상대가 친구가 되어주기를 바라면서 찾아오기를 기다리는 것이 아니라 내가 먼저 남에게 좋은 친구가 되어 줄 마음가짐이 있어야 좋은 친구가 생기는 법이다.

서로에게 의지가 되고 기쁨과 고통을 함께 나누는 친구를 만나기 위해서는 스스로 완전한 친구가 되어야 한다.

거대한 파도와 폭풍우를 감추고 있는 우리의 인생은 혼자 헤쳐가기에는 너무 험난한 곳이다. 그러나 고통과 아픔을 함께 나누고 힘들 때 어깨를 기댈 수 있는 좋은 친구가 있다면 세상이 덜 힘들고 덜 두렵게 느껴질 것이다.

뒤러에게 친구인 프란츠 크닉스타인이 없었다면 그가 그처럼 유명한 화가로서 성공할 수 있었을까? '기도하는 손'처럼 위대한 걸작이 탄생할 수 있었을까?

내 사무실과 아담한 우리 집에는 친구들이 자주 찾아온다. 또 전화도 시도 때도 없이 걸려와 만남을 약속하기도 한다.

고향의 초등학교 때 친구부터 대학 때 친구, 사회생활을 하면서 인생의 굽이마다 정을 나눈 친구들이다.

워싱턴은 우정이란 성장이 더딘 식물이라고 했다. 그것이 우정이라고 불릴만한 가치가 있게 되기까지 그것은 몇 번이고 어려운 충격을 받고 그것에 견디어 내지 않으면 안 된다고 했다.

내 친구들은 워싱턴의 말처럼 젊어서 한창 일할 때부터 한 발 물러나 인생을 즐기는 이 순간까지도 서로에게 버팀목이 되어주니 나는 그 누구보다 부자가 아닐까 싶다.

그럴 때마다 아내는 부러운 눈길로 말한다.

"참 좋으시겠어요. 나이 들어서도 친구가 찾아오고……. 먼 길 찾아오는 친구들께 감사하게 생각하셔야겠네요. 그런데 말이에요, 친구한테는 그렇게 잘하시면서 정작 아내인 나한테는 왜 그리 안 하세요?"

아내의 부러움 섞인 핀잔에 조금 미안해지기도 한다. 그러나 아내는 친구들에게 더욱 잘하라고 나를 부추기는 응원군이고, 내 인생의 평생 반려자이자 진짜 친구이다.

사람과 사람 사이에 얽히고설킨 이해관계가 자기중심적일 수밖에 없는 각박하고 복잡한 세상이다. 우리의 삶 하루가 다르게 변화하는 이 세상에 우리네 인간관계에 묵묵히 지켜주는 친구를 둔다는 것은 인생 최고의 행운이자 가장 소중한 자산이다.

노력과 집념,
신념은 세상도 바꾼다

하나의
작은 꽃을 만드는 데도
오랜 세월의 노력이 필요하다.
─W. 블레이크

나이가 아흔에 가까운 우공(愚公)이란 노인이 북산(北山)에 살고 있었다. 집 앞뒤에 사방 700리, 높이가 만 길이나 되는 태형(太形)과 왕옥(王屋)의 두 산이 가로막고 있었다.

노인은 바깥세상과 왕래하기 위해 이 산들을 돌아다녀야 하는 불편을 덜고자 자식들과 의논해 아예 산을 옮기기로 결정하고 그 일을 시작했다.

노인은 자식과 손자와 함께 돌을 깨고 흙을 삼태기에 퍼 담아 수백 리 떨어진 발해만(渤海灣)까지 내다버렸다. 흙을 한 번 버리고 오는데 꼬박 1년의 세월이 걸렸다.

어느 날 하곡(河曲)의 지혜롭다고 소문난 지수(智搜)라는 노인이 말했다.

"당신의 어리석음이 참으로 깊구려. 당신의 나이와 힘으로는 산의 귀퉁이도 허물기 힘들 텐데 흙과 돌을 어찌하겠는가?"

그러자 우공이 탄식하며 대답했다.

"당신의 고루함이 굳어 통하지 않으니 과부의 어린애만도 못하오. 비록 내가 죽어도 자식이 있소. 자식이 또 손자를 낳고 그 손자가 또 자식을 낳으며, 그 자식은 또 자식이 있고, 그 자식은 또 손자가 있어 자자손손 끝이 없으나, 산은 불어나지 않으니 어찌 수고롭다 불평하리오?"

지혜롭다는 지수조차 아무 말도 못했다. 그런데 이 말을 들은 산신령이 산을 허무는 인간의 노력이 끝없이 계속될까 겁이 나서 옥황상제에게 이 일을 말려주도록 호소하였다.

그런데 옥황상제는 우공의 정성에 감동하여 과아씨 두 아들에 명하여 두 산을 짊어지고 하나는 삭동(朔東)에, 하나는 옹남(雍南)에 두게 하였다.

『열자(列子)』 「탕문편(湯問篇)」에 나오는 고사다. '우공이산(愚公移山)'은 글자 그대로 '어리석은 영감이 산을 옮긴다'는 뜻으로, 어떤 큰일이라도 끊임없이 노력하면 반드시 이루어짐을 비유한 말이다.

이 고사는 이 시대를 사는 사람들에게 많은 교훈을 주고 있다.

어떤 일이든 의지를 굽히지 않고 집념을 가지고 노력하면 안 되는 일이 없다는 것과 비전을 제시하는 리더의 리더십을 제시해 주고 있다.

"열 번 찍어 안 넘어가는 나무 없다"는 속담처럼, 자신의 의지를 굳게 다지면서 꾸준한 노력을 하면 이루지 못할 일이 없다. 원하는 것을 얻고자 한다면 우공이산의 의지를 다지고, 우공이산을 옮기는 우직함 같은 노력을 배워야 한다.

모름지기 얄팍한 꾀만 쓸 궁리만 하는 사람은 오래 가지 못해 사람들의 신임을 잃게 된다. 하지만 힘들고 노력이 많이 들더라도 원칙과 순리대로 부지런하고 성실하게 일한다면 주변 사람들로부터 인정을 받아 자신이 세운 목표도 이룰 수 있다.

뜻을 세우고 노력을 경주하면 불가능해 보이던 일도 해낼 수 있다는 '우공이산'의 신념과 집념은 도끼를 갈아 바늘을 만든다는 '마부작침(磨斧作針)'이나 물방울이 돌을 뚫는다는 '수적천석(水滴穿石)'처럼 리더의 믿음직한 덕목이다.

우공은 비현실적인 비전을 위해 아내를 비롯한 가족을 설득했고, 주변의 비난과 비웃음을 견뎌냈다. 그리고 결국에는 옥황상제의 마음을 움직여 두 산을 옮기게 되었던 것이다.

만약 여러분들이 우공의 노력과 비전을 제시할 수 있다면, 그 비전에 공감하는 사람들이 있다면 세상은 변화할 수 있다. 하지만 리더가 자칫 자신의 뜻만 앞세우면 고집과 아집으로 변할 수 있다는 것을 경계해야 한다.

구약성경의 요셉도 성실과 인내로 자기 꿈을 실현한 사람이다. 자기 형들로부터 '꿈꾸는 자'라는 별명으로 불린 요셉은 애

급의 총리가 되어 동족을 구하고, 애급 사람들을 기근에서 구했
던 것이다.

요행을 바라지 않고 성실하게 일하는 사람은 그 어떤 난관도
이겨낼 수 있으며, "심는 대로 거둔다"는 말처럼, 뜨거운 땡볕
아래 흙을 일구고, 씨앗을 뿌리고 물을 주어야 열매를 거둔다.
마지막에는 자기 목표에 도달하게 되는 것이다.

이처럼 가장 바쁜 사람이 가장 많은 시간을 갖고, 부지런히
노력하는 사람이 결국 많은 대가를 얻는다. 특별한 재주가 없더
라도 꾸준히 노력하는 사람은 반드시 성공한다.

나는 사람들이 이런 자세로 삶을 살아야 한다고 생각한다. 지
름길이 있더라도 정도가 아니면 가지 말아야 한다. 그러나 그
길이 정도라면 비록 돌아가더라도 집념을 가지고 노력하면 끝
내는 도달할 수 있으며 누구 앞에서든 당당할 수 있다.

준비된 자에게 기회가 오는 것은 당연한 이치이다. 꿈을 향한
노력과 굳은 집념, 마음 속에 강렬한 신념이 불타오를 때 자신
이 변하고, 자신이 변하면 세상도 바꿀 수 있는 것이다.

아름다운 행위,
기부는 미래에 대한 투자

기부는
억지로 하지 말 것,
마음이 허락하는 만큼만 할 것.
—메리 제인 라이언

　　기부는 아름다운 행위이다. 다른 사람의 필요를 돌보기 위해 내 재산을 나누기 때문에 아름다운 행위이다. 그러나 기부는 그리 쉽지 않다. 진정한 나눔을 실천하는 사람과 희생을 통한 나눔의 자세를 갖고 있는 사람도 있지만, 대부분은 자신의 욕구나 욕망을 포기해야만 한다.

　　그래서 많은 사람들은 자신이 열심히 노력해서 번 돈을 왜 남에게 주어야 하냐고 반문하기도 한다. 그러나 기부가 몸에 밴 사람들은 나눌수록 행복해지기 때문에 기부한다고 말한다.

　　"부자로 죽는 것처럼 부끄러운 것은 없다"며 기부문화의 첫발을 내디딘 강철왕 카네기, 전 재산을 사회에 환원하면서 '자선

사업가'라 불리길 좋아했던 록펠러, "나눔은 언제 시작해도 결코 늦거나 이르지 않다"고 한 빌 게이츠, "나는 매우 운이 좋아서 돈을 벌 수 있었다. 그래서 항상 재산을 사회에 환원해야 한다고 생각했다. 돈을 책임 있는 곳에 기부하는 것이 돈을 많이 버는 것보다 훨씬 힘들다"면서 재산을 선뜻 내놓은 워렌 버핏 등은 진정한 노블레스 오블리주를 실천하는 사람들이라고 말할 수 있을 것이다.

마이크로소프트사의 회장 빌게이츠와 투자의 귀재로 알려진 워렌 버핏은 미국의 경제잡지 《포브스》가 매년 발표하는 세계 10대 갑부들 중 1위와 2위를 다투는 사람임에도 세계적으로 존경을 받고 있다.

2000년, 빌 게이츠 회장과 부인 멜린다 게이츠는 자선재단을 설립하고 매년 자산의 5%를 개발도상국의 HIV와 에이즈, 말라리아 등의 질병 치료에 써 달라고 기부해서 세상을 깜짝 놀라게 했다. 그러면서 빌 게이츠는 이렇게 말했다.

"나는 10년 전 내 재산이 사회로 돌아갈 것을 이미 깨달았다. 상상할 수 없는 규모의 재산이 한 명의 아이에게 돌아가는 것은 그 아이에게 건설적인 방법이 아니다."

투자의 귀재 워렌 버핏도 최근 자신의 재산 가운데 85%인 총 370억 달러를 빌앤멜린다게이츠 재단을 포함하여 5개 단체에 매년 기부하기로 발표하면서 게이츠와 비슷한 말을 했다.

"자식에게 너무 많은 돈을 물려주는 것은 사회를 위해서도, 자식을 위해서도 결코 좋지 않다."

이렇듯 세계적인 부호들이 인식의 전환을 꾀하게 된 것은 그들의 사회 분위기와 연결되어 있다. 그들이 속한 사회는 기부를 투자로 간주하는 오랜 전통 때문이다. 사회적 약자를 위해 또는 공공의 이익과 교육 등에 투자하는 것을 '미래에 대한 투자'로 여기며 기부문화가 발전해 왔다.

또한 진정한 '노블레스 오블리주'의 실천은 스스로 모범을 보이는 것임을 일찍부터 몸에 익히며 실천해 왔던 것이다. 참으로 부러운 문화이다.

어쨌거나 그들은 한국인이 아니고, 사회 분위기 또한 우리와 다른 것은 사실이다. 하지만 그런 이유만으로 기부에 인색한 우리 사회를 너그러이 보아 넘기기에는 뭔가 개운하지 않다.

그렇다고 우리에게도 기부문화가 전혀 없었던 것은 아니다. 경주 최 부잣집은 12대 300년 동안 만석꾼의 부를 유지해 오면서 이보다 더 아름다운 기부문화를 실천해 왔다.

'사방 100리 안에 굶어 죽는 사람이 없게 하라', '재산은 만 석 이상 모으지 말고 사회에 환원하라', '흉년에 가난한 사람의 논을 사지 말라'는 등 가훈을 지켜오면서 실천하고 있다.

부자의 체통을 지키면서 주변이 어려울 때는 책임지고, 이웃의 인심을 잃지 않고 가진 것을 나누면 나눌수록 집안의 재산과 명성, 품격, 행복감이 오래 간다는 진리를 일깨워준다.

나는 빌 게이츠나 워렌 버핏만큼 부(富)를 갖지 못한 사람이다. 또한 내 삶에서 부를 생각지도 못한 사람임에도 불구하고 미래와 사회에 투자하는 것을 전혀 아깝지 않다고 여긴다.

지금까지 80여 평생을 살아오면서도 변함없는 내 신조는 버는 게 중요한 만큼 잘 쓰는 것도 중요하다는 것이다.

내 아버지께서 내게 가르쳐 주었듯, 나도 아들에게 '절약을 통한 건전한 부의 축적과 그 축적한 부를 미래를 위한 건강한 투자'를 항상 강조하고 있다.

자본주의 사회에서 돈을 모으고 버는 것은 중요하다. 하지만 언제나 모으고 버는 것에만 집착한다면 우리 사회 전체가 불균형을 이루고 결국은 모두가 불행한 사회가 될 뿐이다.

사회생활을 하는데 불필요한 경비는 최대한 줄이고 절약해야 하지만 반드시 써야 할 때는 써야 한다. 사회는 나 혼자 움직여서 만들어지는 것이 아니기 때문이다.

사회의 구성원으로 살아가면서 나만 재산을 축적한다면 진정한 행복을 누릴 수 없다. 주위에 베풀어야 주변의 도움을 받고, 그것이 바탕이 되어 부를 축적할 수 있는 기회가 주어진다.

그런데 오늘날 우리가 사는 사회의 모습은 어떠한가? 사리사욕과 개인주의가 넘쳐나고 있다. 그것은 이 사회 구조 속에 기부하는 마음 자세, 즉 참된 인품을 기르는 가르침의 부재 때문이라고 나는 확신한다.

따라서 참된 기부문화를 만들고 도덕을 바로 세우기 위해서는 학교 교육도 중요하지만 가정에서 기부에 대한 교육이 이루어져야 한다. 부모의 기부 행위를 보고 자란 아이들 또한 자연스럽게 기부에 익숙해지기 때문이다.

그러므로 참된 가정교육은 사람이 되는 법과 다르지 않고, 인품을 기르고 사랑을 싹트게 하는 일은 부모님께 진 신세를 갚는 일이다. 내가 복지장학사업을 하는 것 또한 부모님에 대한 감사의 마음을 표현하는 셈인 것이다.

최근 들어 우리 사회에도 나눔의 문화가 조금씩 자리잡기 시작하고, 기업들도 사회 공헌 활동에 관심을 갖기 시작하면서 봉사활동이나 기부가 크게 늘어나고 있다.

그러나 마음에서 우러나와 정기적으로 상시적으로 하는 기부가 아니라 연말연시가 되어 마지못해 하는 기부가 많다. 그런 점에서 우리 기부문화의 토양은 아직 척박하다.

기부란 꼭 돈으로 하는 것은 아니다. 자신에게 주어진 시간과 재능과 관심을 어려운 이웃에게 대가를 기대하지 않고 베푸는 것도 향기로운 기부의 시작이다. 또한 장기 및 시신 기증 역시 내 목숨이 다한 후에도 누군가의 몸을 살리고 그 삶을 회복시키는 데 보탬을 주는 숭고한 기부라고 생각한다.

이처럼 기부하는 모습은 다양해도 기부에는 도움이 절실한 사람에게 큰 힘이 될 뿐만 아니라 기부하는 사람에게도 큰 보람과 기쁨을 갖게 하는 힘이 있다.

행복의 척도는 얼마나 많은 부를 가졌느냐로 결정되지 않는다. 행복한 삶의 완성은 자신이 가진 돈과 시간, 재능 그리고 남은 육신까지 기부하는 것이다. 그리고 이 기부를 통해 더 큰 것을 누리는 사람들이 많아질 때 세상은 아름다운 것이다.

자녀의 진로는
자녀의 뜻을 존중해야 한다

교육은
어머니의 무릎에서 시작되고,
유년기에 들은 모든 언어가 성격을 형성한다.
—바로

부모에게 자식이란 무엇일까?

누군가는 세상에서 제일 아름답고 예쁜 꽃은 바로 자식이란 꽃이라고 했다. 그래서인지 가장 귀하고 좋은 것만 먹이고, 명품 옷만 입히고, 원하는 것이라면 무엇이든지 해주고 싶은 게 부모 마음이다.

자식 이기는 부모 없다고 자식 일이라면 만사를 제쳐놓고 발 벗고 나서며, 있는 것 없는 것 모두 주고 싶은 게 자식이 아닐까?

이처럼 자식에 대한 무조건적인 사랑을 베푸는 부모는 아마 우리나라 밖에 없을 것이다. 거기에는 자신의 못다 이룬 꿈을 자식에게 바라는 부모의 욕심도 한 몫 하고 있다.

그러나 자식은 단순히 부모의 분신이나 소유물도 아니고, 부모의 꿈을 대신 실현해 주는 대리만족 수단이 아닌 인격을 가진 하나의 독립된 개체이다.

로렌스 굴드는 "부모는 아이들에게 자신들의 희망을 억지로 떠다 맡겨서는 안 된다. 그것이 실패의 원인이다. 부모가 해야 할 일은 스무 살 전의 자녀들의 기본적인 성격이나 기질을 변경하는 것이 아니고, 아이들이 가진 그대로, 그가 표현하고 싶은 그대로를 존중해서 여러 가지 분야가 모여 전체를 이룬 사회에 적응하도록 하는데 있다. 부모의 희망과는 다른 희망을 표시했다 하더라도 부모는 반대하지 말아야 한다. 찬성하고 반대하고에 따라 그 결과는 큰 차이가 있다. 찬성을 해주면 자식은 용기를 얻을 것이며, 반대한다면 위축될 것이다"라고 했다.

따라서 나는 부모의 뜻대로 자녀들에게 어떤 대학, 어떤 전공을 공부하기를 강요할 것이 아니라 자녀들이 원하는 것을 할 수 있도록 든든한 힘이 되어주는 것이 진정으로 자식의 진로를 걱정하고 사랑하는 것이라 믿는다.

무조건적인 사랑으로 부모가 자녀에게 고기를 잡아주기 보다는 자녀들이 스스로 고기를 잡을 수 있는 방법을 배울 수 있도록 진로의 문제는 자녀들의 뜻에 따라야 한다.

1951년, 한창 전쟁 중이던 때 나는 서울대학교 법과대학에 입학했다. 나는 법과대학을 최종 선택하기까지 부모님과 많은 대화를 나누었다.

"의사는 남들에게 존경받는 직업이나 네가 고생스럽다. 나는 반대다."

의예과에 진학하고 싶은 나에게 어머니는 단호하게 반대 의견을 피력하셨다. 장남인데다 약골 체질이라 마음이 내키지 않으셨던 것이다. 거기다 병원에서 하루 종일 환자들과 생활해야 한다는 것이 어머니의 반대 이유였던 것 같다.

"법대를 가는 것이 어떠냐?"

한참을 고민하시던 아버지가 나지막한 음성으로 내 의향을 물으셨다. 나는 '법(法)'이라는 딱딱한 이미지 때문에 내키진 않았지만, 아버지 의견을 무시할 수 없어서 고민에 빠졌다.

그때 내 머리 속에 떠오르는 사람이 있었다. 법대에서 법학을 전공하고 있는 사촌 선래 형이었다. 고등학생 때부터 선래 형의 영향을 많이 받고 있던 터라, 형이 하는 일이라면 무엇이든 한번 해보고 싶었다.

"그럼, 한번 공부해 보겠습니다."

그렇게 해서 나는 법대생이 되었다. 하지만 지금까지 칠십 평생을 살아오면서 전공과 관련된 일은 별로 해보지 못했다.

군 복무를 마친 후, 현 감사원 전신인 심계원을 거쳐 국제관광공사, 미륭건설, 관광개발회사, 고속버스회사, 건물유지관리회사에서 일했지만 내 전공과는 무관한 삶을 살았던 것이다.

하지만 후회한 적은 없다. 어떤 일이든 맡은 바 임무에 항상 충실하며 그 일을 즐겼다. 그래서 일하는 것이 신바람 났으며, 때론 '불도저'처럼 밀어붙이며 살았던 겁 없는 삶이었다고 자평

(自評)할 수 있다.

전공과는 무관한 일을 했지만 맡은 바 임무를 수행하는데 전혀 문제되지 않았다. 예전에 알았거나 배웠다는 것만으로 그것이 최고의 장점이 아니라는 것이 내 생각이다. 모르는 것은 물어서 배우고, 새로운 지식은 공부하면 되는 것이다.

언젠가 신입 직원들과 대화를 하면서 이런 말을 한 적이 있다.

"전공이란 따로 있는 게 절대 아니다! 무슨 일이든 관심을 가지고 현재에 충실하다 보면 자연스럽게 전공이 되고 전문가가 되는 법이다."

나의 진로 문제 때문에 부모님이 고심했듯, 나도 아들의 진로 문제를 놓고 아내와 함께 세 사람이 머리를 맞대고 고민을 했다.

나는 내 몸이 약해서 의과대학을 권했으나 아내와 아들은 내 의견에 반대했다. 특히 아내는 아들이 전공하고 싶은 대학을 가도록 적극 지원해 주자고 했다. 결국 아들은 공과대학을 선택했고, 우리 부부는 아들의 선택을 믿고 따랐다.

그리고 대학을 졸업할 때쯤 무슨 일을 하고 싶으냐고 물었다. 아들은 학교에 남아 공부하는 것이 적성에 맞지는 않지만, 외국에 나가 공부를 더하고 싶다고 했다.

나는 아들의 의견을 존중해 주었다. 넓은 세상에서 많은 친구를 사귈 수 있고, 견문을 넓히는 것만큼 귀한 공부가 또 어디 있을까 싶어서였다.

그러나 유학 전에 병역의무를 마치고, 사병보다는 장교로 가는 것이 좋겠다고 권유했다. 결국 아들은 내 기대를 저버리지 않고 ROTC 장교로 군 복무를 마치고 미국 유학 생활을 잘해 주었으며, 학업을 마칠 무렵 이렇게 말해 주었다.

"교수에 뜻이 있다면 박사학위를 받고, 만약 뜻이 없다면 돌아와도 된다."

교수에 뜻이 없던 아들은 귀국하였고, 국내 몇몇 대기업의 기획실에서 일했다. 그리고 전공은 아니지만 2년 정도 란제리 수입상을 하며 세상 물정을 온몸으로 겪었으며, 현재는 성원개발의 사장으로 재직하고 있다.

그가 전공한 분야는 아니지만 나름대로 현재의 직업에서 제 위치를 찾아가고 있는 것을 볼 때, 전공은 그 사람의 인생을 평가하는 척도로서는 그다지 중요한 것 같지는 않다.

그러니 사람을 판단할 때는 그 사람이 무엇을 전공했는가가 아니라 어떤 인성교육을 받았는가를 척도로 삼아야 한다.

인생의 항로는 예측할 수 없다. 때로는 내가 선택하지 않은 길도 갈 수도 있다. 그렇다고 해서 너무 실망하거나 초조해 할 필요는 없다.

세상은 넓고 그 세상에는 많은 길이 있으며, 그 길에는 무수한 직업이 있고 다양한 삶이 있기 때문이다. 올바른 정신과 불굴의 의지만 있다면 언제든 세상의 주인은 당신이 될 것이다.

칭찬은 고래도,
인간도 춤추게 한다

무엇보다도
칭찬은
우리에게 가장 좋은 식사이다.
―S. 스마일즈

『칭찬은 고래도 춤추게 한다』의 저자 켄 블렌차드는 전혀 춤출 구조로 생기지 않는 고래가 춤추는 것을 보고 그 이유를 조련사에게 물었다.

조련사는 칭찬이 고래를 춤추게 한다고 말했다. 원하는 행동을 하면 충분히 칭찬을 해주고 고등어 한 마리를 주는 것, 그것이 고래가 춤을 추는 이유였다. 이 행동을 반복하면 고래도 춤을 춘다는 것이었다.

이 말을 들은 켄 블렌차드는 사람에게도 잘한 점, 긍정적인 부분에 관심을 가지고 벌주기보다는 칭찬하면 그 사람은 그 부분을 더욱 계발하기 위해 노력해 주변을 모두 춤추는 사람으로 바꿀 수 있다는 확신을 가졌다고 한다.

칭찬이나 격려의 말 한 마디는 매우 짧지만 그 힘은 놀랍다. 우리 삶에서 놀라운 에너지가 발생하고 생산성이 올라간다.

음악을 들려주면 콩나물도 더 건강하게 자라고, 젖소도 음악을 들려주면 더 많은 양의 우유를 생산할 수 있다. 하물며 인간은 말해 무엇하겠는가.

세계적인 자동차 회사 포드의 창립자인 헨리 포드를 자동차 왕으로 만든 것은 한 사람의 칭찬에서 비롯되었다.

자신의 새로운 엔진에 대해 많은 사람들로부터 비판과 조롱을 받았지만, 에디슨으로부터 "이것은 걸작일세! 자네는 벌써 이 엔진을 만든 것과 마찬가지야"라고 격려와 칭찬을 받고 훗날 자동차 왕이 되는데 큰 밑거름이 되었다.

에디슨의 격려와 칭찬의 힘을 몸소 겪은 헨리 포드는 훗날 "다른 사람을 격려할 줄 아는 능력은 삶의 커다란 재산 중 하나이다"라고 말했다.

오페라 가수 엔리코 카루소는 오디션에서 떨어진 뒤 좌절해 다시는 노래를 부르지 않겠다고 선언했다. 그때 "아들아, 나는 네가 세상에서 가장 아름다운 목소리를 지녔다는 것을 안다. 엄마는 네 노래 소리를 들을 때마다 얼마나 행복한지 모른단다. 엄마는 네가 꼭 유명한 오페라 가수가 되리라 믿는다"라는 어머니의 격려에 힘입어 세계적인 오페라 가수가 되었다.

아인슈타인도 "이 학생은 무슨 공부를 해도 성공할 가능성이 없습니다"라는 담임선생님의 지적에 낙담해 할 때 그의 어머니는 "아들아, 너는 다른 아이와 다르단다. 네가 다른 아이와 같다면 너는 결코 천재가 될 수 없어"라고 격려하였다.

이러한 어머니의 격려에 힘입어 아인슈타인은 자기 재능을 발휘하여 20세기가 낳은 최고의 천재 중의 한 사람이 되었다.

'떠오르는 미국의 별'로 미국과 유럽 문단과 비평가들의 주목을 한 몸에 받고 있는 미국 작가 폴 오스터의 자전적 소설 『빵 굽는 타자기』, 『뉴욕 3부작』 등 수많은 사람들이 사랑하는 글을 쓰기 전인 풋내기 작가 시절, 레즈니코프 시인이 자신의 글을 칭찬해 준 편지를 받고 한 시대를 대표하는 위대한 작가를 키운 자양분도 바로 칭찬의 힘이었다.

이처럼 격려와 칭찬은 우리 삶을 꽃피게 만드는 힘을 가지고 있다. 우리에게 무엇인가 할 수 있는 동기부여와 함께 힘을 주고, 긍정적으로 즐겁게 일할 수 있는 용기를 준다. 그러나 이 모든 결과는 아주 작은 시간과 관심에서 비롯된다.

사람은 누구에게나 장점과 단점이 있다. 그러나 그 사람의 어떤 면을 보느냐에 따라 사람의 모습도 달라 보인다.

어떤 사람의 능력을 인정해 주고 그 능력을 발휘할 수 있도록 격려하고 칭찬해 주면, 그 사람은 모든 일을 긍정적으로 생각해 우리의 기대처럼 행동이 바뀌게 된다.

반대로 '너는 못 할 거야'라고 상처를 주면 실망하고 좌절해 인생의 패배자로 전락하게 된다. 칭찬은 바보를 천재로 만들 수도 있지만, 천재를 바보로 만들 수도 있는 것이다.

사람은 단순하고 감정적인 존재이다. 믿음과 기대와 관심을 받게 되면 긍정의 효과를 발휘해 스스로 노력하게 된다. 더욱이 그 유쾌한 에너지는 칭찬받는 사람뿐 아니라 그 말을 한 사람도 행복하다. 때문에 상대에게 대접받고 싶으면 내가 먼저 대접하는 게 사람 사는 순리이다.

칭찬할 때는 큰소리로 말해야 한다. 마음 속으로 칭찬하지 말고, 많은 사람 앞에서 큰소리로 칭찬해야 한다. 칭찬의 효과가 100% 이상으로 발휘될 것이다.

그러나 리더로서 꼭 충고해야 한다면 때와 장소를 가려야 한다. 남이 보지 않는 곳에서 하고, 최대한 부드러운 표현을 사용해 상대의 마음이 다치지 않도록 해야 한다. 그래서 그가 가진 능력이 조직 안에서 최대한 발휘되도록 장을 열어주어야 한다.

누구나 한 번 쯤은 실수를 하고 칭찬받을 만한 일을 한다. 티끌만한 장점도 여럿 앞에서 크게 칭찬하고, 태산만한 실수일지라도 남이 없는 곳에서 조용히 말해주는 지혜가 사람 관계를 더 가까이 만들어준다.

세상이 각박해질수록, 경쟁이 치열해질수록 칭찬과 격려는 더 많이 필요하다. 각자 지닌 긍정의 힘이 제 몫을 다하도록 서로에게 관심을 갖는다면 힘든 삶도 가벼워질 것이다.

상대방의 좋은 점을 발견하고 칭찬해 주는 것, 그것은 그 어떤 질책보다도 훨씬 더 강력한 효과를 발휘한다. 칭찬을 한 사람의 기분까지 좋아지게 만드는 것은 물론 활력 있는 삶을 살 수 있는 분위기를 만들어내는 진정한 원동력이다.

부모나 가족, 친지, 이웃의
은혜를 알아야 한다

남에게
베풀었거든 생각하지 말고
은혜를 받았으면 잊지를 마라.
― 최자옥

사람은 모두 어머니 뱃속에서 열 달을 살고 태어난다. 우리는 이때부터 낳으시고 기르시고 보살펴준 커다란 부모의 은혜를 비롯해 많은 은혜를 받고 살아간다.

우리가 살면서 받는 은혜 중에는 부모님의 은혜, 선생님의 은혜, 형제의 은혜, 친구의 은혜, 지인의 은혜, 이웃의 은혜 혹은 동물이나 식물로부터 받은 은혜 등등 너무나 많다. 그러나 이 중에서 가장 큰 은혜는 바로 부모님의 은혜이다.

우리를 잉태하여 지키고 보호해 주신 은혜, 낳으실 때 수고하신 은혜, 자식을 낳고 모든 근심을 잊어버리신 은혜, 쓴 것은 삼키시고 단 것은 뱉어 먹이시는 은혜, 마른자리 진자리를 가려

누이시는 은혜, 젖을 먹여 길러주신 은혜, 깨끗하지 못한 것을 씻어주신 은혜, 자식이 멀리 나갔을 때 걱정하시는 은혜, 자식을 위한 마음으로 힘든 일을 행하시는 은혜, 끝없는 자식사랑으로 애태우시는 은혜 등 너무나 많다. 이 은혜에 보답하는 것은 자식의 도리이며 가장 사람다운 일이다.

‘목본수원(木本水源)’, 즉 뿌리 없는 나무가 없고 근원이 없는 샘이 없듯이, 부모 없는 자식은 있을 수 없다. 그래서 세상은 변해도 부모 마음은 변하지 않는다.

또한 한 사람이 성인으로 성장하기까지는 필수적으로 많은 사람들의 도움이 필요하다. 부모를 비롯한 가족, 친지, 지인 그리고 이웃 등의 도움을 받게 되는 것이다.

인생살이는 이렇듯 항상 누구의 도움을 받으며 살아간다. 도움을 주기도 하고, 반대로 도움을 받기도 하면서 더불어 사는 것이 바로 인생이다.

은혜를 입었으면 반드시 갚아야 하는 것이 사람의 예의이고 도리이다. 만약 은혜를 입고도 그 은혜를 갚지 않거나 잊어버린다면 사람이라고 할 수 없다.

우리 속담에 “원수는 물 위에 새기고 은혜는 돌 위에 새겨라”는 말이 있다. 비록 원수일지라도 기억하지 말고 빨리 잊어버리고, 은혜를 베풀어준 사람은 영원히 지워지지 않도록 돌에 새겨 그 고마움을 잊지 말아야 한다는 것이다.

또한 태공은 “은혜를 알고 은혜를 갚으면 인품이 고상한 것 같고, 은혜를 받음이 있으면서 갚지 않으면 사람 된 품이 그르다 할 것이다”라고 했다.

그렇다고 은혜의 보답이 반드시 물질적인 것만을 의미하는 것은 아니다. 상대방의 마음을 알아주고, 섬기는 마음 자세를 갖는 그것이 곧 은혜를 갚는 것이다.

물론 은혜의 베풀면서 어떤 보상을 바라고 베푸는 것은 아니지만, 만약 훗날에라도 능력이 된다면 마음으로 섬기는 것에서 한 걸음 더 나아가 실질적인 여러 가지 방법으로 갚으면 된다.

이렇듯 은혜를 베풀면 새로운 기쁨이 삶을 지배하고, 인간관계도 달라지며, 직장과 가정생활도 달라진다.

비록 다른 사람에게 베푸는 것이지만, 나는 그 순간 내 자신이 더 큰 위로를 받는다. 복지재단을 설립해 운영하는 것도 다 그 때문이다. 내가 도움을 받은 사람보다는 더 어려운 사람들에게 대신 그 은혜를 베푸는 것이다.

나는 이 일을 하는 것이 무척 즐겁고 행복하다. 만약 즐겁고 기쁜 마음으로 하지 않는다면 재단 일을 할 수도 없을 것이다. 그렇기 때문에 은혜를 마음으로부터 베푼다는 것은 중요하다.

그렇다. 은혜는 곧 감동이다. 이 감동으로 인해서 우리의 마음에 기쁨이 오게 된다. 내 마음이 기쁘면 내가 어떤 일을 하든 즐거워진다.

이처럼 내 마음이 즐거우면 나 자신은 물론 이웃에게도 보이지 않는 큰 활력소를 전해준다. 바로 이러한 것이 모든 이에게 베푸는 생활 속에 은혜라고 생각한다.

오늘의 내가 있기까지 부모와 가족, 친지, 지인, 이웃의 은혜

를 한번 생각해 보라. 그 은혜는 갚을수록 더 커진다는 것을 알
게 된다. 하나를 받으면 둘을 주고, 작게 베푼 고마움이 커다란
고마움으로 되돌아오는 것이다.

실제로 나는 경험으로 이러한 감동을 수없이 받았다. 아주 작
고 사소한 일로 베푼 은혜가 몇 배로 불어나 나에게 다시 돌아
온 것이다.

설사 은혜를 베풀어 준 그 사람으로부터 보답이 돌아오지 않
더라도 괘씸하게 생각할 필요가 없다. 문득 길에서 만났을 때
두 손을 잡고 나를 반가워하는 것만으로도, 자신의 진실한 마음
을 열어주는 것만으로도 충분하다.

은혜를 마음에 새기면 고마움이 남아 그 사람을 만나거나
무슨 일을 해도 즐겁다. 하지만 마음에 상처를 새기면 괴로움이
되어 마음 속에 쓴 뿌리를 깊이 내리게 된다.

누구에게나 고맙고 그리운 사람으로 남을 수 있도록 자신이
먼저 노력해야 한다. 일상생활 속에서 남을 배려하고 베풂의 삶
을 살아야 한다.

하느님께서 이 세상에 태어나게 하신 것이 생의 시작이라면,
서로 주고받으며 사는 것으로 우리는 생을 마무리해야 한다. 때
문에 매일매일 부모의 은혜에 감사하고, 가족, 친지, 지인, 이웃
등 은혜에 감사하며 열심히 살아야 한다.

행복한 추억을 있게 해준 은혜에 감사하고, 가족이 건강한 은
혜에 감사하고, 자연의 은혜에 감사하면서 긍정적으로 살아가
야 한다.

열 명의 친구보다
한 명의 배신자가 더 두렵다

작은 집이라도
마음이 진실한 친구로 가득 채울 수 있다면
나는 이 세상에서 가장 행복하다.
—소크라테스

내가 지금 활동하고 있는 크고 작은 모임은 모두 23개이다. 내 나이에 비해 너무 많은 것 아니냐고 묻는다면, 나는 "나이를 먹을수록 모임 관리는 더 중요하다"고 말해주고 싶다. 사실 나이를 먹어가는 것도 청춘만큼이나 재미있기 때문이다.

내가 여러 모임에 참여하는 이유는 세 가지 이유 때문이다.

첫째, 사람 사이의 정(情) 때문이다. 너무 멀리 떨어져 있으면 그리운 사람, 길을 걷다가 들꽃을 발견했을 때 청초한 그 꽃의 향기를 전해주고 싶은 사람 냄새 때문이다. 내가 사람을 너무 좋아한 탓도 어느 정도 작용한 것이지만, 사람 사는 세상에 사람의 정이 그리운 줄 모른다면 인생을 홀로 살다간 것에 다름 아니다. 나는 인생을 그렇게 홀로 살고 싶지 않다.

둘째, 삶의 활력소가 되기 때문이다. 모임에 참석하여 지인들과 세상 살아가는 이야기를 하다 보면 마음이 젊어지고 더불어 기분도 좋아진다. 호탕하게 웃고, 가슴에 묻어두었던 답답한 이야기를 서로 나누다보면 스트레스가 금세 사라져 건강에도 도움이 된다. 물론 운동이나 취미활동을 통해 건강과 젊음을 얻을 수도 있지만, 나는 모임을 통해서 그 비결을 찾는다.

마지막으로 정보 수집이다. 사람은 나이를 먹을수록 정보에 뒤떨어진다. 인지 능력이나 감각 등이 제 기능을 발휘하지 못해 정보화 시대의 변화 속도에 적응하기가 쉽지 않다. 그래서 혼자 다 해결한다는 것은 역부족이다. 젊은이들처럼 정보의 바다 인터넷을 통해 원하는 것을 얻고, 학교생활이나 봉사활동 등을 통해 얻는 다양한 정보를 수집하기가 쉽지 않아 답답할 수밖에 없다. 그 부족한 정보를 나는 모임에서 얻는 것이다.

내가 23개의 모임에 나가면서도 어느 것 하나 소홀하지 않고 소중하게 생각하는 것은 다 그런 이유들 때문이다. 그래서 나의 일상은 무척 바쁘다.

그런 나에게 아내는 밉지 않은 질투를 담아 말한다.

"당신은 친구들을 너무 좋아하는 것 같아요."

그러면 나는 아내에게 그 말을 뒤집어 거꾸로 말한다.

"내가 친구들을 좋아하는 것이 아니라 친구들이 나를 좋아하기 때문에 나도 좋아하는 것이오."

아내에게 미안해서 한 말이지만, 사실 친구를 사귀는 것도 서로 간에 커뮤니케이션이 절대적으로 필요하다. 어느 한쪽만 좋아해서도 안 되고 서로가 의기투합해야 한다. 두 사람 사이에 서로 좋아하는 마음과 통하는 정이 있어야 한다.

인생에서 꼭 많은 친구가 필요한가? 꼭 그렇지만은 않을 것이다. 그러나 많은 친구가 있다면 그 사람은 그 만큼 인간관계를 잘 형성하고 있다는 증거라고 말할 수 있을 것이다.

그런데 내가 세상을 잘못 산 것은 아닌지 서로 마음이 통하는 친구들이 많고 모임도 많다. "친구가 많다는 것은 친구가 전혀 없다는 것이다"라고 아리스토텔레스는 말했지만, 나에게는 이 친구들 한 사람 한 사람들이 저마다 향기를 풍기는 장미꽃이다. 그래서 늘 감사하게 생각한다.

사람들은 인맥을 키우는데 많은 시간과 돈을 투자하고, 큰 계기가 있어야 하는 것으로 생각한다. 하지만 결코 그렇지 않다. 물론 한 번 맺은 인연을 지속적으로 유지하기 위해서는 최소한의 노력이 필요하다.

그러나 그 무엇보다도 더 중요한 것은 진심에서 우러나는 정으로 맺어진 인간관계여야 한다는 것이다. 세상에서 가장 어려운 것이 바로 사람의 마음을 얻는 일이기 때문이다.

그런데 이미 누군가의 마음을 얻었다는 것은 삶의 많은 이유 중에서 가장 큰 의미를 찾았다는 것이 아닐까. 조건 없이 좋아하는 마음이 생기고, 서로 도와주고 도움을 받으면서 뭔가를 공유하고 싶어지는 것이 마음의 정으로 맺어진 인간관계이다.

나는 이런 친구가 많다 보니 크고 작은 일에 많은 도움을 받는다. 사업상 도움을 받을 때도 있고, 가족처럼 가까워진 친구들에게는 소소한 집안 행사까지도 도움을 받는다. 물론 나 또한 친구들에게 도움을 줄 수 있다면 어디든 기꺼이 찾아가 돕는다.

그런데 간혹 그 친구가 어느 날 배신자가 되어 찾아오는 경우도 있다. 참으로 서글픈 일이다.

회사 같은 조직생활에서는 물론 사회생활에서도 더불어 발전하고 함께 행복해야 하는데 이기적인 마음이 앞선 경우 그런 실수를 하는 것 같다.

꽤 오래 전 일이다. 다른 회사에서 근무하는 사장이 찾아와 함께 일하고 싶다고 하기에 마침 사장 자리가 비어 있어 흔쾌히 받아주었다.

그는 참 열심히 일했다. 나에게도 최선을 다해 부하 직원으로서의 예의를 지켰다. 지나친 친절이 거북하기도 해서 만류하기도 했지만, 그는 아랑곳하지 않고 정말 입 안의 혀처럼 잘했다.

그런 그가 어느 날 믿을 수 없을 만큼 돌변했다. 회사의 소소한 일들을 몇 년 동안 메모하여 돈을 요구하더니, 결국은 회사를 등지고 떠나갔다.

이런 일들은 국영기업의 대표로 있을 때나 일반기업의 사장으로 있을 때나 여지없이 겪는 일이었다.

자신이 몸 담았던 직장을 배신하고, 또 원하는 것을 얻고자 투서하고…… 개인의 사리사욕을 채우고자 남의 약점을 잡아

돈을 요구하는 사람을 보면서 나는 그들이 불쌍하고 안타까울 뿐이었다. 사람을 도와주고 나면 그 도움을 받는 사람에 따라 빛이 나고 자신의 마음도 행복해진다.

인생을 사는 데는 사람이 중요한 재산이기도 하지만, 더욱 중요한 것은 절대로 적을 만들지 말아야 한다는 것이다. 좋은 친구를 만들기 위해 또 다른 누군가를 적으로 만든다면, 그것은 친구를 안 만드는 것보다 못한 일이다.

나는 이 일을 계기로 친구는 자산이란 사실을 깨달았다. 부채가 많으면 기업이 망하듯, 친구가 아닌 적이 많으면 개인의 성공과 행복은 불가능하다. 결국 인생에서 중요한 것은 친구인 자산을 늘리고 적인 부채를 줄이는 지혜라는 사실이다.

나는 지금도 직원이 회사를 떠난다는 소식이 들려오면 그를 불러 많은 이야기를 나눈다. 그들은 직원이기도 하지만 내 사업의 동반자이자 친구이기도 하기 때문이다.

그가 왜 회사를 떠나는지 혹여 회사에 대한 섭섭한 감정이 있는 것은 아닌지……. 만일 그렇다면 문제를 해결하기 위해 최선을 다하는 것이 도리라고 생각한다.

하지만 자기 사업을 위한 결정이거나 피치 못 할 개인적인 사정이라면 오히려 그의 성공을 위해 회사에서 도울 일은 없는지 살펴준다. 그가 누구든 한때 몸 담았던 회사에 상처를 받고 떠나가는 것은 바람직하지 않기 때문이다.

사회는 더불어 살아가는 곳이다. 더불어 사는 삶은 서로에게 상승작용을 일으켜 행복을 배로 커지게 한다. 행복한 세상은 혼자만의 노력인 아닌 이 사회의 구성원이 마음을 열고 서로 합심해서 노력해야 가능하다. 좀 더 긍정적인 마음으로 상대를 배려한다면 누구에게든 적이 되지 않을 것이다.

집으로 돌아오는 길에 나는 하루를 돌아본다. 혹시 나도 모르게 누군가에게 상처주지 않았나해서이다. 그것이 기우이길 바라며 '불가(佛家)에서 말하는 네 가지 친구' 중 '꽃과 같은 친구', '저울과 같은 친구'가 아닌 누구에게나 '산과 같은 친구', '땅과 같은 친구'가 되기를 다짐한다.

'꽃과 같은 친구'는 꽃이 피어서 아름다울 때는 그 아름다움에 찬사를 아끼지 않지만, 꽃이 지고 나면 돌아보는 이 하나 없듯 자기 좋을 때만 찾아오는 친구가 바로 바로 꽃과 같은 친구로 경계해야 할 친구이다.

'저울과 같은 친구'는 무게에 따라 이쪽으로도 기울고 저쪽으로 기우는 사람이다. 자신의 득실을 따져 이익이 큰 쪽으로만 움직이는 저울과 같은 친구로 이 또한 경계해야 한다.

나는 모두에게 '산과 같은 친구'이기를 원한다. 산은 온갖 새와 짐승의 안식처이며, 멀리에서 보거나 가까이 가거나 늘 그 자리에서 반겨준다. 생각만 해도 편안하고 마음 든든한 친구가 바로 산과 같은 친구이다.

나는 또 모두에게 '땅과 같은 친구'이기를 갈망한다. 땅은 생명의 싹을 틔워주고 곡식을 길러내며 누구에게나 조건 없이 기쁜 마음으로 은혜를 베푼다. 한결 같은 마음으로 곁에서 지지해주는 친구가 바로 땅과 같은 친구이다.

허영은
눈에서 비롯된 병(病)

남의 허영을 참고 견딜 수 없는 까닭은
남의 허영이
우리의 허영에 상처를 주기 때문이다.
―라 로슈푸코

내 수첩에는 작은 메모 쪽지가 들어 있다. 오래 되어 다 닳았지만 나는 애지중지 보관하며 수시로 꺼내 읽는다. 내 마음의 중심으로 삼는 것을 잊지 않기 위해 글로 적어놓은 것이다. 젊어서부터 늘 지니고 다니던 '세 가지 마음가짐'이다.

1. 항상 분수를 지켜 마음의 평화를 찾고,

2. 욕망을 절제하여 허영심을 없애고,

3. 낭비를 삼가하여 부를 기르자.

한 국가나 기업, 개인은 모두 지켜야 할 분수가 있다. 이 분수를 지키지 않고 도가 지나치면 일을 그르치게 된다. 개인의 경우 패가망신할 수 있고 기업은 도산할 수도 있으며 나라는 국민들의 삶을 어렵게 만들 것이다.

수신제가치국평천하(修身齊家治國平天下)라는 말처럼, 먼저 자신을 다스리고 가정을 다스리고 나라를 잘 경영해야 세계 강국이 된다. 그러나 자신의 분수를 지키지 못하면 뱁새처럼 가랑이가 찢어질 수밖에 없다.

결국 자신을 다스리지 못해 인생을 망칠 뿐 아니라 가정 파탄은 물론 주위 사람들에게도 피해를 준다. 그래서 항상 분수를 지켜 나를 가꾸기 위해 노력한다.

또한 욕망(慾望)을 절제할 수 있어야 마음의 안정을 얻을 수 있고 행복 추구가 가능하다. 욕망은 생물이 어떠한 혜택을 누리고자 하는 감정으로, 자신에게 부족한 것을 채우기 위한 느낌이 강하다. 적절한 욕망은 인간이 살아가는 데에 필수적인 것으로 사회를 발전시키고, 더 나은 생활수준에 도달시키는 원동력이 되기도 하지만, 과도한 욕망은 고통·절망·슬픔·후회 등 인간을 비극적으로 만드는 많은 요소를 잉태해 주변인에게 피해를 입히며 자신 또한 망친다.

이 세상은 온통 욕망으로 가득 차 있다. 욕망은 불과 같아서 통제하기가 어려울 뿐 아니라 불이 재산을 태우듯이 욕망은 사람을 태운다.

욕심이 지나쳐 과욕을 부리면 반드시 문제가 생긴다. 자기 자신의 내면을 들여다보고 넘치는 것 같으면 절제하고, 부족한 것 같으면 채우려 노력하는 것이 바람직한 삶의 태도이다.

그렇다. 사람에게 욕망과 허영심이 전혀 없다면 세상은 삭막할 것이다. 적절한 욕망과 허영심은 장식품과 같아서 삶에 활력이 될 수 있다. 그렇지만 분수에 맞지 않는 욕망과 허영심은 자신뿐 아니라 사회도 병들게 한다.

제롬은 "허영심은 인간의 마음을 흔드는 원동력이며 아첨은 인간관계의 윤활유이다"라고 했으며, 니체는 "이 세상에서 가장 손상받기 쉬운 반면 정복되기 어려운 것은 인간의 허영심이다. 아니 인간의 허영심은 손상 받았을 때 오히려 힘이 커져서 어이없을 정도로 크게 부푸는 것이다"라고 했다.

남이 좋은 옷을 입었다고 자기 분수에 맞지 않게 따라한다거나, 남이 큰 집으로 옮겼다고 빚을 내서 따라한다면 그것이 나에게 어울리겠는가? 그것을 진정한 행복이라고 말할 수 있겠는가? 다른 사람의 이목에 관계없이 자기 분수에 맞게 사는 삶이라야 진정한 행복을 얻을 수 있다.

가끔은 이런 생각도 한다. '허영은 눈에서 비롯된 병'이라는 것이다. 만일 내가 앞을 못 보는 사람이라면 누가 좋은 옷을 입었는지, 누가 좋은 차를 타는지 말해주기 전에는 알 수 없다.

그렇다면 오히려 마음이 편하지 않겠나 하는 생각 말이다. 보지 않으면 마음의 동요가 일어나지 않아 오히려 자기 자신에게 충실할 수 있을 것 같다는 생각 말이다. 그러나 보지 않을 수 없으니 우리는 마음으로 고쳐야 한다. 허영의 마음을 다스려 자기 분수를 지켜야 하는 것이다.

부(富)를 축적하는 진정한 방법은 낭비를 하지 않는 것이다.

그것이 곧 돈을 모으는 것이다. 필요한 만큼 꼭 써야 할 곳을 위해 사용하는 것은 낭비가 아니다. 욕망을 절제하고 분수를 지킨다면 부(富)는 저절로 따라오며 그 부와 함께 명예도 따라온다. 만약 부를 축적하기 위해 지나치게 과욕을 부린다면 오히려 더 많은 것을 잃게 될 것이다.

부자로 산다는 것은 돈이 많다는 것과는 의미가 좀 다르다. 비록 가난하더라도 마음이 부자면 풍요로운 삶을 살 수 있기 때문이다. 반면에 돈이 많은 부자일지라도 그 용도가 떳떳하지 못하다면 역시 부자라고 볼 수 없다. 때문에 부자로 산다는 것은 돈이 많은가 적은가의 문제가 아니다.

그런데 오늘의 현실은 상대보다 가난한 것에 대한 깊은 절망과 두려움을 가지고 주눅 들고 번민하기도 한다. 하지만 가난하다는 것으로 인해서 자신을 자학해서는 결코 안 된다.

가장 이상적인 부자는 비록 가난하지만 부자의 넉넉함을 가지고 사는 것이며, 부자의 경우는 가난한 마음 곧 겸허한 마음으로 자신을 자제하며 살아가는 것이 현명한 삶이다.

그렇다. 세상의 것을 다 가지고 있어도 마음의 공황을 가지고 있으면 가난한 자요, 가난해도 그 마음에 우주를 품고 사는 사람이 있다면 이는 부자라고 했다.

돈을 벌기 위해 자신의 삶을 소비하는 것은 불쌍한 인생이라고 말할 수 있다. 돈을 벌되 그 돈을 무엇을 위해 어디에 쓸 것인가가 더 중요한 것으로, 부자로 산다는 것은 소비를 어떻게 하느냐의 문제이다.

그러면서 더불어 생각해본다. 불의한 방법이나 다른 사람의 삶을 황폐화시키는 것을 수단으로 하는 돈벌이는 그 목적이나 꿈이 아무리 원대하다 할지라도 정당화 될 수 없다.

이 세 가지 마음가짐을 행동으로 옮기면서 아름다운 삶을 가꾼 사람으로 나는 아버지를 꼽고 싶다.

아버지께서는 양조장이며 정미소, 극장, 목재소 등을 운영해 생활에 여유가 있었다. 그러나 자식들에게 낭비를 허락하지 않으셨다. 돈이 많으면 마음이 어지러워져서 공부에 영향을 주고, 무절제한 생활을 할 수 있다는 이유 때문이다. 그래서 우리 형제들에게 분수를 지키며 소박하고 검소하게 살게 하셨다.

내 결혼 때도 마찬가지였다. 조금만 도와주면 여유 있는 생활을 할 수도 있음에도 절대 그렇게 하지 않으셨다. 그래서 나와 아내는 빠듯한 살림을 살았다. 신혼인 우리 부부 외에도 네 명의 동생들과 함께 살았기에 생활비도 만만찮았다. 그런데도 아버지는 꼭 필요한 만큼만 생활비를 주셨다.

그 때문에 어머니 고생은 말이 아니었다. 농사지은 곡식과 채소들을 챙겨 오신 것이다. 청량리역에 도착하셨다는 연락을 받고 나가면, 때로는 보따리 수가 많아 리어카로 그 짐을 옮겨야 할 정도였다. 어머니는 김치며 젓갈 등 반찬들을 챙겨와 살림을 보태주셨던 것이다.

그런데도 아버지는 절대 돈으로 도와주지 않으셨다. 돈이 있으면 사람이 나태해지고 노력하지 않는다면서 풍족한 생활을 절대 허락하지 않았다.

어쩌다 서울에 볼 일이 있어 우리 집에서 묵고 가실 때면 집 안을 둘러보시고 절약과 검소한 생활 습관을 길러주셨다. 양변기 물탱크에 벽돌을 넣어 물 절약하는 법, 비누도 물에 불지 않게 사용하는 법, 치약도 절반만 짜서 사용하라고 하시면서 몸소 행동으로 보여주셨다.

또 당시에는 TV가 막 보급되어 집집마다 텔레비전을 구입하는 때였다. 그렇지만 우리는 빠듯한 살림살이로 엄두를 내지 못했다. 그런데 장인어른께서 한 번 다녀가신 후 그 귀한 텔레비전이 안방에 한 자리를 차지했다.

"자네가 일 때문에 늦게 퇴근해 그 동안 내 딸이 심심할까 봐 내가 보내는 것이네"라며, 장인어른께서 점잖은 위트로 나의 송구한 마음을 감싸주셨다.

하지만 난 아버지가 한 번도 원망스럽지 않았다. 언제나 "남을 도우며 살라"는 말씀을 해주셨기에 그 가르침을 실천하며 살고 있는가 자신을 돌아보면서 마음을 다잡는다. 그래서 평소 절약하고 검소한 생활을 길러주신 아버지를 존경한다.

이제는 그 옛날의 아버지처럼 나도 자식들에게 허영심을 버리고 분수를 지키며 살라고 말해준다. 분수에 맞지 않는 허영심은 욕심으로 이어지기 때문이다. 내게 주어진 환경 속에서 최선을 다하는 삶을 살고, 그것에 감사한다면 행복하기 때문이다.

'세 가지 마음가짐'이 적힌 내 수첩의 메모 쪽지는 해가 바뀌어 수첩이 바뀔 때마다 거처를 옮긴다. 한평생 나와 함께 동거하는 것이다.

노년의 삶,
자기 삶의 주인공이 되어라

노경을 슬프게 만드는 것은
즐거움이 없어지기 때문이 아니라
희망이 없어지기 때문이다.
─잔 파울

사람이 살면서 거저 얻는 것이 있다면 그것은 나이일 것이다. 그렇다면 나이를 얻는 대신 무엇을 잃게 될까? 서글픈 일이지만 사람은 나이를 먹어가면서 잃게 되는 것이 너무 많다.

괴테는 "사람은 나이 들면서 친구, 직장, 돈, 희망, 건강을 잃게 된다"고 했다. 동감이 간다. 그러나 동감하면서 고개를 끄덕이다 보면 왠지 서글퍼진다.

그래서 다시 태어날 수만 있다면 더 잘 살 수 있을 거라는 생각이 든다. 사회봉사도 더 많이 하고, 정말 아름다운 인생을 살 수 있을 것 같다.

의학과 과학의 발달로 우리나라의 평균수명도 남자 75.1세, 여자 81.9세로 늘어나 노후의 시간도 길어지고 있으며, 세계에서 가장 빠른 속도로 고령화 사회가 진행되고 있다.

하지만 요즘의 65세는 청춘이라고 말할 수 있다. 그래서 65세는 '인생을 정리할 시점'이 아니라 '건강 100세를 위해 설계가 필요한 나이'라고 본다.

비록 나는 65세를 훌쩍 넘겨버린 나이가 되어버렸지만 남은 삶을 무의미하게 살고 싶지 않다. 괴테가 말한 것들을 잊지 않겠다는 마음의 각오로 인생을 계획하며 살고 싶다.

하지만 삶의 순리를 거스르는 것은 그리 쉽지 않다. 그렇다 하더라도 노력한다면 노년의 삶은 달라질 것이며, 정년 이후를 잘 설계해야만 인생을 즐길 수 있다고 생각한다.

그런데 은퇴라는 말을 들으면 제일 먼저 떠오르는 단어가 '자유, 여유로움, 여행, 봉사활동'과 '외로움, 무료함, 두려움'이라고 한다. 특히 많은 사람들이 '외로움'을 꼽았다는 통계도 있다.

또한 은퇴 전에 경제적인 노후 준비를 하지 못하는 이유에 대해 '자식 중심의 사고방식, 미래를 미리 준비하지 않는 문화적인 전통, 노후생활에 대한 부정적인 이미지' 등 여러 요인들이 노후 준비를 가로막고 있다고 전문가들은 말한다.

미리 정년 이후를 준비하지 않으면 퇴직 후 자기 정체성에 혼란을 느껴 심각한 위기의식을 느낄 수밖에 없다. 그렇다면 정년 이후 삶, 즉 노년의 삶을 알차게 살기 위해서는 무엇부터 준비해야 할까?

만일 괴테가 말한 '친구, 직장, 돈, 희망, 건강' 다섯 가지를 잃지 않고 즐겁게 살고 싶다면 가장 필요한 것은 무엇일까?

아마도 많은 사람들이 돈이라고 말할 것이다. 물론 맞는 말이다. 하지만 그 어떤 것이든 자립하려는 의지가 없다면 그것은 무용지물일 것이다.

사람이 산다는 것이 무엇인가? 돈으로 편안하게 무위도식 하는 것이 삶의 전부라면 다른 동물과 다를 바 없다. 뭔가 보람 있는 일을 하면서 살아갈 때 삶의 의미가 있는 것이다.

자식들에게 용돈을 받는 것이 아니라 용돈을 주는 사람, 친구를 만나서도 식사 한 끼를 대접할 수 있는 사람, 어려운 이웃을 만나면 나누어 줄 수 있는 사람이 되어야 한다.

힘든 사람들에게 친구가 되어 주고, 일손이 부족한 곳에 봉사의 손길을 보태주는 노년의 삶은 참으로 행복하고 아름다운 삶으로 불릴 것이다.

돈이 많고 부부가 함께 오래 산다고 하여 노후생활이 행복해지는 것은 결코 아니다. 기왕이면 건강하고 아름답게 자기 삶을 즐기면서 오래 사는 것이 더 좋은 방법이다.

이제 내 주변에는 대부분 일이 없는 '노-타이'들이 많다. 할 일이 없으면 자칫 의욕이 저하되고, 의욕이 저하되면 건강을 잃게 된다. 그러면서 나머지 것들을 서서히 잃게 된다.

그 어떤 것을 잃게 되는 순서는 사람마다 다르겠지만, 뭔가를 잃는다는 상실감은 자칫 무기력해져 마음의 병을 얻는다.

노년의 삶에서 자기 삶의 주인공이 되도록 노력해야만 마음의 병을 얻지 않는다. 상실감에서 벗어나 베풀고 얻는다는 성취감을 얻기 위해 노력한다면 괴테가 말한 '친구, 직장, 돈, 희망, 건강'을 잃지 않을 것이다.

사실 나도 일선에서 물러난 지 오래 되었다. 지금은 복지재단 일을 하면서 내 나름대로 바쁘게 지내지만 건강이 예전 같지 않아서 젊었을 때와는 비교할 수 없다.

그러나 내 나이에 맞는 꿈을 꾸고, 그 꿈에 맞추어 계획을 하고, 몸으로 실천하면서 항상 긍정적인 마음으로 살고 있다. 지금의 삶이 나는 행복하다.

이 행복을 누리기 위해 우리 내외는 가끔 문화 나들이를 한다. 서커스를 보러 가기도 하고, 배꼽이 빠지도록 웃기는 연극을 보기도 하며, 좋은 영화가 개봉되면 영화 관람을 하기도 한다.

영화는 우리 내외에게 감동도 주고, 생기도 불어넣어 주며, 기분 전환도 해준다. 뿐만 아니라 가끔은 젊은 시절도 회상하게 해주어 일석삼조의 기쁨을 누리게 해준다.

최근에 아내와 함께 영화를 보기 위해 극장으로 가려는데, 아들이 인터넷으로 티켓을 예매해 주었다.

그런데 인터넷으로 예매한 티켓을 손에 받아든 순간 문득 문명의 편리함을 내가 마음껏 누리지 못했다는 생각이 들었다. 자립이란 물질적인 부분에서만이 아니라 일상생활 그 자체가 자립되어야 한다는 사실을 깨달았다.

영화 관람 후 집으로 돌아오면서 계획 하나를 세웠다. 인터넷

을 통해 뉴스만 볼 것이 아니라 정보의 바다를 마음껏 항해할
수 있도록 컴퓨터와 친구가 되겠다고…….

내가 늘 애송하는 산문시 사무엘 울만의 「청춘」이 다시금 떠
오른다.

청춘이란 인생의 어느 기간을 말하는 것이 아니라 마음의
상태를 말하는 것이다. 장밋빛 뺨, 붉은 입술, 하늘거리는 자
태를 말하는 것이 아니라 강인한 의지, 풍부한 상상력, 불타는
정열을 말하는 것이다.

청춘은 인생의 깊은 샘에서 나오는 신선한 정신, 유약함을
물리치는 용기, 안이함을 뿌리치는 모험심을 의미한다. 때로
는 스무 살 청년보다 예순 살 노인에게 청춘이 있다. 우리는
나이가 들어 늙는 것이 아니라 이상을 잃어버림으로써 늙는
것이다.

세월은 우리의 주름살을 늘게 하지만 열정을 가진 마음을
시들게 하지는 못한다. 고뇌와 공포와 실망이 가슴의 기를 꺾
을 때 마음은 비로소 시들어버리는 것이다.

예순 살이든 열여섯 살이든 모든 사람의 가슴 속에는 경이
로움에 끌리는 마음, 어린이와 같은 미지에 대한 끝없는 탐구
심, 삶에서 환희를 얻고자 하는 열정이 있는 법이다. 그대와

나의 가슴 속에는 남에게 잘 보이지 않는 그 무엇이 있다. 아름다움, 희망, 희열, 격려, 용기, 영원의 세계에서 오는 힘, 이 모든 것을 간직하고 있는 한 우리는 언제까지나 젊음을 유지할 것이다.

영감이 끊어져 정신이 냉소라는 눈에 파묻히고 비탄이라는 얼음에 갇힌 사람은 나이가 스무 살일지라도 이미 늙은이와 다름없다. 그러나 고개를 들어 희망이라는 파도를 탈 수 있는 한 그대는 팔십이라도 영원한 청춘의 소유자이다.

그렇다. 누구나 태어나면 늙어가는 것이 자연의 섭리다. 그러나 몸은 비록 늙었지만, 마음만은 언제나 새로움으로 살아간다면 평생을 살아도 늙지 않는다.

팔십 살이라도 언제나 희망이라는 파도를 탈 수 있는 마음의 청춘만 있다면 늙는다는 것도 참으로 아름다운 인생이다.

멋모르고 날뛰는 스무 살 청년의 추함보다는 고운 자태로 거듭 태어나는 노년의 삶이 더욱 더 아름답다.

몽테뉴는 "노령은 얼굴보다 마음에 더 많은 주름살을 심는다"고 했다. 늙는 것이 두렵고 서럽다고 생각되면 그건 마음이 늙기 때문이다. 마음을 젊게 가지면 젊어질 것이다. 나이의 나이테가 많아진다는 것은 인생의 무게를 보여주는 것이다.

나는 몇 백 억의 재산을 갖고 있지는 않지만 나의 신념대로 살고 싶다. 내 수준에 맞게 할 수 있는 만큼 사회에 되돌려주고 싶다. 내가 운영하는 복지장학재단을 통해 세상에서 받은 은혜를 보답하고 싶을 뿐이다.

Chapter Four

나의 신념
나의 꿈

상서로운 바위처럼,
'서암복지장학재단'

내일의
모든 꽃은
오늘의 씨앗에 근거한 것이다.
—중국 속담

내 아호는 '서암(瑞岩)'이다.

'상서로운 바위가 되라'는 뜻에서 할아버지께서 지어주신 것으로, 늘 자랑스럽게 생각하고 있다. 또한 그 뜻에 누가 되지 않기 위해 최선을 다하며 살아왔다.

이와 같은 할아버지의 뜻도 기리고, 평소 내 꿈을 펼치기 위해 나는 부끄럽지만 내 아호를 딴 서암복지장학재단을 2002년 10월 1일자로 설립했다.

"일찍이 저의 선친(先親)이신 도(道)자, 길(吉)자 아버님은 불우한 이웃을 가족처럼 돌보셨고, 저희 형제들에게도 그렇게 살라고 엄격하게 가르치셨습니다. 오늘 아버님의 그 뜻을 받들어

'서암복지장학재단'을 설립하게 되니, 그 기쁨을 어떻게 말로 다 표현할 수 있겠습니까?"

복지장학재단 설립 기념 행사장에서 인사말을 하며, 설립의 뜻을 전하기 위해 나는 경행록에 나오는 한 구절을 인용했었다.

"나무를 잘 기르면 뿌리가 튼튼하고 가지와 잎이 무성해져서 동량(棟梁)의 재목을 이룬다고 했습니다. 또 물을 잘 기르면 근원이 커지고 흐름이 길어서 관개(灌漑)의 이로움이 널리 베풀어진다고 했습니다. 그리고 사람을 잘 기르면 뜻과 기상이 커지고 식견이 밝아져서 충의(忠義)의 선비가 배출된다고 했습니다. 그러니 어찌 기르지 않겠습니까?"

내가 설립한 장학재단의 뜻이 바로 인재 육성에 있음을 밝히고 나자, 오랜 꿈이 이뤄지는 것 같아 가슴이 벅차올랐다. 온몸은 즐거운 심장소리로 가득했고, 그것은 마치 할아버지와 아버지의 뜨거운 외침소리 같았다.

그렇다. 아무리 비옥한 땅이라도 가꾸지 않으면 잡초만 자라듯이, 재주 있고 능력 있는 사람이라도 교육을 받지 못한다면 쓸모없는 사람이 되는 것이다.

나는 내 힘이 미치는 데까지 이 장학재단 일을 계속해나갈 것이다. 가정 형편의 어려움 때문에 배움을 계속하지 못한 학생들에게 도움이 되어 그들이 사회에서 아름다운 꽃을 피울 수 있도록 밑거름이 되어 줄 생각이다.

내가 '서암'이라는 장학재단을 설립하려고 마음먹었던 것은 아주 오래 전부터였다.

1978년 창업한 '성원개발주식회사'는 국내 최초의 건축물 유지관리 전문업체로, 나는 이미 1987년부터 임직원 자녀들을 대상으로 장학제도를 시행하고 있었다.

회사에 충실하고 기여도가 높은 임직원들의 자녀 중·고등학생들을 선발하여 매년 3천만 원의 장학금을 지급하였던 것이다. 직원들의 사기도 진작시키고 어려운 환경에 놓인 학생들을 격려하고 싶은 생각에서였다.

그래서 연말이면 회사 인근의 식당으로 장학생들을 초청하여 그 동안의 노력을 치하하고 격려하는 자리를 만들었다.

이런 행사를 마련한 것은 나를 내세우거나 생색을 내자는 자리가 아니었다. 장학금을 받는 학생들의 얼굴이 궁금했고, 그들보다 조금 더 오래 산 인생 선배로서 학생 때 왜 공부하지 않으면 안 되는가를 얘기해주고 싶었기 때문에 만든 자리였다.

사실 공부란 때가 있는 법이다. 시간을 놓치면 공부하고 싶어도 할 수 없는 날이 반드시 온다. 그때 가서 후회를 해 봐야 아무런 소용이 없다.

학생 시절에는 공부가 지겹고, 공부하라는 소리조차 지겨운 잔소리로 들린다. 하지만 막상 나이가 들면 그것이 행복한 잔소리였음을 절감하면서 "그때 어른들이 하신 말씀을 듣고 열심히 공부할 걸"하면서 후회하게 된다.

이런 상황을 만들지 않기 위해서는 자신의 본분을 망각하지 않고 그 일에 최선을 다해 청춘을 낭비해서는 안 된다. 또한 어려운 가정 형편이라는 외부 요인 때문에 학업을 중단해야 하는 아픔을 겪는다면 더욱 안타까운 일이다.

나는 장학금을 받는 학생들이 그러한 사실을 깨달아 학업에 더 정진할 수 있도록 계기를 만들어주고 싶었던 것이다.

그런데 해를 거듭할수록 장학재단의 본질에서 벗어나기 시작했다. 초대한 학생들의 참석자가 점점 줄어들고, 가족이 대신 참석하거나 아예 연락도 없이 참석하지 않는 경우가 생겨났다.

주인공의 직접 만나 격려하고 용기를 북돋아주려고 했던 내 의도와는 너무도 달라 실망을 느끼게 되었으며, 거기다 해를 거듭할수록 달라져가는 사회 분위기도 문제였다.

가계 소득이 선진국 수준인 2만 달러에 이른다고 하는 정부와 매스컴의 호들갑도 문제였지만, 2001년부터 중학교 의무무상교육이 전국적으로 확대, 시행되면서 학교 등록금에 대한 관념이 희박해졌다.

"당신은 매년 3천만 원씩이나 장학금을 지급하면서 왜 속을 끓이세요? TV에 보니 어려운 가운데도 꿋꿋하게 생활하던 소년소녀 가장들도 많던데, 그 아이들에게 도움을 주면 큰 힘이 되지 않겠어요? 부모가 있는 학생들보다 그 어린 학생들이 더 도움을 필요로 할 것 같네요."

내가 마음 아파하자 곁에서 지켜보던 아내가 한 마디 거들어주었다. 충분히 일리 있는 말이었다.

'맞아! 아내 말이 옳다. 정말 도움이 필요한 청소년들은 따로 있다. 부모를 일찍 여의었거나 불의의 사고로 졸지에 가장이 된

불우한 처지의 학생들이야말로 진정한 도움이 필요하다. 그렇다면 어디에 사는 누구를 어떻게 돕는단 말인가?'

여기까지 생각이 미치자 문득 내 고향 강원도가 떠올랐다. 강원도 지역은 예전부터 척박한 환경 탓에 불우한 처지에 놓인 소년소녀 가장들이 많은 편이었다. 더군다나 아버지와 아버지의 아버지들이 터를 잡고 가향(家鄕)으로서 의로운 일과 애향(愛鄕)에 앞장서던 곳이었다.

명쾌한 결론이 내려지자, 우선 임직원 자녀들을 대상으로 실시하던 장학금지원제도를 중지했다. 12년 동안이나 해왔던 일이라 아쉬움이 많았지만, 장학재단의 설립 취지를 더 넓게 실천할 수 있다는 생각에 오히려 힘이 솟아났다. 특히 아내의 응원과 지지는 큰 힘이 되어 주었다.

재단의 이름을 순수 장학재단에서 복지장학재단으로 변경했다. 훗날 노인과 불우한 소년소녀를 위한 복지사업도 함께 하고 싶은 이유에서였다.

이런 나에게 오랫동안 인생을 함께 해온 친구가 충고의 조언을 했다.

"서암, 자네 대한민국에서 복지장학재단을 만드는 것은 미친 짓이라네! 자네가 애쓴 마음은 달랑 고맙다는 편지 한 장, 전화 한 통 받으면 다행일 걸세."

그럴지도 모른다. 하지만 편지 한 장과 고맙다는 말 한 마디를 듣기 위해서였다면 나는 이 일을 시작하지도 않았을 것이다.

평소 우리나라 노인들처럼 역경과 고난을 많이 겪은 사람들도 없다고 생각하고 있던 터라 그들을 위해서 뭔가 도움이 되고 싶었다. 일제강점기의 억압에서 시작해 6·25, 4·19, 5·16 등 격동의 현대사를 겪어내고 그 등짐을 묵묵히 지고 달려온 오뚝이 같은 인생들이었기 때문이다.

그래서 어느 시점이 되면 꼭 노인들의 복지를 위해 작은 힘이라도 보탤 마음을 먹고 있었다. 또한 불우한 처지에 놓인 소년 소녀들도 마찬가지로 돕고 싶었다. 이처럼 복지사업과 장학사업을 같은 비중으로 생각했기에 장학재단 명칭에 '복지'를 붙여 복지장학재단이라 이름 붙인 것이다.

재단을 설립하고 나니 운영이 문제였다. 초창기에는 시행착오 때문에 어려움도 많았지만, 지금은 잘 운영되고 있다. 더구나 이제는 각급 학교로부터 장학생 인원수를 더 늘려달라는 즐거운 요청까지 들어오고 있다.

지난 2006년, 강릉대학교 해람문화회관에서 서암장학금 수여식 행사를 가졌다. 장학금을 받는 강릉 지역 학생과 만나는 자리로 나에게는 참으로 뜻 깊은 자리였다.

장학금 수여식에 참석한 사람들은 내게 감사의 마음을 전했다. 나는 그들의 인사를 받으며 '여건이 허락하는 한 더 많은 사람이 혜택을 받을 수 있도록 열심히 노력해야겠구나' 하고 다짐했다.

그리고는 기뻐하는 학생들을 바라보면서 그들에게 내 마음의 뜻이 전달될 수 있도록 기도했다.

‘어려운 가정 형편을 탓하지 말고 부디 배움에만 충실하기 바란다. 학업을 마치고 사회에 진출한 후에는 지금의 자신을 돌아보면서 같은 처지에 놓인 학생들을 도와줄 수 있는 사람이 되거라. 그것이 나의 보람이 될 것이다.’

학생들의 눈빛이 가슴 벅차게 내 눈빛에 와 닿는다. 나의 미래이자 아이들의 미래가 한순간 밝아지는 느낌이다. 저 눈빛들이 빛나는 한 나는 이 장학사업을 멈출 수 없을 것이다.

한편 내가 졸업한 서울대 법대에는 ‘낙산장학회’가 있다. 법대 졸업생들이 출연해서 법대생들에게 장학금을 지급하고 있는데, 나 역시 즐거운 마음으로 동참하고 있다.

또 서울대학 총동창회에도 장학금을 출연하고 있다. 앞으로는 이 일을 서암복지장학재단으로 일원화 할 계획이다. 좀 더 많은 재단 전입금을 확충해서 더 많은 불우한 소년소녀 가장들에게 혜택이 주어지도록 할 생각이다.

효행상을
제정하고 싶은 이유

고향은 참으로 묘한 힘을 가졌다.

피곤한 일상을 떨치고 쉬고 싶을 때, 마음에 위안을 받고 싶을 때 우리는 어머니 품 같은 고향을 찾게 된다. 때로는 '고향'이라는 말을 떠올리는 것만으로도 가슴이 푸근해지고 넉넉해진다.

내 고향은 강원도 주문진이다. 굽이굽이 잘 닦여진 고속도로를 달려 대관령에 이르면 눈앞에 푸른 동해바다가 펼쳐진다. 나는 그 바다를 바라보면서 기쁨과 안도감을 느낀다.

유별난 고향 사랑 때문인지는 몰라도 숨 쉬는 것조차도 편안하고, 바다만 봐도 가슴이 뛰며, 만나는 사람마다 정감이 느껴지면서 마음이 포근해지는 것이다.

이런 고향 사랑은 후배 사랑으로 이어져, 지난 2002년부터 장학재단을 만들어 후배들에게 장학금을 전달하고 있다. 그리고 그 장학금 수여식 행사는 대부분 강릉에서 치러왔다.

2006년에는 강릉대학 강당에서 행사가 진행되었다. 장학금 수여 대상자 가운데 강릉대학 학생들도 있었지만, 그 대학 총장이 학교에서 행사를 치르는 것이 더 의미 있는 일 아니냐고 제안해 선뜻 동의를 한 것이다.

그런데 지난해는 주문진의 강원도립대학에서 행사를 치렀다. 그 곳은 어린 시절 내가 뛰놀며 공부하던 신리초등학교 자리로, 모교에서 행사를 갖는 것도 의미 있는 일이라고 생각해 그렇게 한 것이다.

"나는 바로 이 자리에서 소학교 시절을 보냈습니다. 어릴 때 보았던 정문의 두 그루 큰 소나무가 아직도 그 자리를 지키고 있더군요. 참으로 감격스러웠습니다. 그 나무들은 당시 학교의 상징이었습니다. 여러분 모두 큰 꿈을 갖고 언제나 푸른 그 소나무처럼 이 나라의 동량으로 성장하길 바랍니다. 다른 해와는 달리 내 고향 모교에 와서 이 뜻 깊은 행사를 치르니 더욱 감회가 새롭습니다."

정말 내 마음은 그랬다. 초롱초롱 빛나는 어린 눈빛들을 보니 운동장에서 뛰놀던 내 어린 시절이 그리워졌다. 그들은 마치 내 친구인 듯, 한솥밥을 먹는 식구인 듯 살뜰하게 여겨졌다.

행사를 치르고 돌아오는 길에 지방 유지들과 회식 자리를 가졌다. 나는 그 자리에서 오래 전부터 생각했던 '효행상 제정'에 관한 얘기를 꺼냈다.

"장학금도 장학금이지만 나는 효도하는 사람을 돕고 싶습니다. 올해는 아직 준비가 덜 돼서 효행상을 줄 수 없지만, 필요한 준비가 끝나는 대로 실천하려고 합니다."

식사를 하던 유지들은 효행상 제정에 대해 적극 찬성을 하며, 미력하나마 자신들도 힘을 보태겠다고 하면서 몹시 기뻐했다.

그리고 서울로 돌아오는 길에 아들에게도 효행상 제정에 관한 내 생각을 털어놓았다.

"아버지, 저도 그 생각을 가지고 있었습니다. 이 시대에 꼭 필요한 것이 효가 아닐까요. 그런 의미에서 효행상 제정은 어쩌면 장학사업보다 더 뜻 있는 일이라고 생각합니다. 저도 적극 찬성합니다."

아들과 나는 이심전심으로 통했다. 아들의 기특한 생각이 자랑스럽고, 아버지의 마음을 읽고 적극 지지 의사를 보내준 그 마음이 고마웠다.

그런데 지난해에 효행상을 꼭 만들고 싶었으나 사정이 여의치 않아 안타깝게도 다음으로 미루게 되었다.

내가 효행상을 제정하고자 하는 이유는 간단하다. 바로 웃어른을 공경하고 부모님에게 효도하고 형제간에 우애하는 아름다운 우리 풍속을 지켜가고 싶기 때문이다.

이 세상에는 뿌리 없는 나무가 없고 근원이 없는 샘이 없듯이, 부모 없는 자식이란 있을 수 없다.

또한 「효경(孝經)」에 이르기를, "身體髮膚(신체발부)는 受之

父母(수지부모)라 不敢毁傷(불감훼상)이 孝之始也(효지시야)요, 立身行道(입신행도)하여 揚名於後世(양명어후세)하니 以顯父母(이현부모)가 孝之終也(효지종야)”라 하였다.

즉 몸과 머리카락과 피부는 부모에게서 받은 것이라, 감히 몸을 상하지 않음이 효도의 시작이요, 몸을 세워 도를 행하고 이름을 세상에 드날려서 부모를 빛나게 하는 것이 곧 효도의 마침이라고 하였다.

이처럼 나를 낳아 사랑과 정성으로 길러주신 부모님의 은혜에 보답하는 것이 자식의 도리이며 가장 사람다운 일이다.

그런데 요즘의 세상은 어떠한가? 현대판 고려장이란 말이 유행할 정도로 자식들에 의해 부모가 버려지는 일이 비일비재하고, 거동이 불편하거나 정신질환이 있는 환자를 가족들이 유기하는 안타까운 일까지 벌어지고 있다.

나는 사람의 됨됨이는 가정교육에서부터 출발한다고 생각하며, 그 기본은 ‘효’라고 생각한다.

예부터 효도하고서 어질지 않은 사람이 없고, 효도하고서 의롭지 않은 사람이 없으며, 효도하고서 예의가 없고 지혜가 없고 신용이 없는 사람이 없다고 했다. 그러므로 효도하는 마음이 서게 되면 만 가지 착한 마음이 저절로 생기게 된다고 했다.

이처럼 ‘효’란 소중한 자기의 생명이 존재하게 된 근원을 생각하게 해주고, 그 근원을 공경하고 사랑하는 것을 뜻한다.

이와 같은 효로서 부모를 잘 섬기는 ‘자식의 도리’를 ‘효도’라 하고, ‘효도하는 마음’이 지극할 때 ‘효심’이나 ‘효성’이 지극하다고 말한다. 그리고 자기를 낳아주고 길러주신 부모님을 성심성의껏 잘 섬기는 자식의 행위 즉 '효도하는 행위'를 '효행'이라고 말한다.

이처럼 효를 잘하는 이는 자기 자신도 잘 돌볼 줄 알며, 가정이나 사회, 국가에서도 제 몫을 할 줄 아는 사람이다.

나는 이러한 효에 대한 내 생각을 복지장학재단을 통해 펼치고 싶었다. 장학재단 앞에 복지를 삽입한 것도 독거노인이나 고아원의 아이들처럼 어려운 환경에 처한 사람을 돕고자 하는 의도였다.

그런데 내 무지와 함께 뜻이 너무 앞서 시행착오를 일으키고 말았다. 장학재단과 복지재단이 서로 다른 부처의 소관이라는 사실을 모른 채 '복지장학재단'이라고 한 것이다.

현재 서암복지장학재단은 교육부 소관으로 장학사업 외에는 다른 용도의 후원금을 지원할 수 없다. 나는 이 딜레마를 해결하기 위해 고심 끝에 효행상 제정이라는 답을 찾은 것이다.

하지만 사람들은 내게 가끔 묻는다. 어떻게 그렇게 남을 위해 일할 수 있느냐고……. 그때마다 나는 이런 말을 한다.

"이 일은 남을 위해 하는 것이 아니라네. 나를 위해, 우리를 위해 하는 것이지. 내가 살아오면서 남에게 알게 모르게 도움받은 것이 얼마나 많은 줄 아는가? 일일이 찾아다니며 갚을 수 없기 때문에 이렇게라도 하는 것뿐이지. 이렇게라도 마음의 빚을 갚게 되니 내 마음은 흐뭇하고 아주 행복하다네."

효행상을 미처 제정하지 못한 탓에 내년을 맞이하는 내 마음은 바쁘다. 그리고 설렘으로 두근거리기도 한다. 효를 실천하는 좋은 사람을 만날 기대에 벌써부터 내 마음이 부풀어 있다.

공자는 "제 부모를 사랑하는 자는 감히 남을 미워하지 못하고, 제 부모를 공경하는 자는 감히 남을 업신여기지 못하나니, 사랑하고 공경하는 마음을 제 부모에게 다하고 보면, 덕스러운 가르침이 백성들에게까지 미쳐서 천하가 본받게 될 것이니 이것은 대게 친지로서의 효도이다"라고 했으며, 장자는 "공경하는 마음으로써 효도하기는 쉬워도 사랑하는 마음으로 효도하기는 어렵다"하고 했다.

사회봉사는
나의 소명이자 삶의 원칙

그대가 건강하다면
그대의 힘을
남을 위해 봉사하는데 쓰도록 하라.
—톨스토이

　　　　나에게 사회봉사란 소명이자 삶의 원칙이다. 일생을 살아가는 동안 반드시 실천해야 하는 생활 습관으로 나를 위한 일이다.

　누가 강압적으로 시킨 것도 아니고, 내가 어디에다 하겠다고 약속을 한 것도 아니다. 다른 사람을 돕고 조금이라도 나누며 사는 것이 내 삶의 원칙이기 때문에 그렇게 할 뿐이다.

　내가 지금까지 살아온 것도, 기업체를 운영하고 있는 것도 사회와 부모와 친지, 이웃들의 도움과 격려로 이뤄진 것이기에 기회 있을 때마다 되돌려 주어야 한다고 생각하기 때문이다.

　성원개발(주)를 설립했을 때를 기억해 본다.

내가 회사를 설립했던 것은 사업에 대한 원대한 포부가 있어
서도 아니며, 세상에 이름을 알리고 싶어서도 아니다. 나의 뜻에
동조하고 의견이 맞는 사람들과 동고동락하면서 더불어 살고
싶다는 아주 소박한 동기에서 비롯되었다.

그리고 확고한 내 뜻을 실행시키기 위해 내가 어디까지 할
수 있는지를 생각해 보았다. 문제는 자금이었다. 공직자 생활을
하다 보니 모아놓은 돈이 없었던 것이다.

결국 큰돈 들이지 않고 더불어 살 수 있는 터전을 만들 방법
이 무엇일까를 고민하면서 수많은 밤낮을 보냈다.

그러다가 시설 투자를 많이 해야 하는 공장 사업체가 아닌
사람을 교육하고 기술자를 양성하는 업체를 만들자는 결론을
얻었다. 무엇보다도 많은 투자비가 없어도 가능한 일 같았다.

그런데 외국 출입이 잦은 나는 오래 전부터 공항이나 큰 건물
을 관리하는 시스템에 흥미를 느꼈다. 그리고 각 선진국들의 공
항관리 시스템에 대해 조사한 결과 공항의 청소는 물론 시설관
리 파일럿까지 용역을 주어 관리하고 있다는 사실을 확인했다.

그 당시 우리나라에서는 생각하지도 못한 사업 아이템이었
다. 그런데 '뜻이 있는 곳에 길이 있다'고 내가 독립해야겠다고
뜻을 세운 그때는 우리나라도 많은 발전을 하고 있어 충분히
승산이 있다고 판단되었다.

나는 주저 없이 '이것이 내가 할 일이다!'라고 결정하고 회사
를 세운 것이다. 때마침 내가 꿈꾸던 그 터전을 만들 기회가 찾
아왔기에 나는 내 열정과 에너지를 다 쏟아 부었다.

　　그래서 성원개발(주)는 나 하나만을 위한 회사가 아니다. 회사에 다니는 모든 성원의 가족이 회사의 주인이다.

　　처음 시작할 때의 마음처럼 나는 이 사업을 통해 내 개인의 부를 축적하고 싶은 생각은 추호도 없다. 이곳에서 직원들과 함께 더불어 산다는 즐거움을 찾고, 여력이 되면 사회를 위해 더 많은 봉사를 하는 것이 내 행복이다.

　　초지일관된 이런 마음은 모든 직원들 앞에 나서는 나를 떳떳하게 만들어준다. 지금까지 부끄러움 없이 살아왔으며 직원들을 섬기며 살아왔다고 자부하기 때문이다.

　　남을 섬기며 살면 자신도 남에게 섬김을 받는다. 주는 것이 있어야 오는 것도 있다고, 내가 먼저 직원들을 섬기는 마음으로 대하자 직원들 또한 열심히 일하는 것으로 보답해 주었다.

　　직원들이 주인의식을 가지고 열심히 일해야 하는 것은 당연한 일이지만, 사실은 그게 말처럼 쉬운 것은 아니다.

　　직원들에게 일방적으로 강요하거나 요구한다고 해서 되는 것도 아니다. 서로가 존경하고 서로를 섬기면서 직원들이 회사에 대한 주인의식을 가질 수 있도록 했기에 가능했던 것이다.

　　나는 직원들과 점심식사를 자주하는 편인데, 그때마다 "이 터전을 기반으로 자네들 가정이 평안하고, 자네들이 행복하다고 말할 때 나는 보람을 느낀다"고 말해주곤 한다.

　　함께 나누고 싶다는 소박한 동기 때문인지는 몰라도 지금 성원개발(주)는 순탄한 항해를 하고 있다. 그 속에서 살고 있는 성원 가족들도 모두 행복해 한다.

지난해 송년모임 때는 사회자의 청으로 '만남'이라는 노래를 불렀다. 내가 이 노래를 부른 이유는 '우리 만남은 우연이 아니야. 그것은 우리의 운명이었어~'라는 가사 때문이다.

세상의 많은 사업체 가운데 '성원개발'을 선택한 사람들과의 만남은 절대 우연이 아닌 운명인지도 모르기 때문이다.

이런 내 마음을 읽기라도 한 듯 직원들 모두 노래 후반부를 한 목소리로 합창해 주었다. 그 가슴 찡한 하모니에 나는 그만 눈물이 나왔다. 너무나 행복한 눈물이었다.

그 순간 '나는 이제 목표에 이르렀다'라고 생각했다. 이웃과 더불어 살면서 행복한 공동체, 나누는 공동체를 만들고 싶었던 내 소망이 이루어진 것이다.

최근 들어 우리 사회에도 나눔의 문화가 조금씩 자리를 잡기 시작한 것 같다. 기업들이 사회 공헌 활동에 관심을 갖기 시작했다는 것은 대단히 고무적인 현상이라고 생각한다.

봉사활동은 물론 사회의 소외 계층을 위한 기부가 크게 늘어나고 있으며, 신입사원 채용시 사회봉사활동 경험에 대해 가점을 부여하고 있다. 이는 '나눔의 정신을 갖춘 인재를 뽑기 위함일 것이다.

이제 우리도 가정이나 학교, 직장에서 봉사하고 기부하는 습관을 일상화해야 할 때다. 선행을 하는 부모를 보고 자란 아이들은 그 행동이 자연스럽게 습관이 되어 자선을 베풀게 된다.

나라에서 베푸는 복지 혜택은 빈곤한 계층의 집 앞마당까지

만 쪼이지만, 자원봉사는 그 집의 안방을 따뜻하게 하고 사람의
마음까지도 밝게 만든다고 한다.

나는 성원의 식구들 모두가 사회봉사를 소명으로 알고 있다
고 믿고 있으며, 가족들에게도 사회봉사 정신을 길러주었으면
하는 바람이다.

봉사활동은 작은 일에서 시작된다. 거대한 목표보다는 가족,
친구, 이웃에게 작은 정성부터 나눌 줄 아는 따뜻한 마음과 배
려의 미덕이 바로 봉사의 첫 걸음이다.

단순한 동정이 아닌 마음의 집념과 열정에서 오는 것으로 자
세와 행동이 중요하다. 돈이 아니더라도 자신에게 주어진 시간
과 재능과 관심을 어려운 이웃에게 대가를 바라지 않고 베푸는
봉사야말로 누구나 할 수 있는 향기로운 나눔의 시작이다.

사회에서 번 재산,
다시 사회에 환원

우리 속담에 "개처럼 벌어서 정승처럼 사용하라"는 말이 있다. 이 말 뜻은 고생해서 열심히 번 돈을 품위 있고 뜻있는 곳에 사용하라는 의미이다.

그러나 이 말을 실천하면서 산다는 것은 쉽지 않다. 그래서 돈은 벌기보다 지키기가 어렵고, 돈을 지키기보다 누리기가 어려우며, 돈을 누리기보다는 베풀기가 더 어렵다고 말한다.

그런데 최근에 평양에서 태어난 한 실향민이 평생 동안 모은 전 재산을 어려운 사람을 돕는데 써달라며 사회에 환원했다는 아름답고 가슴 훈훈한 기사를 읽었다.

그에게는 자식들도 있었는데 왜 자식에게 물려주지 않느냐는 질문에, "대학까지 가르치고 결혼시켜 집까지 장만해 주었으면 충분하지 않겠느냐"고 대답했다.

이처럼 기부의 가장 큰 걸림돌은 가족들의 반대이며, 기부 이유를 납득시키는 과정에서 남들이 상상도 못할 인간적 고뇌를 느낀다고 기부자들은 말한다.

그럼에도 우리나라 기부의 주역은 기업이 아닌 김밥 할머니나 삯바느질 할머니, 생선장수 할머니와 같은 개인 기부자로 명색이 회사를 경영한다는 나를 부끄럽게 한다.

우리나라의 일인 당 연간 기부액은 미국의 120분의 1 정도라고 한다. 기부문화가 발달한 선진국에 비해 우리나라는 아직도 그 토양이 척박해 기부문화가 정착되었다고 보기는 어렵다.

이에 반해 외국의 경우 기업은 물론 많은 개인 기부자들이 자기 재산을 사회에 환원한다.

세계의 부호 철강왕 카네기는 '부자인 채로 죽는 것은 부끄러운 일이다'면서 부의 축적보다는 부의 현명한 분배에 더 열정을 쏟았다. 그는 말년에 진정한 부자로서 교육과 문화사업에 많은 기부금을 내며 후원해 우리에게 귀감이 되고 있다.

투자의 귀재 워렌 버핏도 36조 원이라는 천문학적인 기부를 통해 돈을 어떻게 베풀어야 하는지를 보여줬으며, 워렌 버핏의 기부에 영향을 받은 빌 게이츠도 자신이 이룬 거대한 부를 인류를 위해 사용하겠다고 밝혔다.

나는 이들의 아름다운 행동을 보면서 진정한 부자가 무엇인지, 성공의 참 의미는 무엇이며, 성공한 사람이 어떤 의무감으로 살아야 하는지를 생각하게 된다.

기업을 경영하거나 개인 장사를 하든 돈이란 자기 스스로 노력해서 버는 것이지만, 소비자로부터 그 이익을 얻는다. 사회를 떠나 혼자서는 절대로 돈을 벌고 성공할 수 없다.

그렇다면 나에게 성공을 가져다 준 소비자는 바로 나의 이웃이다. 이 평범한 이치를 생각한다면 어찌 사회에 그 이익을 되돌리지 않을 수 있겠는가.

작은 것도 나누고 베푸는 것은 결국 나를 위한 것이다. 더불어 사는 이웃에게 베푸는 행위는 사랑의 실천이다. 돈의 많고 적음이 문제가 아니라 사회에 베푸는 일은 누구나 해야 할 일이다.

나는 일을 보기 위해 가끔 지하철을 이용하는데, 그때마다 물건 파는 장애인이나 행상들의 손에 내 마음을 보태준다.

액수의 많고 적음을 떠나 그 사람을 그냥 보내는 내 마음이 절대 편하지 않아서이다. 주머니에 10원만 있어도 어려운 이웃에게 보태주어야 내 마음이 편안해진다. 그렇지 않고 그냥 지나친 날에는 내 마음이 너무 무겁다.

"무엇 때문에 돈을 버는가?"라는 질문에 많은 사람들은 자식들을 위해서라고 대답한다. 자식은 하나님이 주신 최고의 선물이기 때문에 행복하게 해주어야 마땅할 것이다.

그러나 돈은 행복의 필요충분조건이 아니며, 돈과 행복은 비례하지도 않는다. 돈으로 풍요로운 생활을 누리며 행복감을 느낄 수 있을지는 모르나 그것이 행복을 의미하는 것은 아니다.

자식들이 사회에 나가 제 할 일을 찾도록 가르치고 키워주는 것이 부모의 역할이며, 부모가 자녀에게 주는 최고의 선물이다.

진정한 행복은 스스로 일해서 성취감을 맛보고, 자기만의 행복을 누리는 것이 아니다. 적은 돈이라도 이웃과 나눌 줄 아는 기쁨을 누리며 사는 것이 진정한 의미의 행복이다.

나는 몇 백 억의 재산을 갖고 있지는 않지만 나의 신념대로 살고 싶다. 내 수준에 맞게 할 수 있는 만큼 사회에 되돌려주고 싶다. 내가 운영하는 복지장학재단을 통해 세상에서 받은 은혜를 보답하고 싶을 뿐이다.

자식들 모두 사회에 나가 자기 일을 열심히 하고 있으니, 그들에게 더 바랄 것도 물려줄 것도 없다. 세상에 대해 늘 고마웠고, 그래서 더욱 미안했던 내 마음의 짐을 덜고 가는 것이 삶의 도리라고 여기기 때문이다.

그렇다. 카네기는 "부자는 자신에게 신탁된 재산을 관리하라는 소명을 받은 자에 지나지 않는다. 따라서 부자는 단순한 수탁자에 불과하며 이웃의 가난한 사람들을 위한 대리자에 지나지 않는다"라고 했다.

"자신이 가진 최상의 것을 세상에 내놓고, 그에 대한 대가를 세상으로부터 받은 것을 다시 다른 사람들과 함께 나누는 것"이 성공이라고 했다.

빌 게이츠의 말처럼 "나눔은 언제 시작해도 결코 늦거나 이르지 않다." 세상을 살맛나게 하는 기부의 삶, 아름다운 나눔과 베풂을 실천하는 성숙한 시민의식이 우리 사회에 지천으로 피어나기를 간절하게 소망해 본다.

직원들의 즐거움이
나의 즐거움

진정으로
행복해지려는 사람은
남을 섬기는 방법을 발견한 사람이다.
— 슈바이처

"여기 1,000원이요"

"예! 저기 1,000원 부르신 분이 나왔군요. 다른 분 더 없으십니까? 앗, 이쪽에서 2,000원을 부르셨습니다. 자……; 더 없으시면 2,000원에 넘기겠습니다."

우리 회사 '아나바다' 시장의 경매 현장 풍경이다.

회사나 집에 있는 물품 중 활용이 가능한데도 여러 가지 이유로 사용하지 않는 물건들을 모아 필요한 사람에게 저렴하게 팔고 나누는 행사로, 회사에서는 쉽게 찾아볼 수 없는 진풍경이다.

'아껴 쓰고, 나눠 쓰고, 바꿔 쓰고, 다시 쓰자'는 절약의 취지로 펼쳐지는데, 물건을 아껴 쓰고 재활용하는 기회를 통해 직원들에게 알뜰 의식을 심어주고, 어려운 이웃을 돕는다는 점에서 이 행사를 정기적으로 열고 있다.

간혹 한 번도 사용하지 않은 물건도 나오고, 추억이 가득해 보이는 골동품도 경매에 나온다. 회사에서는 사용하지 않는 물건이나 거래처에서 들어 온 소소한 선물들을 모아 경매시장에 내놓는다.

경매시장이 열리는 날은 작은 축제가 벌어진 듯 직원들도 나도 신이 나 있다. 알뜰하게 물건을 구입하니 가계가 절약되어 좋고, 소용이 없어진 물건에 생명을 넣어준 것 같아 흐뭇하고, 넓게는 지구의 자원을 재활용한 것이 되어 일석삼조의 효과를 거두기 때문이다.

더 뿌듯한 일은 경매시장에서 벌어들인 수익금이다. 이 수익금은 직원회에서 관리하는데, 불우이웃을 돕는 데 쓰거나 직원들의 회식비용, 여행 등 복지를 위해 쓰이고 있다고 한다.

하지만 회사의 경매시장을 열면서 내가 제일 감사하게 생각하는 것은 직원들 간의 공동체 의식이다.

지난 해 섣달 그믐날에도 경매가 있었다. 그런데 때마침 경매시장에 아기용품이 나왔던 것이다.

이미 손자손녀들이 다 자란 터라 우리 집에서는 보기 드문 물건이었다. 나는 그 작고 앙증맞은 물건에 매료되어 넋을 놓고 있었다. 이미 사용한 물건이라 새것은 아니지만 깨끗이 세탁해 더 정감이 있어 보였다.

나는 직원들보다 조금 무리해 아기 양말을 낙찰 받을 수 있었다. 하루가 다르게 자라는 아기들인지라 몇 번 밖에 사용하지 않았던 것인지 물건들은 아주 새것이었다.

나는 낙찰 받은 그 아기용품을 먼저 출산을 앞둔 직원에게 선물했다. 그 직원은 기쁨을 감추지 못하면서도 자기만 선물을 받는 것이 쑥스러웠던지 "제가 쓰고 다시 물려줄 게요"라고 미안함을 표시했다.

나는 선물을 건네면서 온몸이 후끈해지는 느낌이었다. '우리는 한 가족'이라는 느낌이 강하게 들었기 때문이다.

형이 입던 옷을 아우가 입고, 또 그 아우는 다른 동생에게 물려주는 행위는 가족 사이에나 있을 법한 풍습이다. 그런데 회사 직원들 사이에는 아주 흔한 일이 되어 가족처럼 서로 물려받아 입거나 신고 있으니 한 가족이 아니고 무엇이랴.

사실 알뜰 경매시장에 나온 물건 값은 문제되지 않는다. 몇 만 원짜리 물건을 몇 천 원에 내놓으면서도 누구 하나 아깝다는 생각을 하지 않는 것이 회사의 알뜰시장이다.

직원들은 경매시장을 통해 '나누는' 즐거움과 '순환'의 즐거움을 스스로 만들고 누린다. 이런 직원들의 모습을 지켜보는 내 마음은 더 없이 기쁘다.

내가 회사를 설립하면서 가졌던 원칙 중 하나가 직원들과 마음이 같아야 된다는 것이었으며, 그 마음은 지금도 변함이 없다.

나에게 직원들은 가족과 같다. 직원들이 나와 마주쳤을 때 거리감을 두거나 어려워하지 않고 활짝 웃으면서 인사를 건네면 내가 덩달아 즐거워진다.

반대로 직원들의 얼굴이 어둡거나 슬퍼하거나 괴로워하는 표정이면 내가 슬프고 마음이 괴롭다. 내 바람은 직원들이 내 회사라고 생각하고 언제나 즐거운 마음으로 회사 생활을 하는 것이다. 이는 어떤 경영자도 같은 생각일 것이다.

또한 나는 직원들의 발전이 곧 나의 발전이며, 결과적으로는 그 발전이 회사를 위해 사용되어 이익을 가져온다고 생각한다. 그래서 매년 기회 있을 때마다 직원을 해외연수에 보낸다.

창립기념일 등 여러 기념일을 축하하기 위한 행사를 치룰 때 비용을 절감하거나 중요하지 않은 행사는 생략해 마련한 비용으로 직원들을 위한 자기 계발을 위해 사용하는 것이다.

우리 회사에서는 직위에 상관없이 운전직원까지 모두 다 해외연수를 간다. 심지어 나이 지긋한 한 직원은 자신이 태어나 처음으로 여권을 만들었다면서 감격해 고맙다는 인사를 몇 번이나 하기도 했다.

올해는 모든 직원이 팀을 짜서 중국, 일본, 쿠알라룸푸르, 대만 등 여러 나라로 연수를 갔다. 예전에는 직원들의 안전을 생각해 매번 한 나라를 지정해 단체로 떠났는데, 올해는 직원들이 희망하는 나라별로 팀을 짜서 떠났다.

나는 연수를 떠나는 직원들이 혹시나 마음이 들떠 긴장감이 풀리거나 여행의 의미를 훼손할 수 있다는 노파심에서 잊지 말 것 몇 가지를 당부하였다.

첫째는 많이 보고, 많이 듣고, 많이 느껴 견문을 넓히라는 것이었다. 우물 안 개구리가 되지 말고 빠르게 변화하는 세상의 트렌드를 읽어 자기 계발을 위한 성공의 피드백으로 활용하라는 이유에서였다.

둘째는 그 나라의 사람이 되어 그들 문화에 젖어보라는 것이었다. 라면이나 고추장 등 우리 입에 익숙한 것들을 가져가지 말고 그 나라의 라면과 음식을 먹어보라는 뜻이다. 또 널리 알려진 관광지 앞에서 증명사진만 찍어오지 말고, 그 나라 사람들 속으로 들어가 몸으로 느끼면서 가슴 속에 사진을 담아오라고 당부한다.

셋째는 단 한 가지라도 실제 마음으로 느껴서 오라고 한다. 어떤 큰 느낌이 아닌 톨게이트의 여자 안내원이 어떤 옷을 입었는지, 인상은 어땠는지 등 작고 사소한 것이라도 깊이 관찰하고 느끼라는 것이다. 또 그 나라 사람들이 자주 찾는 시장이나 목욕탕, 온천장에 들어가 그들의 풍습과 습관 등 다양한 문화를 접하며 즐기라고 한다.

이와 같은 세 가지 외에 몇 가지를 더 시시콜콜하게 당부한다. 인생의 선배로서, 해외를 많이 다녀온 경험자로써 직원들에게 할 말이 많은 것이다. 그러나 내가 바라는 것은 세상이 넓다는 것을 깨닫고, 세계를 향한 꿈을 가지라는 것이다.

이와 같은 것들을 당부하고 난 뒤 직원들이 연수를 떠난 사무실은 허전하다. 그런데 이번에는 허전함을 느끼기도 전에 내 마음이 좌불안석이 되었다.

이런 마음은 직원들이 연수를 떠나기 전까지는 전혀 예상하지 못했던 것으로, 직원들의 '안전'이 걱정되었던 것이다.

단체로 떠났을 때는 인솔하는 여행사가 있어서 이렇게까지 불안하지는 않았는데, 인솔자 없이 각 팀별로 여러 나라를 여행하게 된 터라 어린아이를 물가에 내놓은 것처럼 불안했다.

직원들의 모든 것을 책임져야 할 위치에 있다 보니 혹시나 하는 마음이 앞서 안정되지 않았던 것이다.

그런데 이 모든 것이 나이 먹은 사람의 기우였다. 아무런 사고 없이 무사한 몸으로 연수를 모두 마치고 돌아온 직원들의 얼굴을 보자 너무나 반가웠으며, 기쁜 표정으로 인사하는 직원들을 보고 모든 근심 걱정을 털어버렸다.

"다음에는 팀별로 가지 않고 단체로 가고 싶어요. 회사 식구들과 함께 가는 것이 더 재미있어요. 하지만 이번 여행도 무척 재미있었어요."

"나도 며칠 동안 마음이 불안했다. 혹시나 무슨 일이 벌어질까봐 한시도 마음이 편치 않았어."

이런 내 마음은 어린 자식을 세상에 내보내는 부모의 심정으로, 내가 직원들과 함께 하는 그날까지 변함이 없을 것이다.

내 인생의 즐거움은 바로 이런 것이다. 직원들을 섬기고, 그 직원들의 즐거움을 보면서 나도 즐거워지는 것, 그것이 내 인생의 큰 즐거움이다.

삶의 발자취를
확실하게 남겨라

시간이라는 모래밭에 발자국을 남기는 것은
좋은 일. 그러나 더욱 중요한 것은
기왕이면 훌륭한 방향의 발자취를 남기는 것.
―제임스 B. 캐블

어느 때 점심시간이었다.

직원들과 식사를 하면서 "과거의 일 중에 기억에 남는 사건이
있으면 말해보라"고 했다.

대부분의 직원들은 딱히 기억에 남는 일이 없다고 했다. 그런
데 한 직원이 초등학교 때 칭찬받았던 일과 잘못해서 혼났던
기억이 있다고 말했다.

과거에 아주 특별한 기억을 남겼다면 그건 자신의 삶의 흔적
을 남겼다는 말일 것이다. 그 흔적 중에는 칭찬을 받았던 일이
나 마음의 상처를 받았던 일이 대부분일 것이다.

하지만 잘못해서 혼났던 기억이 마음의 상처로 남아 있다면,

그 상처를 치유하거나 기억에서 빨리 지워버려야 한다. 반대로 칭찬처럼 좋은 기억은 가슴에 담고 자신의 동기부여의 기회로 삼아야 한다.

그런데 나는 왠지 서글픈 생각이 들었다. 자기 기억에 남는 과거가 없다는 것은 아주 평범한 삶을 살았다는 것이고, 심하게 말하면 최선의 삶을 살지 않았다는 것이다. 삶에 충실했다면 칭찬이나 상처가 어떤 식으로든 흔적이 남기 때문이다.

우리 인간은 삶을 살면서 어떤 식으로든 자신의 삶의 기록이나 발자취를 남기게 된다.

눈길이나 바닷가의 백사장을 걸어본 사람이라면 그 위에 찍히는 자신의 발자국을 기억할 것이다. 그리고 그 발자국을 뒤돌아보면서 많은 생각을 하게 될 것이다.

자신이 무엇에 쫓기듯 바쁘게 뛴 걸음이라면 발자국은 어지럽게 찍힐 것이고, 마음의 여유를 가지고 자연을 감상하며 평온한 마음으로 걸음을 뛴 발자국은 선명한 발자취를 남길 것이다.

눈 위에 찍힌 발자국은 바람에 씻겨 흔적이 사라지고, 모래 위에 새긴 발자국은 파도에 씻겨 흔적도 없이 사라지지만, 사람 마음에 찍힌 발자취는 영원히 지워지지 않는다.

그래서 사람들은 세상에 남다른 업적을 남기거나 성공한 이들의 발자취를 하나의 '멘토'로 삼아 그 길을 따르려고 한다. 그들의 좋은 점과 배워야 할 점을 마음으로 새겨 나의 본보기로 삼기 위함이다.

그러나 남의 발자취만 쫓는다면 자신의 발자취는 뒤에 남기지 못한다. 내 처지나 여건은 고려하지도 않은 채 옳고 그름에 대한 분별없이 그냥 남을 따라가는 식의 행동은 어리석다.

『장자(莊子)』「추수편(秋水篇)」에 나오는 '한단지보(邯鄲之步)'라는 고사가 있다.

연나라의 청년이 한단에 가서 그 곳의 걸음걸이를 배우고자 했으나 제대로 배우기도 전에 본래의 걸음걸이마저 잊어버린 채 엎드려 기어서 돌아왔다는 말로, 자기 본분을 잊고 함부로 남의 흉내만 내면 이것저것 모두 다 잃는다는 것을 교훈으로 남기고 있다.

나의 처지와 형편에 맞는지 나에게 본보기가 되는지 등의 판단이 섞인 현명한 행동이 삶을 바람직한 길로 인도해 주지만, 이미 만들어져버린 삶의 발자취는 지울 수 없다.

인간은 너무나 불완전하기 때문에 잘못된 삶을 깨달고 새로운 길을 걷는다고 해도 군더더기 없는 선명한 발자취를 만들기는 쉽지 않다.

그렇지만 군데군데 잡티까지 있는 그대로의 나를 인정하고 사랑하면서 올곧은 직선이거나 매끈한 곡선의 삶을 만들기 위해 노력해야 한다.

그 일의 결과가 잘 되었든 못 되었든 자신이 걸어온 길에 최선을 다한다면 남보다 조금이라도 앞서 갈 것이고, 그렇게 노력하며 사는 것이 습관이 되어 좋은 결과를 가져온다.

이 세상에 남는 것은 삶에서 죽음까지의 얼마 안 되는 시간의 발자취일 뿐이다. 최선을 다한 순간의 과거는 발자국이 생긴다.

세상에는 이렇다 할 흔적도 없이 이름과 나이만 남기고 간 사람도 있고, 훌륭한 발자취를 남기고 간 사람들도 많다.

우리가 얼마 안 되는 인생을 살면서 어떤 자취를 얼마나 잘 남기고 사느냐가 중요하다. 이 세상에 태어나 헛되이 시간을 버리지 않고, 꾸미지 않고, 흉내 내지 않고, 변명하지 않으면서 몸과 마음이 함께 만들어가는 진솔한 삶을 살았다는 자기 나름대로의 자부심만 있다면 결코 실패한 인생은 아닐 것이다.

난 지난 시간 속에서 어떤 기록과 발자취를 남기며 살아왔을까를 가끔 생각한다. 생각해 보면 수많은 기억들과 기록들이 내 주변에 혹은 내게 남아 있다.

나는 정말 열심히 일했다. 남들보다 더 많은 노력을 했다고 자부한다. 남이 10번을 뛰면 나는 그 배를 뛰었고, 하루 24시간이 똑같이 주어졌다면 나는 그 이상의 시간으로 살았다. 그래서 '나의 과거는 후회 없고 아름다웠다'라고 말할 수 있다.

심계원의 공무원으로 시작해 공기업의 대표와 민간기업의 대표도 지냈다. 그 어떤 자리에서건 나는 확실한 발자취를 남기기 위해 내 열정을 다 쏟으며 일했다.

나는 언제 어디서든 책임감 있는 태도로 일했다. 그 발자취가 칭찬으로 돌아올 때도 있었지만 비난으로 돌아올 때도 있었다. 하지만 비난을 받지 않기 위한 일만 하려고 하면 무사안일의 태도로 일한 적은 없다.

노력하지 않는 사람은 아무런 발전도 없다. 그러나 어떤 일이든 몸소 겪은 사람은 비록 실패했더라도 얻는 교훈이 있다. 그런 체험을 통한 지식과 지혜가 밑거름이 되는 것이다.

거름 없는 나무는 아름다운 꽃을 피울 수 없다. 비록 실패의 상처가 당장은 아프겠지만 더 큰 성공을 얻기 위한 통과의례라고 생각해야 한다.

갖가지 실패와 성공을 통해 더 원대한 꿈과 목표를 설계할 수 있을 것이다. 두려워서 가지 않은 길에는 어떤 꽃이 피어 있는지 전혀 알 수 없다.

한 번 선택한 길은 지워지지 않을 만큼 확실한 발자취를 남길 수 있는 일을 해야 한다. 그런 사람만이 세상이라는 밀림에서도 풀숲을 헤치며 길을 낼 수 있다.

훗날 젊은 사람들과 마주 앉아 자신이 걸어온 길을 당당히 이야기해 줄 수 있는 사람은 멋진 인생을 산 사람이며, 값진 추억을 지닌 사람이다.

쇼펜하우어는 모든 위대한 사람들의 발자취를 보라고 했다. 그 사람들은 모두 자기희생의 길을 걸었으며, 희생할 줄 아는 사람만이 위대하다고 했다. 눈물을 모르는 눈으로는 진리를 볼 수 없으며, 아픔을 겪지 아니한 마음으로는 사랑을 알 수 없다.

자신이 가장 좋아하고 잘할 수 있는 일에 일생을 걸고, 그 여정에서 끊임없이 꿈을 꾸며 치열하게 산다는 것이야말로 자신의 삶에 작은 흔적의 발자취라도 남기는 것은 아닐까.

그렇다. 한 인간의 삶의 표시인 발자취가 크게 남는 것은 성공했기 때문이 아니라, 성공 뒤에 숨어 있는 자신과의 싸움에서 올곧은 마음으로 아름답게 만들어가는 꿈이 있기 때문이다.

최선을 다한
삶은 아름답다

자기의
맡은 일에 최선을 다하라.
그렇게 할 때 최선의 이익이 돌아올 것이다.
— 지그 지글라

나 찾다가
텃밭에/ 흙 묻은 호미만 있거든
예쁜 여자랑 손잡고/ 섬진강 봄물을 따라
매화꽃 보러 간 줄 알그라

김용택 시인의 「봄날」이란 시다. 나 또한 시인의 마음처럼 봄만 오면 마음이 들뜨지 않으려 해도 봄볕이, 봄바람이, 봄 향기가 나를 가만두지 않는 듯하다.

그런데 어느 새 봄이 겨울을 당당하게 밀어내고 어김없이 시간의 문턱을 넘어왔다. 겨울 내내 삶의 흔적들을 하나 둘 잃어버린 나무들마다 연둣빛 머플러와 같은 한들거리는 미풍이 휘감아들고, 숨죽인 새잎들이 얼굴을 내밀고 있는 것이다.

그 자연의 섭리를 마음으로부터 느끼면서 미풍에 내맡기는 어린 새순을 바라보며 지난 시간을 돌아본다.

우리 인생은 늘 봄이거나 가을일 수만은 없다. 자연의 사계절은 순리대로 돌고 돌면서 생동감을 유지하지만 인생의 봄은 갈수록 시들어간다. 그래서 우리는 한 번뿐인 이 인생의 봄을 '청춘'이라 일컫는다.

나는 이 청춘의 봄을 어떻게 맞이했으며, 어떻게 살았을까? 곰곰 생각해 보면 참으로 바쁘게 살았던 시간이었던 같다. 최선을 다하며 산다는 게 무엇인지 온몸으로 체험한 삶이었다.

내게 주어진 환경 속에서 최선을 다한 삶을 산 것에 대해 감사하면서 행복한 마음으로 살고 있다. 그렇기에 지나간 내 청춘을 후회하지 않는다.

"청춘이란 인생의 어느 기간을 말하는 것이 아니라 마음의 상태를 말"하고, "세월은 우리의 주름살을 늘게 하지만 열정을 가진 마음을 시들게 하지는 못한다"는 사무엘 울만의 시처럼, 젊음의 청춘도 마음의 청춘도 아름다웠다고 생각한다.

친구들을 만나거나 선후배들을 만나도 내게 잘 대접해 주는 것은, 그 청춘의 시기를 헛되지 않게 살았음을 증명해준다.

특히 옛사람을 만났을 때 날 잊지 않고 기억해 주며 반가워하는 것은 청춘의 시기를 최선을 다해 살아온 결과라고 생각한다.

내 자신을 돌아보며 자화자찬하는 것 같은 이야기를 하는 것은 내가 잘났다거나 거만해서가 아니라, 변함없는 애정을 보여주는 사람들이 고맙다는 말을 하고 싶기 때문이다.

손뼉도 마주 쳐야 소리가 나듯 서로 존경하고 마음의 정을 나눠야 아름다운 만남의 과거를 공유할 수 있고 간직할 수 있다.

이처럼 청춘의 아름다운 만남을 오래도록 유지하기 위해서는 내가 먼저 상대방에게 최선을 다해야 한다는 것이다.

대접을 받으려고 하면 절대 대접을 받을 수 없다. 먼저 상대를 존중하면서 공손하게 대접하기 위해 최선을 다하면 반드시 아름다운 열매를 맺는다.

사람과의 관계뿐만 아니라 일과의 관계에서도 마찬가지이다. 무슨 일이든 지나치게 이익을 먼저 따지고 조금도 손해보지 않으려고 한다면 누구와도 아름다운 관계를 맺을 수 없다.

성공을 원한다면 순수하고 겸손한 마음과 함께 현재의 순간에 최선을 다해 열정을 쏟아야 한다. 최선을 다한 순간들이 모여 아름다운 과거가 만들어지기 때문이다.

그래서 아름답고 가치 있는 인생의 길이 무엇이냐고 묻는다면, 난 서슴없이 최선을 다해 사는 것이라고 말하겠다. 인생의 많은 정답 중에 최선을 다하는 것보다 더 명쾌한 정답은 없기 때문이다.

학벌이 있고 없거나, 직업의 종류나, 사는 형편이 좋거나 나쁘거나, 명예의 유무도 가치 있는 인생과는 비례하지 않는다. 오직 자신의 일에 최선을 다하는 삶이라면 이마에 흐르는 땀방울의 가치는 똑같이 소중하고 아름답다.

자신을 둘러싸고 있는 상황에서 최선을 다하는 삶은 아름답다. 그리고 지금 가지고 있는 것으로 현재의 위치에서 최선을 다해 달려가는 삶은 행복하다. 이처럼 최선을 다하는 삶이라면 인생의 가치는 그 곳에 머문다.

되돌림이 없는 순간들 앞에서 최선을 다하는 그 자체가 인생을 떳떳하게 하며, 후회 없는 행복한 삶을 만드는 것이다. 생에 애착을 가지고 최선을 다해 사는 것, 그것이 바로 인생이다.

이제 온 대지에 내리쬐는 봄 햇살이 조금 따가워지고, 저 나뭇가지들이 무성한 잎으로 나무를 살찌워 열매를 맺을 것이다. 그리고 겨울이면 최선을 다했던 지난 시간의 아름다운 순간들을 떠올리며 또다시 새 봄을 준비할 것이다.

우리들의 인생도 저 나무처럼 자연의 섭리를 거스르지 않고 하루하루를 최선을 다해 살면서 누군가에게 지워지지 않는 사람이 되기를 기도해 본다.

좋은 인간관계는
인생의 윤활유

인간은 상호관계로 묶어지는 매듭이요,
거미줄이며, 그물이다.
이 인간관계만이 유일한 문제이다.
―생텍쥐페리

사람이 살아가는데 가장 필요한 것은 무엇일까? 많은 사람들이 돈이라고 말할 것이다.

그러나 나는 인간관계라고 말하고 싶다. 실제로 우리나라 부자들은 돈을 벌거나 모으는 기술보다 뛰어난 인간관계가 부를 쌓는데 결정적인 기여를 했으며 성공 요인이라고 말하고 있다.

그러나 인간관계는 말처럼 쉽지 않다. 우리 삶 자체가 행복과 불행, 기쁨과 슬픔 등이 모두 인간관계에서 비롯된다. 그래서 철학자들의 인생론에 강조되고, 삶의 기본이 되는 이유는 사람을 사귀고 관계를 유지하는 것이 어렵기 때문이다.

그럼에도 우리는 원만한 인간관계 형성을 위한 노력을 기울이지 않는다. 사람에 대한 애정과 노력이 부족하고, 인간관계에 대한 두려움 때문이다.

실제로 많은 직장인들은 업무와 관련된 이유로 직장을 떠나는 것이 아니라, 직장 내 힘든 인간관계 때문에 직장을 그만두고 싶거나 떠나고 싶다고 한다.

나 역시도 지금까지 인간관계가 어렵다. 몸이 약하고 내성적인 성격 탓에 쉽게 사람들과 친해지지 못했다.

하지만 허약한 몸을 단련시키기 위해 운동을 시작하면서 내성적인 성격이 적극적으로 바뀌어 갔으며, 내 안에서 잠자던 사교성과 사회성을 깨우고 좋은 인간관계를 배워나갔다.

그러자 변화가 생겼다. 내 주변에 사람이 많아지면서 서로 도움을 주고받고, 하고 싶은 일을 즐거운 마음으로 할 수 있게 되면서 나름대로 성공하고 행복한 사람이 되어 있었다.

이 모든 것이 내 힘으로 이룬 것이 아니라 주위 사람들의 보이지 않는 도움의 힘이 있었기에 가능했다.

아름답고 행복한 인간관계는 마음에서 우러나오는 상호존중으로, 나보다는 남을 먼저 생각할 때 이루어진다.

장미처럼 자기 보호를 위해 아름다운 꽃 속에 가시를 숨기고 타인의 삶을 방관한다면, 우리는 이방인으로 머물 수밖에 없으며 서로를 껴안는 따스한 인간관계를 유지할 수가 없다.

그러므로 자기 사람을 만들려면 항상 상대방의 입장에서 한 번쯤 생각하는 자세와 먼저 신뢰감을 심어주어야 한다. 나는 지금도 언제나 그 마음을 잃지 않으려고 노력하고 있다.

지금까지 살아오면서 맺은 인간관계 중 어느 것 하나 소중하지 않은 인연이 없지만, 특별히 소중한 인연으로 꼽는 몇 사람을 자랑하려 한다.

윤성민 전 국방부장관은 가장 가까운 형님 같은 사람이다. 장군 출신이면서도 티를 전혀 안 내는 겸손한 사람으로, 서민적인 인간성 때문에 군대 내에서도 두터운 신망을 받았던 인물이다.

이런 점 때문에 윤성민 씨와 우정을 나누는 사이가 되었지만, 우리의 인연은 그의 3군단장 시절로 거슬러 올라간다.

그 당시 난 동부그룹 계열 미륭건설 사장으로 재직하고 있었는데, 북한군의 대남 땅굴침투 방지용 참호를 구축하는데 필요한 시멘트를 무상으로 지원하면서부터 인연이 시작되었다.

어느 날, 윤 장군의 부관이 조그마한 상자 하나를 들고 우리 집에 방문했다. 차 한 잔을 마시면서 이것저것 궁금한 장군의 안부를 묻고 나자, 갑자기 상자의 내용물이 궁금해졌다.

"그런데……, 그 상자 안에는 무엇이 들어 있소?"

"최 사장님께서 몸이 허약하시다는 말씀을 듣고 장군님께서 살모사를 잡아 보내셨습니다."

젊은 부관의 뜻밖의 대답에 나와 아내는 깜짝 놀랐다. 뱀이라는 말만 들어도 겁먹는 우리 부부가 살모사라는 말에 바짝 긴장했다. 그러나 이내 윤 장군의 남을 배려하는 따뜻한 마음과 정성에 감복해 존경심을 갖게 된 것이다.

아무튼 살모사 사건 이후로 윤 장군과 나는 서로가 가장 존경하는 사이가 되었으며, 안사람들까지 허물없이 지내는 터라 마치 한 가족 같은 느낌이 든다.

또 한 사람의 귀한 인연은 수자원공사 사장을 지낸 안경모 사장이다. 그와의 인연도 내 인생에서는 빼놓을 수 없다.

안경모 사장은 심계원(현재의 감사원)에 근무할 때 처음 만났다. 그 당시 교통부의 과장으로 재직하던 그는 나와 감사 문제로 만나 친분을 쌓았으며, 나에게 큰 도움을 준 사람이다.

내가 관광공사를 떠나 동부그룹의 동부관광개발 사장으로 재직할 때였다. 다목적 소양강댐에 선착장과 휴게소를 만들고 유람선을 띄우는 사업에 동부관광개발이 우여곡절 끝에 사업자로 선정되어 준공식을 거행하게 되었다.

준공식 행사는 육영수 여사를 모신 가운데 물고기 방생 기념식을 갖는 등 성대하게 치러졌다. 이때 안 사장의 도움은 동부관광개발은 물론 나에게도 큰 힘이 되었다.

당시 준공식의 큰 문제는 선착장 휴게소에 전기를 끌어오는 일이었다. 그때의 법으로는 소양강 수력발전소에서 민간사업자가 직접 전기를 끌어오는 일은 불가능에 가까웠다.

그래서 춘천에서 전기를 끌어와야 했는데, 맨 땅에 세워야 할 전봇대 숫자만도 100여 개가 넘는 대규모 공사였다. 그런데 준공식까지 전기를 끌어오기 위해서는 시간적 여유가 없었다.

그때 안 사장이 과감히 결단을 내려주었다. 우리나라에서 처음이자 마지막으로 민간사업자가 발전소 전기를 직접 끌어다 쓰는 전대미문의 사건이 벌어진 것이다.

그 후 얼마 지나지 않아 동네 마을까지 전기가 들어와 임시로 끌어다 쓴 전기는 철거되었지만, 수자원공사의 안경모 사장이 아니었으면 절대로 불가능한 일이었다. 이 사건을 계기로 안 사장을 더욱 신뢰하게 되었으며, 우리의 우정도 두터워졌다.

그렇다고 내게 좋은 인연만 있는 것은 아니었다.

초등학교를 함께 다닌 친구의 간곡한 부탁으로 회사 현장사업소에 그의 아들을 취직시켰다.

얼마 후 입찰 경쟁을 한 프로젝트가 경쟁회사로 낙찰되어 현장사업소 직원들은 모두 회사로 복귀를 할 수밖에 없었다. 그런데 친구의 아들이 내게는 한 마디 상의도 없이 경쟁회사로 자리를 옮겨버린 것이다.

내심 표현은 못했지만 참으로 서운한 마음이 들었다. 고향 친구의 아들이었기에 더욱 그런 마음이 들었는지도 모르겠다. 그래도 '친구는 친구니까'라는 생각에 아무런 내색을 하지 않았다.

하지만 그 사건 이후로 친구의 얼굴을 다시는 볼 수 없었다. 많은 세월이 흘러갔지만 지금까지도 내 마음이 편치 않다. 연락할 수 있는 길이 있다면 한 번 만나고 싶은 마음 간절하다.

이처럼 인간관계는 어렵다. 사람들은 자신이 뭔가 도움 받을 수 있는 사람에게는 호의를 베풀고 잘 보이려고 애쓴다. 하지만 도움이 되지 않을 것 같은 사람에게는 계산적으로 대한다.

인간관계를 맺는 이유는 돈이 될 수도 있고, 기분이나 명예 또는 만족이나 감동 등 여러 가지 형태의 이유가 존재한다.

그러나 "사람이 재산이다"라는 말은 '잘나가는 사람들'이 많다는 것이 아니라 나와 관계를 맺고 있는 모든 사람들과 함께 일하고 싶고, 계산적이지 않고, 서로가 서로에게 도움이 되는 좋은 사람이 많다는 것이다.

한 사람이 진짜 내 재산이 되기까지에는 많은 노력이 필요하며, 그 바탕에 서로 간의 신뢰가 쌓일 때 인간관계는 자연스럽게 형성된다.

진심이 없는 인간관계는 금세 드러나기 마련이다. "사람이 재산이다"라는 말에 집착해 성공을 위한 수단으로 사람을 만난다면 그 관계는 오래 지속될 수 없다.

인간관계에 감동을 주는 사람은 오랫동안 기억에 남는다. 작은 것이라 무시했던 관계들도 소중히 돌아보고, 관계 하나하나에 의미와 생명과 가치를 심는 생활을 한다면 우리 삶은 아름다워질 것이 분명하다.

하워드 마이클은 이렇게 말했다.

"인간관계를 만드는 것은 우물을 팔 때처럼 힘이 들지만, 땅을 파느라 흘린 땀은 끊임없이 샘솟는 부로 돌아올 것이다."

 삶으로부터 배우는 인간 경영

어떻게 사는 것이
아름답게 늙는 것인가

어떤 식으로 늙어야 하는지 아는 것은 지혜다.
그것은 생활의 위대한 기술에서 볼 때
가장 어려운 장(章)의 하나다.
—헨리 F. 아미엘

우리 인생에서 가장 어려운 난제는 무엇일까? 물론 많은 사람들이 생로병사(生老病死), 즉 태어나고 늙고 병들고 죽는 것을 꼽을 것이다. 특히 인생의 후반부를 살고 있는 사람들은 늙는다는 것과 살아온 삶의 무게를 잘 받아내 어떻게 마무리하느냐 하는 것일 것이다.

늙는다는 것 혹은 나이 든다는 것에 대해 누군가는 아름다운 것이라고 역설하는 사람도 있다. 하지만 현실에서의 진실은 결코 그렇지 않다. 가감 없이 말하자면, 많은 사람들이 늙는다는 것은 회색빛이며 슬프다고 말한다.

발랄함과 생동감 넘치던 젊음은 퇴색되고, 모든 생각과 움직임도 둔해지며, 몸은 쇠잔해져 병마에 시달리는 것이 현실이다.

나 또한 눈이 침침하고 귀가 잘 안 들리며 걸음걸이가 부자연스러워지면서 해가 갈수록 하루하루 내 몸이 다르다는 것을 느낀다. 그렇다고 자연의 섭리를 밀쳐내고 싶지는 않다.

내게 주어진 생이 어느 정도인지는 모르지만, 내 앞에 놓인 삶을 거부하지 않고 당당하게 받아들여 최선을 다해 살아가기 위해 노력하고 있다.

그래서 지금의 내 소망은 남은 생을 어떻게 정리하고 지혜롭게 풀어나가면서 아름답게 삶을 마감하느냐 하는 것이다. 그러나 인생을 아름답게 늙는다는 것은 참으로 어려운 일이다.

그럼, "어떻게 사는 것이 인생을 아름답게 늙는 것인가?"라고 묻는다면, 나는 자신이 서 있는 위치를 직시하고 긍정적인 생각으로 좋아하는 일을 하면서, 삶을 즐기며 건강하게 해로(偕老)하는 독립적인 부모가 되어야 한다고 말하고 싶다.

내 삶을 즐기기 위해 주변 사람들에게 피해나 고통을 주어서는 안 된다. 특히 가족에게 근심 걱정을 끼치거나 자식에게 짐이 되어서는 결코 안 된다는 것이 내 지론이다.

부모가 변변한 유산도 남겨주지 못하면서 자식에게 짐만 지우는 삶은 고통스럽다. 나는 부모가 자식으로부터 독립하는 순간 자식도 비로소 독자적인 삶을 살아간다고 믿고 있다.

설령 자식이 부모보다 더 좋은 대학을 졸업해 좋은 직장에서 더 많은 연봉을 받고, 더 좋은 집에 살아야 한다는 바람이 이뤄지지 않더라도 결코 부모 책임과 잘못이 아니라고 믿는다.

그런데 최근에 아주 가슴 아픈 사건 기사를 접했다. 70대 노부부가 자식들에게 짐이 되는 것이 싫다며 유서를 써넣고 아파트에서 뛰어내렸다는 기사였다. 평소 중풍으로 좌측반신마비와 심장병으로 건강이 좋지 않은 노부부가 자식들에게 경제적 부담 등 짐이 되고 싶지 않아서 투신했다는 것이 자살 이유였다.

나는 오래 전부터 내 서류가방 안에 '사전의료지시서(Medical Directive)'라는 문서 한 장을 작성해 놓고 있다. 친구로부터 얻은 자료를 조금 수정해서 내가 작성한 것인데, 주변 사람들은 이 문서 내용을 보고는 깜짝 놀란다.

그 문서에는 내가 의식을 잃었을 때 발생할 여러 상황에 대해 나의 의사를 자세히 적은 것이라 유서라고도 볼 수 있으나 말 그대로 '사전의료지시서'이다.

"나, 최두형은 맑은 정신으로 적는다. 어떤 부득이한 사정으로 인해 나의 자의적인 의사 표시가 불가능해질 경우를 대비해, 나를 치료하는 담당의사와 가족에게 다음과 같은 '사전의료지시서'를 남기니, 본인의 소망대로 실행해 주기를 바람."

이렇게 시작되는 '사전의료지시서'는 이어 여섯 개 항목으로 이어진다. 그 내용은 존중받으며 치료 받을 환자로서의 나의 소망과 한 인간으로서의 권리를 기록한 것이다.

이것은 만약에 내 신변에 예상치 못한 일이 발생했을 때 남은 가족에게 근심을 남기고 싶지 않기 때문이기도 하다.

이때 남은 가족이라 함은 구체적으로 자식들을 의미한다. 물론 아내도 포함된다. 아직 아무에게도 보여주지 않았지만, 어느 시기가 되면 공개할 생각이다.

나는 자식들에게 짐이 되고 싶지 않다. 특히 의식이 없는 상태에서 억지로 살고 싶은 마음은 전혀 없다.

사람이 살아있다는 것은 자기 스스로 자기 삶을 관리할 수 있다는 것은 의미한다고 생각한다. 자기 인생은 자기가 책임져야 한다는 전제 아래 인생의 마무리를 내 스스로 하고 싶다. 그 책임을 자식에게 전가하고 싶지 않은 것이다.

그래서 '사전의료지시서'를 작성한 이후로는 자식에게 한결 떳떳한 기분이 들었다. 마치 숙제를 미리 해놓은 학생처럼 삶 앞에 당당해지는 마음이다.

나는 아직까지 자식들에게 힘을 빌리지 않고 살고 있다. 오히려 자식들이 나에게 의지하며 산다고 엄살을 부리기도 한다.

이제는 자식들도 자기 맡은 바 일을 열심히 하며 사회에서 필요한 사람으로서 살고 있기에, 사실 아버지의 도움이 크게 필요치 않다. 나는 말이라도 그렇게 해주는 자식들이 대견하고 고마울 따름이다.

이런 자식들에게 사는 날까지는 근심 걱정을 끼치거나 책임을 떠넘겨 짐을 지워주고 싶지 않다. 그렇다고 자식들에게 의지하지 않는다는 것은 아니다. 마음으로는 의지하지만, 내 삶은 죽는 날까지 스스로 책임져야 한다는 것이 내 지론이다.

이처럼 삶의 숙제를 마치고, 내 안의 욕망을 정리하고 홀가분하게 사는 나는 오늘도 행복하다.

작은 거인,
정주영으로부터 배워야 할 것들

나는 나에게 주어진
잠재력을 활용해서
가능성을 가능으로 만들었다.
— 정주영

　　　　　　　정주영 회장이 2001년 3월 타계했으니, 한참이나 세월이 흘렀다. 승용차 뒷좌석에 머리를 기대고 정 회장의 얼굴을 떠올려 보았다.

　이제는 기억에서조차 가물가물한 얼굴이지만, 그 카랑카랑한 목소리며 웃음소리는 아직도 살아계시는 듯 생생하다. 그만큼 정 회장은 특유의 목소리와 웃음을 지닌 사람으로 강렬한 인상을 내게 남겼다.

　서울 강남구 삼성동 한가운데 있는 한 호텔로 가는 길에 차창으로 스쳐지나가는 빌딩들과 사람들을 바라보면서, 우리나라의 경제 성장이 어디로부터 왔는가를 생각하게 되었다.

그것이 개발 독재이든 성장지상주의든 간에 모든 일에는 원인이 있고 사람이 있으며, 그 까닭이 있는 법이기 때문이다.

우리나라 경제 발전을 이야기 할 때 정 회장을 빼놓을 수 없다. 정 회장은 이 나라 경제발전의 원동력이자 산증인이었기에 그 분이 남긴 것은 무엇이고, 배울 것은 무엇인지 떠올려본다.

정 회장의 전기(傳記)나 평전(評傳) 등을 읽어 본 사람이 워낙 많고, 세상이 다 아는 유명 인사이니만큼 내가 아는 정주영이라는 인물과의 소사(小事)를 더듬어 보기로 하자.

정 회장을 내가 처음 본 것은 백부님이 경기지사로 재직할 당시 비서실에서였다. 그 당시는 보잘 것 없는 철공소 같은 것을 경영한 것으로 기억된다.

그 후 국제관광공사에 재직할 때였다. 관광공사 총재였던 김일환 총재가 재경강원도민 회장을 맡고 있던 터라, 당시 기획관리실장으로 근무하던 나는 어쩔 수 없이 김 총재의 일을 대신 수행할 수밖에 없었다.

도민회 외에도 재경강원도 출신 정·재계 인사들로 구성된 '설악회'가 있어 매달 골프 모임에도 관계해야 하는 등 연락병으로서 해야 할 일들이 너무나 많은 때였다.

당시 재경강원도민회는 강원은행 설립을 적극 추진하고 있었다. 도민회를 활성화하기 위해 설악회가 조직되었고, 내친 김에 강원은행 설립으로까지 일이 확대된 셈이었다.

정 회장은 당시 뉴코리아골프장의 주주이기도 해서 설악회 모임을 위해서도 자주 연락할 수밖에 없는 처지였다.

"무슨 일을 전화로 다 해. 이리로 와. 만나서 얘기하자구."

내가 상의할 일이 있어 전화를 하면 다짜고짜 자신의 회사로 들어올 것을 종용했다. 그때 현대의 본사 건물은 무교동 서린호텔 앞에 있던 6층짜리 빌딩이었다.

회장 집무실에 들어가기 전에 비서를 통해, 새벽부터 출근해 집무실에 계시니 들어가라고 했다. 문을 열고 들어서자 정 회장은 뒷짐을 진 채 창밖을 내다보고 계셨다.

"총무부장 들어오라고 해요?"

순간 정 회장의 고함소리가 내 귓전을 쩌렁쩌렁 울렸다. 상당히 노기가 섞인 음성이었다.

정 회장은 나를 발견하고는 손짓을 했다.

"어, 최 실장 왔어. 이리 와서 앉아. 잠깐 요 일만 처리하고!"

내가 소파에 앉는 순간 총무부장이 급하게 들어왔다.

"조금 전 회사 앞까지 택시 타고 들어온 직원이 누구인지 알아봐서 당장 사표를 받아오도록 하시오."

나는 그 말에 깜짝 놀랐다. 택시 타고 출근했다고 사표를 받는 회사가 세상에 어디 있단 말인가. 내 상식으로는 이해가 되지 않았다.

총무부장이 황망한 얼굴로 집무실을 나가자, 정 회장이 그 이유를 설명해 주었다.

"그 직원 말이에요. 자기 돈이 얼마나 많은지 모르겠지만 늦어서 택시를 이용했다는 변명이 한두 번이 아닙니다. 그런 정신 자세를 가진 사람은 우리 현대건설에는 필요 없어요!"

나는 정 회장의 당당한 그 말에 상당한 충격을 받았다. 문화적 이질감 같기도 하고 당혹감 같기도 한 성질의 충격은 공기업에 다니던 나로서는 한 번도 경험해 보지 못한 것이었다.

아무튼 일반적인 상식으로는 설명할 수 없는 접근 방식을 그분은 가지고 있는 듯했다. 다시 말해서 '역발상'의 귀재라고나 할까. 순간적인 아이디어 포착 능력은 그 누구도 따라갈 수 없을 정도로 놀라웠다.

한 번은 이런 일도 있었다. 농구가 어떤 스포츠인가를 설명하는 중이었다.

"카카카, 키 큰 사람 하나 뽑아서 골대 밑만 지키고 있으면 다 되는 거 아니야?"

말 한 마디 한 마디에 뼈가 있는 말을 담아서 할 줄 아는 사람……. 그것이 내가 본 정주영 회장의 첫인상이었다.

1973년 현대중공업을 설립한 정주영 회장이 영국으로 가 500원짜리에 그려져 있는 거북선을 보여주며, 그리스 해운업계의 큰손인 리바노스에게 26만 톤급 선박 두 척을 수주해 온 일화는 너무나 유명해 모든 사람들이 다 아는 사실이다.

그때는 조선소도 건설되지 않았던 때였다. 그래서 훗날 그 얘기를 물어봤더니, "거, 뭐 대단한 일이라고"하면서 소박하게 껄껄껄 웃었다.

그런가 하면 충남 태안의 천수만을 막을 때 폐유조선을 침몰시켜 방파제를 막는데 사용한 것은 아무도 생각해 낼 수 없는 아이디어였다. 당시 최윤환 현대 부사장에게 들으니, 그 일은 현장에 있던 임원들도 깜짝 놀랐을 정도의 엽기적인(?) 사건이었다고 한다.

현대인들에게 정 회장이 어떤 모습으로 비춰졌는지를 잘 설명해 주는 일화가 있다.

한 번은 지프를 타고 울산 앞바다 새벽 공사 현장 순시 중에 그만 지프차가 바닷속으로 전복되는 사고가 있었다고 한다. 그런데 정 회장이 멀쩡히 바닷속에서 걸어 나왔다고 한다.

난 이 이야기를 전해 듣고, 현대인에게 있어 정 회장은 불사신이자 불가능을 가능으로 바꾸는 사람이라는 확신이 들었을 법하다고 생각했다.

그만큼 정 회장은 강력한 카리스마에 불굴의 리더십까지 발휘했던 것이다. 샤프하고 기발한 아이디어를 창출하는 머리에 강력한 추진력까지 갖추었으니, 그가 국내 굴지의 그룹을 일군 데에는 그만한 이유가 있었던 것이다.

1981년 봄, 동부그룹 계열의 미륭건설 사장을 사직하고 잠시 쉬고 있을 무렵이었다. 정주영 회장으로부터 전화 한 통이 걸려왔다.

"최 사장, 젊은 사람이 쉬면 뭐하나. 현대에 와서 나랑 같이 일하지 않겠나?"

"이제 건설은 안 하고 싶습니다."

나는 정중히 정 회장의 제의를 거절했다. 그때는 오직 쉬고 싶은 생각뿐이었다.

"우리 현대에 건설만 있나? 다른 것도 있는데……"

그 날은 그렇게 통화를 끝냈다. 그런데 며칠 후 아침이었다. 초인종이 울려 나가보니, 정 회장이 승용차를 보낸 것이다. 그리고 기사 편에 다음과 같은 말도 함께 전했다.

"한두 달 쉬고, 그 다음에 현대로 와도 늦지 않다."

나는 운전기사 편에 "건강이 안 좋아 좀 더 쉬고 싶습니다"라는 말과 함께 차를 돌려보냈다. 그런데 그 다음날 다시 그 차와 기사가 왔다.

"이 집 앞에서 대기하라는 지시를 받았습니다."

운전기사가 어찌할 바를 모른 채 울상이 되어 말했다. 운전기사 입장을 생각하면 안 된 일이지만, 나는 결심을 바꾸지 않고 다시 차를 돌려보내고야 말았다. 그런 뒤 백배 사과를 드렸다.

그렇게 해서 나에 대한 스카우트 제의는 일단락되었다. 당시 집사람은 정 회장님과 함께 일하면 좋을 텐데 하며 아쉬움을 표시했다.

우리나라 경제 성장의 최일선에서 많은 신화를 써내려갔던 주역들이 지금 퇴역하거나 사라져가고 있다. 1세대들이 물러간 자리를 2세대, 3세대들이 바통을 이어받았지만, 기업인으로서 존경받는 사람을 뽑으라면 그리 많지 않은 것도 사실이다.

또한 세간에서 말하기를 기업가 정주영은 성공했지만, 정치인 정주영으로서는 실패한 것으로 평가하는 부분도 있다.

어찌됐건, 요즘으로 따지면 172cm의 키라면 그리 크지 않은 신장이다. 작지만 한국경제사에 큰 산맥으로 존재하는 고(故) 정주영 회장 배우기를 내가 권하는 이유는, 한국 경제의 역동성

이 어쩌면 정 회장의 인생 궤적과 닮아 있다는 생각을 지울 수
가 없기 때문인지도 모른다.

　"'요만큼이면 되었어, 요정도면 되었어'는 내게 있을 수 없었
다. 더 할래야 더 할 것이 없는 마지막의 마지막까지 최선, 이것
이 내가 내 인생을 엮어 온 나의 기법이다."
　― 정주영

벌거벗어도 서로 부끄럽지 않은 아주 가까운 사이로, 반쪽과 반쪽의 만남인 둘이 아니라 하나로 살고 싶다. 항상 같이 있어야 양쪽을 다 볼 수 있는 외눈박이 물고기처럼 살고 싶다.

남은 생에 사랑과 존경의 레일을 깔고 행복의 기차를 타고 생의 종착역까지 달리고 싶다. 서로 마주 보고 같은 방향을 바라보면서 늘 같은 마음, 같은 생각으로 살고 싶다.

사는 날까지 부부라는 아름다운 이름의 흔적을 남기면서 늘 감사하는 마음으로 행복한 부부, 향기 나는 부부로 살고 싶다.

행복한 부부
향기 나는 부부

내게 가장 소중한
선물 세 가지

사람들은 일생을 살면서 많은 선물을 주고받는다. 서로 기쁨을 나누고 축하를 할 때 크고 작은 선물을 나눈다. 선물을 통해 자신의 마음을 대신 표현하는 것이다.

그러나 세상에서 가장 의미 있는 선물을 꼽으라면 마음에 쌓이는 선물이라고 말하고 싶다. 보고, 만질 수 있고, 가질 수 있는 선물보다는 마음의 선물이 오래도록 기억에 남기 때문이다.

비록 이기적이고 타산적인 면이 있는 선물일지라도 분수에 넘치는 고가의 선물만 아니라면 괜찮다고 본다. 선물은 받는 사람이 행복감을 느낄 수 있을 때, 받는 사람이 주는 사람의 고마운 뜻을 받아들일 때 선물의 가치가 있는 것이다.

나 또한 사람들로부터 많은 선물을 받았다. 그 중에서도 가장 소중한 선물을 꼽는다면 할아버지로부터 받은 '희망의 선물', 직원들로부터 받은 '행복의 선물' 그리고 아내로부터 받은 '사랑의 선물'이라 할 것이다.

할아버지(崔燦翊)께서는 유학과 전통문화를 지켜나가는 성균관(成均館) 관장을 50년대에 역임하신 유림의 큰 산이셨다. 한평생을 유가(儒家)의 가르침대로 실천하시며 사신 분이었다.

당시 큰아버지(崔獻吉)는 제헌국회의원을 거쳐 제2대 민의원을 지내신 분으로 인의동에 살고 계셨다. 성균관 일로 서울 출입이 잦으셨던 할아버지를 모신 것이다.

내가 중학생이던 때 큰댁은 강원도 주문진에 있었는데, 나는 가끔 큰댁으로 심부름을 다녀오곤 했다.

할아버지께서 기거하시는 사랑채 앞 섬돌 위에는 많은 신발들이 가지런히 놓여 있었고, 방 안에서는 시조창이 흘러나오곤 했다. 모두 유림과 관련된 풍류객들이었다.

그런데 술심부름 때문에 사랑채 방안을 들여다 볼 기회가 생겼다. 몇몇은 한지에 붓글씨로 시를 적고 있었고, 기생은 낭랑하고 구성진 목소리로 시를 읊는 풍경이 이채로웠다.

하루는 할아버지께 평소 궁금하던 것을 여쭈었다.

"할아버지 호(別號)는 왜 송서(松西)입니까?"

할아버지는 웃으시며, "집 뒤에 소나무 밭이 있어 송서라고 했다"면서 너무나 쉽게 대답하셨다. 뭔가 큰 뜻이 담겨있을 것이라 기대한 내 실망의 눈빛을 읽으셨는지 내게 물으셨다.

"너도 호를 하나 지어줄까?"

나는 반가웠다. 호를 지어주겠다는 할아버지의 깊은 뜻은 한 사내로서 당당히 포부를 갖고 살라는 배려였다. 그런데 고등학교에 다닐 때까지도 소식이 없어 큰집 제사 때 할아버지께 여쭈었더니, 그로부터 얼마 후 '청전(靑典)'과 '서암(瑞岩)'이라는 두 개의 호를 지어주셨다. 나는 '청전'보다는 '서암'이라는 호에 마음이 끌려 지금까지 사용하고 있다.

현재 회장직을 맡고 있는 성원개발주식회사의 본사 건물명이 서암빌딩이고, 계열사인 (주)서암엔지니어링에도 내 호가 들어가 있으며, 장학재단 역시 서암복지장학재단이다. 내가 얼마나 서암이라는 호를 애지중지 하는지 알 수 있을 것이다.

나는 지금도 무엇인가를 계획하고 행동할 때마다 항상 '상서로운 바위'가 되라는 할아버지의 뜻을 되새긴다. 그것은 할아버지께서 내게 주신 선물일 뿐만 아니라 정신이기 때문이다. 험한 세상의 나침반 역할을 하는 정신을 얻었으니 '서암'이라는 호는 나의 첫 번째 소중한 선물이 되기에 충분할 것이다.

나는 할아버지께 선물 받은 '서암'이라는 호를 '희망의 선물'이라고 생각하고 있다. 희망은 사람이 다른 이에게 줄 수 있는 가장 큰 선물이기 때문이다.

두 번째 소중한 선물은 감사패이다. 성원개발(주) 30주년 창립식에서 직원들로부터 받은 행복한 선물이다.

임직원들의 마음을 담아 건넨 그 감사패는 당황스럽기도 했지만, 직원들의 마음 씀씀이가 너무 고마워서 감사의 마음으로 즐겁게 받을 수 있었다.

언제나 인자하시고 항상 미소를 잃지 않는 그 모습,

그 누구보다 아름다운 삶을 살아오셨다고 생각합니다.

몸소 체험하고 겪으신 근검절약을 생활신조로 삼으시고,

평생 동안 한 점 부끄럼 없이 일관된 원칙으로 열과 성을 다하여

회사 발전과 성원 가족을 위해 헌신해 주신 회장님께

뜻 깊은 회사 창립 30주년을 기념하여 그 업적을 길이 새기고자 합니다.

오래 오래 건강하십시오. 감사합니다.

임직원 일동

한 직원이 낭독하는 동안 나도 모르게 눈자위를 붉히고 말았다. 나를 생각하는 전 직원들의 마음이 봄날의 햇살처럼 포근하게 느껴지는 기쁨이었다. 나는 마음 속으로 밀려드는 감동을 느끼며 속으로 생각했다.

'직장생활 하는 사람 중에서 나처럼 행복한 이가 또 있을까!'

모두가 재미있고 외롭지 않은 더불어 사는 터전을 만들겠다는 창업자로서 느끼는 최고의 행복감이 밀려들었다.

온갖 역경을 극복하고 살아남은 자에게 바치는 직원들의 작은 헌사(獻辭)에 나는 그만 감격하고 말았다. 창립 30주년 기념 행사장에서 맛본 이 감격 역시 나에게는 영원히 잊지 못할 행복

한 선물이었다.

마지막 선물은 내 손가락에 낀 커플링 반지이다.

2001년 어느 날, 나와 아내는 서로의 이니셜을 새긴 은반지 커플링을 했다. 아내에게는 평소 천식기가 있어 매년 우리 부부는 겨울철이면 날씨가 따뜻한 하와이로 휴양을 떠나곤 했는데, 그 해에도 우리는 하와이로 떠났다.

"죽을 때까지 이 반지를 빼면 안 돼요. 앞으로 얼마 남지 않은 인생 이 커플링으로 서로 위안 삼으며 사는 거예요?"

아내가 배꽃처럼 하얗게 웃으며 커플링을 하자고 제안한 배경에 대해 설명했다.

혹자들은 나이 70을 넘어 무슨 커플링이냐고 하겠지만, 나에게는 의미가 색다르다. 특히 아내의 건강이 좋지 않아 건강할 때나 젊었을 때보다 더 깊은 의미로 다가왔다.

사실 결혼반지는 결혼 초에 끼고 다니다가 어느 정도 세월이 흐르면 귀찮아서 잘 끼지 않게 된다. 그런데 늘그막에 "평생 동안 나만의 연인이 되어 주시겠습니까?"라는 뜻이 담긴 커플링 역시 아내의 사랑을 느낄 수 있는 사랑의 선물이다.

이렇게 우리 부부는 아직 정정하고 젊은이들처럼 커플링도 하면서 산다. 나는 지금 이 시간이 행복하다. 그래서 이번 기회를 통해 아내에게 사랑 고백의 선물을 해야겠다.

"당신을 영원히 사랑합니다. 당신은 하나님이 내게 보내주신 가장 소중한 선물입니다. 내 삶과 존재 또한 당신에게 모두 바칩니다. 내 마음의 꽃밭에서 핀 사랑의 꽃을 꺾어 바칩니다."

가족보다
소중한 것은 없습니다

가족이
된다는 것은
이 세상에 유일한 행복이다.
―마리 퀴리

　　현대인은 자신의 행복과 보람된 삶을 위해 성공을 꿈꾼다. 그리고 이 성공의 목표에 도달하기까지 타인과 치열한 경쟁을 벌인다. 이 과정에서 스트레스는 물론 마음의 상처까지 받는 경우도 있다.

　이러한 직장인이 하루 일과를 끝내고 편안한 마음으로 쉴 수 있는 휴식처로는 가정이 최고다. 그리고 지친 몸과 마음을 회복시키는 데는 가족과 함께 보내는 시간이 최고이다.

　사랑하는 가족이 없다면 성공을 하고 부귀와 영화를 누린들 무슨 의미가 있으며 즐거움이 있을까? 그런데도 우리는 늘 가까이에서 함께 생활해서인지 가족의 소중함을 잊고 지낸다.

그러나 가족을 외면한 사람은 세상 어느 곳에서도 환영받을 수 없고, 가족을 위해 희생할 줄 모르는 사람은 누구와도 바른 관계를 맺을 수 없으며, 가족보다 다른 것을 소중히 여기는 사람은 결코 성공할 수 없다.

가족은 세상의 기초이자 하나의 공동체이다. 가족은 무엇보다도 강한 힘을 가지고 있으면서도 작은 물방울처럼 연약하다.

사랑과 인내, 용기라는 힘으로 뭉쳐 견고한 성보다 더 강하기도 하고, 작은 무관심과 거친 말에 상처 입기도 쉽고, 돌보지 않으면 쉽게 깨어지는 게 가족이다.

그러나 "인류가 만든 걸작 중에 가정이란 걸작처럼 위대한 것은 없다"고 했으며, "만일 지상에 천국이 있다고 한다면 그것은 가정이다"라고 했다.

서로 바라보고 지켜주며 마음의 의지가 되는 가족이 없다면, 세상 속에 홀로인 것처럼 외롭고 공허할 뿐만 아니라 살아야 할 의미가 사라지기 때문이다.

'가화만사성(家和萬事成), 즉 집안이 화목하면 모든 일이 다 잘된다'는 말이 있다. 나 또한 가정이 행복하고 편안해야 만사가 해결된다고 생각한다.

가정에 불화가 있으면 하는 모든 일이 잘 안 풀린다. 근심 걱정 때문에 일에 집중할 수가 없으며, 불안한 마음이 얼굴에 나타나 주위 사람들로부터 도움을 받지 못한다.

그러나 가정이 평화로우면 이웃들과도 정이 넘치게 되고, 모든 일을 긍정적으로 생각해 사업에도 좋은 영향을 끼친다.

 삶으로부터 배우는 인간 경영

나는 사회봉사를 소명으로 여길 만큼 남과 더불어 사는 것을 중요하게 생각하지만, 무엇보다도 내 가족의 평안을 바란다.

그것은 가장으로서 책임져야 할 나의 첫 번째 의무이기 때문이다. 그렇기에 나는 가장으로서 가정의 중추적인 역할을 충실히 수행하려고 노력하며 살고 있다.

우리 부부는 아파트 주민들로부터 부러움과 사랑을 받고 있다. 노부부가 사는 모습이 그림처럼 아름답고 행복해 보인다면서 고향에서 올라온 토마토나 고구마 등을 가져다주기도 한다.

그런데 어느 날 목욕탕에 다녀온 아내가 민망하다며 이웃 아주머니의 이야기를 전해 주었다.

그 내용인즉슨 우리 내외는 "조용하면서도 어찌 그리 행복하게 사느냐고……, 참으로 인간답게 사는 것 같다"면서 아파트 내에서 잉꼬부부로 소문이 났다는 것이었다.

이 나이에 잉꼬부부라는 말을 듣는 것이 쑥스럽기도 했지만, 우리 노부부가 그런 칭찬을 들을 수 있는 것은 가정이라는 울타리를 소중하게 지키고 있기 때문이라고 생각한다.

가정이 모여 이웃이 되고, 이웃이 모여 거대한 사회가 되기에 가정이 불행하면 사회도 행복할 수 없다. 그래서 나는 결혼을 앞둔 젊은이들에게, 또는 이제 막 결혼을 한 사람들에게 가정의 소중함을 다시 한 번 일깨워주고 싶다.

우리 모두가 꿈을 꾸며 살아야 하는 이유는 바로 가족이 있기 때문이다. 그래서 가족보다 소중한 것은 없다. 가정은 희망의 발원지요, 행복의 중심지이기 때문이다.

아침에 눈을 뜨면 내가 사랑하는 가족들이 곁에 잠들어 있고, 저녁이 오면 사랑하는 이가 있는 곳으로 돌아가야 할 집이 바로 가정이다.

삶이 힘들고 괴로울 때 기쁨으로 맞이해 주고, 실수를 하거나 잘못했을 때 상처를 주거나 비난하기보다는 용서하고 격려하며 포용해 주는 사람이 바로 가족이다.

그래서 행복한 가정은 사랑이 충만한 곳이다. 가정에는 비난보다는 용서가, 주장보다는 이해와 관용이 우선되며 항상 웃음꽃이 피는 행복의 꽃밭이다.

그렇다. 가족이란 단어는 사랑뿐 아니라 모든 인간의 정을 표현할 수 있는 단어이다. 어떤 이는 "특별하고 별스러운 맛은 없지만, 안 먹으면 살 수 없는 흰 쌀밥" 같기도 한 것이 가족이라고 했고, 펄벅은 "가족은 나의 대지이며, 나는 가족에서 정신적인 영양을 섭취하는 곳이다"라고 했다.

아름다운 것들은
기억에서 사라지지 않는다

아름다운 것!
그것은
마음의 눈으로 보여지는 아름다움이다.
—주베르

1970년대 즈음으로 기억된다. 여행을 좋아하는 나는 아내와 함께 스위스를 여행했다. 알프스 연봉의 하나인 쉴튼호른에 올랐던 때가 아직도 기억에 생생하다.

융프라우요흐, 아이거 등 우리 귀에 익숙한 봉우리들이 한눈에 잘 보이는 봉우리로, 영화 007시리즈의 한 편인 〈여왕 폐하 대작전〉에서 제임스 본드가 스키를 타고 내려오는 장면을 찍어 더욱 유명해진 곳이다.

해발 2,971m인 쉴튼호른 전망대에 오르기 위해 인터라켄에서 케이블카를 타는 순간부터 벌린 입을 다물지 못할 정도였다. 숨이 딱 하고 멈출 것 같은 자연의 아름다운 장관에 경이를 표하지 않을 수 없었다.

빙하와 만년설, 깎아지른 절벽을 타고 흘러내리는 폭포, 그 아래로 넓게 펼쳐진 푸른 목초지…… 한 폭의 그림 같은 푸른 목초지에는 방목된 소와 양떼들이 한가로이 풀을 뜯고 있었다.

특히 푸른 초원에 갈색 지붕들이 옹기종기 모여 있는 마을은 마치 동화책 속의 그림을 옮겨놓은 것 같았으며, 주위에 살아있는 듯 펼쳐져 있는 아름다운 자연 풍광은 가히 장관이었다.

'이렇게 공기가 좋고, 자연에 대한 경외심까지 품게 만드는 풍경 속에서 사는 사람들은 얼마나 행복할까?'

우리 부부는 알프스가 주는 자연의 혜택을 마음껏 누리며 사는 스위스 사람들을 마냥 부러워하면서 쉴튼호른의 아름다운 풍경과 함께 마음의 평화를 담아 돌아왔다.

지금도 심신이 피곤해질 때면 조용히 눈을 감고 그때 보았던 풍경들이 떠올리기도 하고, 푸른 초원의 그 마을을 산책하던 순간을 떠올리며 기분 전환을 꾀한다.

기회가 주어진다면 꼭 '다시 한 번 가보고 싶은 곳'이다.

휴양을 겸한 해외 여행지를 찾는 분이 있다면 나는 캐나다의 '휘슬러(Whistler)'를 추천하고 싶다.

현대적 감각과 자연의 완벽한 조화를 이루고 있는 밴쿠버에서 북쪽으로 120km 떨어진 곳에 위치해 자동차를 이용해 2시간 달려가면 도착할 수 있는 곳이다.

그 곳에는 휘슬러 마운튼 스키장(Whistler Mountain Ski Resort)

과 블랙콤 마운튼 스키장(Blackcomb Mountain Ski Resort)이 있다. 스키를 즐기는 사람이라면 한 번쯤 가보고 싶은 세계 제일의 스키 리조트이다.

리프트나 곤돌라 등을 이용하면 해발 2,170m인 휘슬러 산 정상에도 쉽게 접근할 수 있으며, 봄에는 산에 눈이 쌓여 있고 들에는 봄꽃이 피어 있어 이색적인 풍경을 만날 수 있어 휴양하기에는 최고의 장소이다.

특히 휘슬러는 우리나라의 평창을 제치고 2010년 동계올림픽을 유치한 곳으로, 지금은 올림픽에 대한 열기로 뜨겁다고 한다. 만일 강원도 평창이 동계올림픽 유치에 성공했다면 어떠했을까 하는 생각을 해본다.

그런데 밴쿠버에 역전패한 아픔을 딛고 다시 강원 도민들이 똘똘 뭉쳐 2014년 동계올림픽 유치에 도전했는데, 이번에는 러시아 소치에게 빼앗겨 가슴 아팠다.

나 역시 본관(本貫)이 강릉이고 주문진에서 태어난 한 사람으로써, 강원도가 상심에 빠지지 않고 다시 한 번 도전해 2018년 동계올림픽을 꼭 유치하기를 기원한다.

사실 나는 바다가 보이는 마을에서 태어났음에도 바다보다는 산을 더 좋아한다. 가끔 집안일이나 장학사업 관계 일로 강릉을 오갈 때는 꼭 대관령휴게소에 들러 동해바다를 바라본다.

날씨가 맑은 날이면 동해 푸른 바다의 물결이 금방이라도 내 가슴팍으로 밀려와 출렁거릴 것만 같은 느낌에 빠지곤 한다.

지금이야 왕복 4차선으로 도로가 확장돼 서울에서 강릉까지 빠르면 2시간 30분 정도 걸리지만, 옛날에는 멀고 먼 길로 한참을 숨고르기를 하면서 다녀야 했다. 그래서 가끔은 옛날 생각을 하면서 옛길로 다니기도 한다.

옛길을 따라 오대산 국립공원을 거쳐 주문진을 향해 달려가는 길에 만나는 산은 정말 아름답다. 온통 푸른빛의 옷을 입은 풍경들은 뒤로 하고 구절양장(九折羊腸) 길을 달리노라면 노루며 토끼 같은 산짐승들도 만나게 된다.

나는 이와 같은 꾸밈이 없는 자연스러운 풍경이 봄, 여름, 가을, 겨울마다 각기 새로운 모습으로 나를 반겨주는 것 같아 바다보다 산을 더 좋아하는 것이다.

특히 평창군 도암면에 위치한 용평리조트는 내가 여름철에 휴양차 자주 방문하는 곳이다. 하와이도 좋고, 뉴질랜드도 좋지만 나는 여름이면 꼭 용평리조트를 찾는다.

1975년 발왕산 북쪽 자락에서 개장해 국내 최초의 스키장으로 기록되어 있는 용평리조트는 정상까지 올라가는데 20분 걸리는 케이블카가 있다.

이 케이블카는 운이 좋으면 멀리 속초며 고성까지 한눈에 내려다볼 수 있는 즐거움을 선사한다. 산을 좋아하는 나로서는 자연 그대로의 풍경을 시선 아래에 두고 마음껏 즐길 수 있으니 이보다 더 좋은 구경거리가 없다.

자연은 인간이 손이 닿지 않은 그대로 있을 때 진정한 가치를 지닌다. 그 가치란 영혼의 울림 같은 감동을 준다. 자연을 통해 인간은 맑고 깨끗하게 카타르시스를 얻게 되고, 자연이 들려주는 관현악을 듣노라면 그 자연과 하나가 되는 것이다.

예전에 나는 일본의 정원을 대단하게 생각했다. 작고 아기자기한 멋, 정교하면서도 섬세하게 꾸며진 정원이야말로 인위적인 것으로 따진다면 세계 최고라고 믿었다.

하지만 우리나라 산하(山河)를 둘러보면서 내 생각이 잘못이었음을 깨달았다. 자연 그대로의 아름다움이야말로 가장 숭고한 가치를 지닌다는 사실을 깨달은 것이다.

사람도 마찬가지이다. 남에게 피해를 주며 사는 사람이 있는가 하면, 있는 듯 없는 듯 살지만 그 존재감이 더욱 빛나는 사람이 있다. 마치 자연처럼 우리 곁에서 울림을 주는 사람 말이다.

그렇다면 나는, 우리는 어떤 사람으로 살고 있는가!

순박한 아름다움으로 살고 있는가? 남을 즐겁게 해주려는 자세를 견지하며 살고 있는가? 아름다운 언어를 구사하며 살고 있는가? 화를 내면서 대화하지는 않는가? 분수에 맞게 행동하고 있는가? 남에게 봉사하는 마음으로 살고 있는가?

아름다운 사람이 되기 위해서는 아름답고 깨끗한 자연을 관조하는 연습이 필요하다. 어쩌다 한 번 바라보는 자연이 아니라 마음을 열고 바라보는 자연 말이다. 아름다움을 모르는 사람이 어떻게 아름다움을 이야기 할 수 있겠는가?

옛 선인들은 심신이 무뎌지고 세속에 찌들었다고 여겨질 때 깊은 산 속으로 들어간 이유는 무엇일까? 있는 그대로의 자연을 통해 흐려진 마음의 거울을 닦기 위해서 아니었을까.

문득 캐나다의 레이크 루이스 호수에서 아내가 내 눈을 쳐다보며 해주었던 말이 떠오른다.

"여보! 너무 아름다운 풍경이에요. 지금 이 자리에 숨 쉬며 살아있다는 느낌, 풀잎을 눕히는 저 바람의 싱그러움, 벅찬 감동으로 가슴까지 밀려오는 물결의 환희, 저 호수에 빨간 카펫을 깐 듯한 노을, 그 노을을 등지며 걷는 우리 두 사람 생의 발자국이 너무 아름답지 않나요. 아마 이 아름다운 것들은 기억에서 사라지지 않을 거예요. 나중에 우리 꼭 다시 한 번 와요."

내가 말하는
나의 학창 시절

언젠가 고독할 때에,
청춘에의 향수가 나를 엄습한다면,
그것은 오로지 학창 시절의 우정 때문일 것이다.
―헤르만 헤세

1932년, 일제강점기 때의 평양 소재 평양기독병원. 힘겨운 산통 끝에 한 사내아이가 마침내 세상에 처음으로 울음을 터뜨렸다.

온몸이 땀으로 뒤범벅 된 산모는 아이의 울음을 듣는 순간 입가에 엷은 미소가 번졌다. 그토록 바라던 첫아이를 낳은 내 어머니 모습이다.

한편 병원 복도를 초초한 마음으로 서성거리던 아버지도 주먹을 불끈 쥐며 안도와 기쁨의 세러모니를 해보였다. 그렇게 모든 사람들의 기다림과 축복 속에 나는 세상에 얼굴을 내밀었다.

아버지가 한국산업은행의 전신인 조선식산은행 평양지점에

서 근무했던 관계로 나는 평양에서 태어났지만, 두 살 때 아버지의 고향인 주문진으로 오게 되었다.

그때 아버지는 조선식산은행을 그만두고 주문진에서 개인사업을 하기 위해 낙향을 결심하고 실행에 옮기셨던 것이다.

아버지는 할아버지가 계시던 교황리 큰집으로 들어가지 않고 주문진 읍내에 집을 마련하셨다. 그런 관계로 나는 일찍부터 유치원에 다닐 수 있는 행운을 얻게 되었다.

내가 유치원에 들어간 1937년은 제국주의 일본이 난징대학살을 일으켰고, 스탈린에 의해 연해주에 거주하던 수많은 조선인들이 강제로 중앙아시아로 이주해야 했던 시기이다.

우리나라는 전쟁에 광분하고 있던 일제에 의해 각종 수탈과 착취가 극에 달하고 있었다. 그런 터라 대부분의 조선인들은 고난과 간난(艱難)의 삶을 살아야 했다.

하지만 목재소와 정미소·양조장 등을 운영하며 탁월한 사업수완을 발휘하신 아버지를 둔 덕분에 나는 다섯 살의 어린 나이에 유치원에 다닐 수 있었던 것이다.

그리고 2년 후, 주문진읍의 신리국민학교에 입학했다. 내가 살던 집에서 30분 거리에 있었다. 이때 부모님은 나와 두 동생의 교육을 위하여 집 건너편에 별채를 마련하고 학교 선생님의 살림집을 제공했다. 지금의 가정교사로 초빙하였던 것이다.

그 당시 주문진 일대에서는 가정교사를 둔 가정이 없었을 정도였으며, 그 건넌방에 우리 형제를 기거하게 하셨으니 부모님이 자식 교육에 얼마나 열성적이었나를 알 수 있을 것이다.

마에다(前田) 선생님. 우리는 선생님을 그렇게 불렀다. 그래서 진짜 일본 사람으로 착각하기도 했지만, 일본 군대를 나오고 일본 교육을 받은 조선 사람이었다.

그 선생님은 항상 예의를 강조하였다. 그래서 우리 형제가 조금이라도 예의에 어긋난 행동을 하면 즉각적인 체벌이 가해졌다. 잘못에 대해서는 용서하지 않을 정도로 엄격했다. 그리고 귀에 못이 박히도록 강조한 말씀이 있었다.

"남에게 피해를 끼치지 않는 사람이 되어야 한다."

훗날 나는 일본을 방문하고 나서 이 말이 일본식 교육의 첫걸음이라는 사실을 알게 되었다.

어려서부터 주입식의 예절 교육을 가르치고, 또 교육받은 일본이 이웃나라를 침략해 만행을 저지르면서도 아무런 거리낌이 없었으니 참으로 아이러니가 아닐 수 없다.

어쨌거나 지금 생각해봐도, 가정교사를 둘 정도로 아버지의 교육에 대한 열정과 열의는 정말 대단했다. 그 열정과 열의 못지않게 내게 수시로 해주시던 말씀도 잊지 못한다.

"항상 조금 밑진다는 마음으로 세상을 살아라. 그것이 혼자가 아닌 구성원으로서 사회생활에 도움이 된다."

'남에 대한 배려'의 마음을 강조하셨다. 아버지의 이 말씀은 내가 성년이 되어 사회에 첫걸음을 내딛은 이래 항상 나의 좌우명처럼 작용했다.

어찌 보면 아버지와 마에다 선생님의 말씀은 내 인생의 북극성처럼 반짝이는 가르침이었던 것이다.

어린 시절의 나는 운동을 그다지 좋아하지는 않았지만 말썽
많은 장난꾸러기였던 것 같다.

학교가 파하면 의자를 들고 나와 학교 지붕 기와 틈새에 새들
이 낳은 알을 훔치거나, 학교 여선생님들이 변소에 가면 친구들
과 함께 돌멩이를 던져 오물이 튀게 하는 등 장난을 했으니 말
이다. 하지만 이런 나의 장난도 그리 오래 가지 않았다.

6학년이 되던 1945년, 우리나라는 광복을 했다. 일본의 패망과
함께 마에다 선생님도 사라져 어린 우리에게는 짧은 자유가 주
어졌다. 그러나 그 달콤한 자유는 너무나 짧게 느껴졌다.

그 이듬해 나는 서울에 있는 공립학교인 경복중학교 입학시
험을 치러야 했다. 내 의지와는 상관없는 아버지의 뜻이었다.
하지만 당시 강릉 지역에서 서울로 진학하는 학생의 비율은 그
다지 높지 못했다.

나는 아버지의 높은 기대에도 불구하고 그만 보기 좋게 입학
시험에서 미역국을 먹었다. 그 당시 대부분의 학생들이 그랬던
것처럼 나 또한 역사를 배우지 못했었다.

일제강점기라 한글도 제대로 배우지 못하던 시대에 우리의
역사(歷史)를 공부한다는 것은 꿈도 꾸지 못할 일이었다. 그러
니 주문진 촌놈의 공부에는 기초가 부족해도 한참 부족했다.

그런데 서울에는 숙부네 집이 있었고, 사촌형님인 최선래(崔
善來)가 휘문중학에 다니고 있었다. 그래서 나는 아버님의 충고
를 따라 사립학교인 휘문중학에 진학해 학교생활을 시작할 수
있었다.

서울에서의 중학 생활은 잘 적응이 잘되지 않았다. 내가 보고 자라던 주문진과는 모든 것이 달랐다. 시골에서처럼 개구쟁이 노릇은 못했지만 의기소침하지는 않았다. 늘 밝은 성격을 유지하려고 노력했던 기억이 새롭다.

한 번은 방과 후 교문 뒤에 숨어 있다가 늘 나를 괴롭히던 선배의 머리에 돌멩이를 던져 피가 흐르게 한 적이 있다. 늘 맞았던 터라 그 분을 이기지 못하고 저지른 행동이었다. 후일 호떡으로 화해해 오히려 더욱 친해졌지만 분한 마음을 참지 못하는 성격은 이미 그때부터 나의 일부가 되었던 것 같다.

어느덧 서울 생활에 익숙해지면서 학교에서도 리더 역할을 하게 되었다. 남에게 뒤떨어지는 것을 무척 싫어했고, 그런 성격은 성인이 되어 직장생활을 할 때도 완전히 사라지지 않았다.

서울에 올라온 첫해에는 왕십리 넷째 삼촌댁(최성길)에서 숙식을 했다. 집에서 원서동의 휘문중학까지 50분 정도 걸리는 거리로, 전차를 타고 종로 2가에서 내려 한참을 걸어가야 했다.

결국 통학 문제 때문에 인의동 백부님 댁으로 거처를 옮기게 되었다. 성균관장 겸 전국유림회 회장을 맡으신 할아버지께서도 인의동에 와 계셨고, 셋째 삼촌(최장길)의 두 명의 사촌도 서울로 유학을 와 휘문중학에 입학을 했다.

우리 집에서는 두 살 아래인 아우 선용이와 셋째인 선명이가 상경했으며, 선명이는 공부를 잘해 경기중학에 진학했다.

그리고 왕십리 넷째 삼촌댁이 인의동 큰집 바로 앞집으로 이사를 왔다. 이 사촌 중에서 맏이는 휘문중학에, 둘째는 경기중학에 입학하여 우리 집안은 대부분 휘문중학 아니면 경기중학 동문이 되는 기현상을 빚기도 했다.

그렇게 중학 3년을 마치고 휘문고에 진학했다. 고등학교 시절에는 큰집 사촌인 최선래 형의 영향을 많이 받았다.

유난히 체력이 약한 내가 연무장에서 유도를 익히고, 정구(庭球)를 치고, 승마도 조금 할 수 있었던 것도 다 그의 영향이라 할 수 있을 것이다.

그리고 전쟁 중이던 1951년, 나는 마침내 서울대학교 법과대학에 진학할 수 있었다.

어머니 영향으로
가족이 기독교인이 되다

어머니는
우리의 마음 속에 얼을 주고
아버지는 빛을 준다.
—장 파울

새해를 알리는 종소리가 울려 퍼지는 새벽이다. 조금 높은 곳에 올라 미명(未明)의 서울 시내를 내려다보면 가장 많이 보이는 것이 교회의 십자가라는 말도 있지만, 새해를 맞아 첫새벽에 듣는 종소리는 성스러운 기운이 가득 차 있다.

잠시 종소리의 평온함에 젖어 있는데 초인종 소리가 울렸다. 아들 내외가 온 것이다. 분가한 아들 내외는 매년 새해가 되면 우리 부부와 함께 신년기도회에 참석하기 위해 찾아온다.

그 모습이 참 기쁘고 기특한 것은 종교를 떠나서 부모와 자식 간에만 느낄 수 있는 뜨거운 사랑이자 정이 느껴지기 때문이다.

우리 부부도 서둘러 아들 내외를 따라나선다.

아들 내외가 다니는 '소망교회'의 새벽 예배를 보기 위해서다. 전에는 서초동의 '할렐루야교회'를 다녔는데, 이 교회가 크게 성장하여 분당으로 이전한 터라 지금은 며느리의 권유로 집 근처 도곡동의 '깊은소식교회'로 옮겨 걸어서 예배를 보러 간다.

우리 집안이 기독교를 믿게 된 것은 어찌 보면 참 아이러니컬하다고 할 수도 있다. 할아버지께서 유림회장으로서 엄격하고 철두철미한 생활을 하신 분이니 더욱 그러하다. 그러나 집안 어른들이 모두 돌아가신 지금 우리 집은 물론 큰집이나 작은집 모두 기독교가 종교가 되었다.

이처럼 집안이 모두 기독교인이 된 이유는 바로 어머니로부터 시작되었다고 해도 과언이 아니다.

그 옛날 어머니는 평양(平壤)에서부터 교회를 다녔을 정도로 신실한 기독교인이었다. 교회에 종이나 선풍기, 교단 등을 기부할 정도였으니 어머니의 신앙심이 얼마나 깊은지를 알 수 있다.

강원도 양양군 현남면이 고향인 어머니가 결혼한 지 얼마 후, 조선식산은행 평양지점으로 발령 받은 아버지를 따라 살림을 시작한 낯선 도시 평양은 본래부터 기독교 영향이 큰 도시였다.

독실한 기독교인이자 민족주의자였던 조만식 선생 등이 평양 기독교청년회와 함께 조선물산장려회(朝鮮物産獎勵會)를 조직하는 등 기독교는 평양을 거점으로 민족주의 운동과 밀접한 관계를 맺으면서 성장을 거듭했던 것이다.

어머니는 이웃 사람들의 권유로 교회를 다니게 되었지만, 초기에는 거의 예배를 보지 않았다고 한다. 당시 어머니는 아기가 생기지 않아 무척 괴로운 나날을 보내고 있었던 것이다.

"하나님 아버지! 우리 권사님, 참한 아기를 낳게 해 주세요."

며칠 교회를 나가지 않자 가까운 곳에 사는 교인들이 집으로 찾아와 함께 기도를 해주었다. 그 광경이 낯설었지만 기도가 계속될수록 어머니는 예전에 한 번도 경험해보지 못한 어떤 영혼의 떨림 같은 현상을 느낄 수 있었다고 한다.

자신의 일처럼 진심어린 마음으로 기도해 주는 교인들에게 감격했던 것이다. 이 일을 계기로 어머니는 본격적인 기독교인으로 입문해 간절한 소망을 담아 하나님께 기도를 드렸다.

그래서였을까. 어머니의 기도는 마침내 하늘에 닿았고, 내가 세상의 빛과 마주하게 되었던 것이다.

고향 주문진으로 이사를 한 후에는 주문진장로교회를 나가셨는데, 우리 5남매(나와 남동생·여동생 각각 두 명)도 어머니를 따라 교회를 나가게 되었다.

하지만 우리 형제자매들은 교회에 열성적이지 않았다. 믿음을 알기에는 너무 나이가 어렸고, 광복 후 서울로 유학을 오는 등 모든 것이 혼란스러운 시기 탓도 작용했을 것이다.

1968년 암으로 고생하시던 아버지가 돌아가셨다. 그런데 아버지는 돌아가시기 직전에 기독교로 개종을 하셨다. 하루는 우리 부부를 불러 힘겨운 목소리로 말씀을 하셨다.

"너희들도 교회에 열심히 나가거라. 할아버지 계시는 큰집은 아직 유교 집안으로 제사를 모시니, 제사는 꼭 참석하거라.”

아마도 믿음을 가지고 살면 험한 세상을 헤쳐 나가는데 도움이 될 거라는 취지의 말씀이었던 것으로 기억된다. 그런데 그 말씀이 유지(遺志)처럼 되고 말았다.

아버지의 장례식은 교회 식으로 치러졌다. 주문진 읍장으로 치르자는 고향 인사들의 제안도 있었지만, 그 당시 성북동 도암교회 담임목사님의 집도와 성가대의 진혼미사곡이 울려 퍼지는 가운데 아버지의 죽음을 애도하고 추모하기로 결정했다.

꽃상여가 실려나간 장지(葬地)까지 성가대가 따라왔다. 지금도 그때를 회상하면 성가대의 낮은 노래 속에 흔들려가던 상여의 모습이 한 폭의 그림처럼 떠오르곤 한다.

아내 역시 결혼 전에는 교회를 열심히 다니지 않았다. 그런데 장례식 이후 열심히 교회를 다니기 시작했으며, 이 일을 그 누구보다도 어머니가 제일 좋아하셨다.

그렇게 해서 우리 집은 모든 가족 행사를 교회 중심으로 풀어나가게 되었다. 명절 때도 많은 음식을 장만해 제사를 지내기보다는 간단한 추도식으로 대체했다.

물론 집안 여자들이 좋아했다. 다 먹지도 못하는 음식 장만을 위해 고생하거나 낭비하지 않아도 되었다. 식구가 먹을 만큼의 음식만 준비해 추도식을 올린 뒤, 대소가 집안 식구가 한자리에 모여 화기애애한 대화를 나눌 수 있어 무엇보다도 좋았다.

할아버지가 살아계실 때는 제사가 있는 날이면 어떤 일이 있어도 밤 12시까지는 큰집에 당도해야 했다. 유림회장을 지낼 정도로 유학을 숭상하신 분이라 친인척 어느 누구도 할아버지 앞에서는 제사가 번거롭다거나 허례허식이라는 말을 입 밖에 꺼내지 못했다.

그런데 할아버지가 돌아가시고 난 얼마 후 변화가 왔다. 큰사촌 최선래 형님이 용기 있는 결단을 내린 것이었다. 절실한 기독교 신자인 사촌형수가 자문역을 톡톡히 한 결과였다. 그렇게 해서 집안의 모든 제사가 기독교식의 간단한 추도식 겸 집안 식구들의 회식자리로 자리 잡게 되었다.

어머니 이야기가 나왔으니, 어머니 때문에 이사해야 했던 사건 하나를 소개해야겠다.

1982년 어느 날, 퇴근해서 어머니께 인사를 드리고 나오려는데 갑자기 나를 붙잡고 하소연을 하셨다.

"애비야, 집을 당장 옮겨야겠다."

밑도 끝도 없는 말씀에 나는 그저 눈만 껌뻑거렸다.

"왜 그러십니까?"

"내가 낮에 못 볼 것을 보았다. 부모가 죽으면 모시고 내려와야지……, 높은데 산다고 곤돌라로 끌어내려서야 되겠느냐? 내 정신이 아직 총총할 때 단독주택으로 이사를 가자꾸나. 내가 죽어도 곤돌라로 실어 나를 테냐?"

나는 그제야 무슨 뜻인지 이해했다. 아파트 고층에 사는 사람들 중 장례식장이 아닌 집에서 장례를 치른 경우가 있는데, 장지로 갈 관을 운반할 때 이삿짐을 옮기는 곤돌라를 이용했던 것이다. 어머니가 그 장면을 목격한 것이다.

이제 막 아파트 문화가 시작된 터라 누구도 생각하지 못한 일이었다. 나는 당시 압구정동 현대아파트 11층에서 어머니를 모시고 살고 있었는데, 그 장면을 목격한 어머니의 마음은 편하지 않았던 것이다.

"어머니도 참……, 별 걱정을 다하십니다."

나는 대수롭지 않게 생각했지만 어머니에게는 큰 충격이었던 같다. 그날 이후 퇴근하고 집에만 들어가면 같은 말씀을 되풀이하셨다. 나중에는 역정까지 내시는지라 할 수 없이 논현동에 단독주택을 마련해 이사를 해야 했다.

그로부터 9년 후인 1991년 겨울, 어머니는 하나님 곁으로 가셨다. 경찰병원 영안실에서 기독교식으로 장례를 치른 그날, 어머니는 가족과 친지들을 비롯해 많은 사람들의 경건한 추모 속에 당신이 섬기던 하나님 곁으로 가셨다.

어머니는 생전에 워낙 말씀이 없으셨던 분이었지만 자기주장은 확실한 분이셨다. 어머니로 인해 온 집안이 기독교인이 되었으니, 하늘나라에서 행복한 웃음을 지으며 우리를 지켜보고 계실 것이다.

우리 집의 기독교 역사를 생각해 보면 세상의 어머니들이 얼마나 위대한 존재인가를 새삼 깨닫게 된다. 아버지가 나를 강하고 곧고 키워주셨다면, 어머니는 나를 기쁘고 건강하고 사랑스럽게 낳아주신 것이다.

오늘 따라 어머니가 너무나 그립다.

아름다운 인생은
한 편의 시로 남는다

사랑하고 일하며 때로는 쉬면서
별을 바라볼 수 있는 기회를 주는 인생,
그 인생에 감사하자.
—헨리 밴 다이크

　　나는 요즘 작은 행복에 빠져 있다. 가끔씩 우리 내외에게 인사를 하기 위해 집에 찾아온 딸이나 며느리와 팔짱을 끼고 외출하다 보면, '아, 이렇게 작고 소소한 것에서부터 행복이 시작되는 것이구나!' 하는 생각을 하게 된다.

　　그렇다. 행복은 절대 멀리 있거나 큰 것에만 있지 않았다. 행복은 각자 마음먹기에 달려 있다.

　　티베트의 정신적 지도자 달라이 라마는 그의 '행복론'에서, "삶의 목표는 행복에 있다. 종교를 믿든 안 믿든 우리 모두는 삶에서 더 나은 것을 추구하고 있다. 따라서 나는 삶의 모든 행위가 행복을 향하고 있다고 믿는다"라고 말했다.

그는 이어서 "불행한 사람들이 훨씬 자기중심적이고 외톨이가 되며, 비판적이고 적대적인 성격을 갖기 쉽다. 행복한 사람들은 친해지기 쉽고 마음이 넓으며 창조적이고 일상에서 좌절을 더 쉽게 극복한다"라고 행복에 대해 설파하고 있다.

마음으로부터 정신이 어지러워지고 병이 찾아오기 때문에, 마음을 잘 다스리게 되면 인간이 겪는 오욕칠정(五慾七情), 즉 재물욕(財)·색욕(色)·명예욕(名)·식욕(食)·수면욕(睡)과 희(喜)·노(怒)·애(哀)·락(樂)·오(惡)·욕(慾)·애(愛)로부터 자유스러울 수가 있다는 깨달음. 어렵지 않으면서도 달라이 라마의 말에 수긍이 가는 대목이다.

나는 그동안 사회생활을 하면서 많은 큰일을 겪어왔다. 나름대로 성취도 있었고, 성과로부터 얻는 기쁨도 있었다. 하지만 그러한 것들로부터 큰 행복을 느끼지는 못했던 것 같다.

큰 회사의 사장직을 수행할 때도 계획과 소신을 가지고 일을 처리해왔기 때문에 "순리대로만 하면 매사가 순조롭게 풀리기 마련이다"는 철칙이 내 마음 속에 자리 잡고 있다.

큰 욕심을 버리고 최선을 다하면 일은 순조로울 것이고, 결과 끝에 얻는 기쁨은 나름대로 즐거움으로 다가오는 것이다.

나는 공무원 때나 국영기업 때나 사기업일 때나 어디에서 근무하든 손에 굳은살이 박일 정도로 열심히 일했다고 자부하고 있다. 행복한 삶을 살기 위해서는 항상 최선을 다해야 한다는 믿음이 나에게는 있었다.

언젠가 아내와 같이 TV를 시청하고 있는데, 2007년 세계피겨

선수권대회에서 우리나라 선수로는 최초로 3위에 입상한 김연아 선수가 나왔다.

해설자의 설명에 따르면, 김 선수는 허리가 아픈데도 불구하고 최선을 다해 경기를 펼쳤고, 그 결과는 세계 3위라는 성과로 나타났다고 했다. 나에게 김연아 선수는 어린 소녀에 불과했다. 하지만 18살이라는 어린 나이에도 불구하고 "인생을 참 멋있게 사는구나!"하는 생각을 지울 수 없게 만들었다.

"참 아깝네. 그 부모나 선수에게 모두 금메달을 주어도 부족함이 없는 사람들이야!"

아내를 보며 참 아깝다는 소리를 했더니 아내가 거들었다.

"동감이에요. 자신을 얼마나 희생했으면 저런 결과를 얻었을까요?"

김연아는 지금 세계 최고 1인자가 되었다.

2007년 세계수영연맹(FINA) 선수권대회 남자 자유형 400M에서 금메달을 딴 박태환 선수도 마찬가지다.

확실한 목표와 집념을 가지고 세계 최고로 우뚝 서기 위해 나아가는 사람들은 기본적으로 외로운 법이다. 그 외로움을 극복하고 정상에 우뚝 섰을 때 그 가치는 더욱 빛을 발한다.

그 개개인의 작은 행복이 모여 많은 사람에게 행복을 전파하고, 결국에는 온 국민이 더불어 행복감을 느끼게 한다. 이것이 내가 생각하는 '아름다운 사회'이다.

어떤 사람들은 돈이 많아야 행복해질 수 있다고 생각한다. 하지만 모 재벌의 경우처럼 돈이 많다고 해서 행복까지 돈을 주고 살 수는 없는 노릇이다.

행복이란 달라이 라마의 말처럼 마음에서 찾아야지 물질로부터 찾아서는 안 된다. 그리고 행복해지기를 원하는 그 자신이 행복을 만들어가는 것이지 남이 대신 만들어 주지는 않는다.

불행한 사람은 이기적인 사람이거나 남을 생각하지 않고 자신만을 생각하는 사람이다. 돈이 많은데도 불구하고 남을 생각하지 않는 사람은 불행하다.

그러나 이런 사람들과는 달리 마음 씀씀이가 큰 사람들이 우리 주변에는 더욱 많다. 이런 사람들은 가진 것이 적어도, 설령 돈이 없어도 품격(品格)이 다른 사람들이다.

이러한 사람들은 그 행복을 혼자서 독점하지 않는다. 가족에게 혹은 친구나 동료에게, 사회에 행복 바이러스를 퍼트리는 역할을 한다. 행복한 사람들이 점점 많아지는 까닭이 여기에 있다. 사회 전체가 행복해지기 위해서는 우리 모두 행복 바이러스를 가진 사람이 되어야 한다.

그렇다면 사람이 행복해지기 위해 해야 할 일들은 무엇일까?

첫째, 부부가 행복을 꿈꾸는 사람들이어야 한다. 세상의 가장 기초를 이루는 토대는 가정이며, 그 가정의 시작은 부부이기 때문에 가정의 아름다움을 보여주어야 한다.

둘째, 부모님을 공경하고 잘 섬겨야 한다. 뿌리 없는 나무가 없고 근원이 없는 샘이 없듯이, 부모 없는 자식이란 있을 수 없다. 나를 낳아 사랑과 정성으로 길러주신 부모님의 은혜에 보답

 삶으로부터 배우는 인간 경영

하는 것은 자식의 도리이며 가장 사람다운 일이다.

셋째, 다음 세대를 위해 어린아이들에 대한 투자를 아끼지 말아야 한다. 집안이 화목하고 화기애애한 분위기로 유도될 때 사회생활이 안정되는 법이다.

넷째, 남에 대한 배려의 마음을 기본적으로 가져야 한다. 사회생활을 할 때나 일할 때에는 큰 욕심을 버리고 최선을 다해야 하며, 항상 조금은 밑진다는 마음으로 살아야 한다.

마지막으로 마음을 잘 다스려야 한다. 참을 인(忍) 자 세 개면 살인도 면한다는 말이 있듯이, 아무리 어려운 일이나 분한 일이 있더라도 참고 견디며 마음을 다스리면 결과적으로 가장 좋은 결과를 가져다준다.

나는 이상 다섯 가지를 항상 실천하려고 노력하면서 살아왔다. 그래서 그런지 몰라도 나는 지금 행복한 사람이라고 감히 말할 수 있다.

어느 날 아침 자리에서 일어나는 순간 나는 꿈인지 생시인지 잘 모르는 상태에 빠진 적이 있다. 물론 젊은 날의 행복했던 기억들이 파도처럼 내게 밀려들어 아주 행복한 상태로 잠에서 깨어난 것이었다.

"나의 지난 삶은 매우 아름다웠구나. 오죽했으면 꿈에서조차도 행복하다고 말하고 있지 않은가!"

나는 혼잣말로 중얼거렸다. 그렇다. 내 평생을 되돌아볼 때 큰 역경이나 고난이 없었던 이유는 간단하다. 평상시 '조금은 밑진 듯 살자'던 생활의 원칙들이 그것을 가능하게 했던 것이다.

또한 그 상류에는 나의 삶에 대한 태도나 인성교육을 위해 노력하셨던 부모님이 계셨다.

다시 달라이 라마가 말한 '행복의 기술'에 대해서 들어보자.

"행복의 기술은 많은 요소들로 이루어져 있다. 진정한 행복이 어디에서 오는지 이해하고 삶을 살면서 그것들을 키우는 일에 관심을 갖는 데서부터 시작된다. 내적인 수련을 통하여 파괴적인 생각들을 뿌리 뽑고, 친절·관용·용서 같은 긍정적이고 건강한 마음을 갖는 일이다."

친절·관용·용서……. 이 모두 내가 좋아하는 단어들이다.

여기에 덧붙여 나는 오늘도 잠자리를 박차고 일어서며 이렇게 말할 것이다.

"아름다운 인생은 모든 이에게 감동을 주는 한 편의 시(詩)로 남는다"라고.

화목한 가정을
만들기 위해 필요한 것

제 아무리 큰 불행이라 할지라도
화목한 한 가정의
틀을 뚫고 지나가지는 못하는 법이다.
—중국 격언

나는 3남 2녀인 집안의 장남으로 태어났다. 5명의 형제자매를 갖는 것은 옛날로 치면 적은 편에 속한다. 그러던 내가 결혼을 해서 1남 2녀를 두었으며, 친손자가 1남 1녀로 2명, 외손자들이 2남 1녀로 3명이다. 요즘 적게 낳아 잘 기르자는 풍토가 우리 집에도 그대로 적용된 것 같다.

우리 집 가훈(家訓)은 '화목하고 명랑한 가정에서 근검하고 성실한 인간이 되자'는 다소 긴 문장으로, 68년도에 아버님이 돌아가신 후 새롭게 정한 것이다.

아버님 생전의 가르침도 계승하고, 새로 가장(家長)으로서 내가 해야 할 일이 근검과 성실에 있다고 판단해 지은 것이었다.

또 내가 주도적으로 화목하고 명랑한 가정을 만들어야겠다는 소박한 뜻도 담겨 있다.

사람은 가정교육을 통해 인품을 기른다. 이것은 지금까지 변하지 않는 내 지론이다. 자고로 평지풍파(平地風波)가 끊이지 않는 집안에서는 제대로 된 인물이 나오기 힘들다고 했다.

그래서 나의 노력으로 화목한 가정을 만들어 명랑하게 살아가자는 것이 나의 뜻이었다.

그런데 이 가훈은 아들이 배재고등학교에 재학할 당시 한국일보 주최의 '가훈경진대회'에 출품해 입상하는 결과도 얻었다.

당시는 대부분 한문으로 된 가훈들이 주류를 이루고 있었지만, 우리 집 가훈은 남다르게 순 한글로 이루어져 있다. 현대적인 삶과 잘 조화를 이룬 가훈이라는 심사평을 받았다.

아들은 학교 다닐 때 그다지 속을 썩이지 않은 편이었지만, 초등학교 때 일이 한 번 있었다. 그 당시 우리는 성북동에 살고 있었는데, 정릉에 사는 여동생으로부터 집 사람에게 전화가 걸려왔다.

"언니, 우영이가 우리 집에 와 있어요."

당시 아들은 동네에서 잘 맞고 다니곤 했다. 옆집 큰 아이가 자꾸 괴롭히자 자신도 모르게 화가 나서 돌멩이로 그 아이를 때렸다고 했다. 그런데 너무 많은 피를 흘러 무서운 나머지 고모 집으로 도망을 간 것이었다.

집사람은 아무 말 없이 아이를 집으로 데려왔다고 한다. 그런 뒤 많은 생각을 했다고 한다.

'아이가 너무 내성적이구나!'

그래서 호연지기(浩然之氣)도 길러주고 자신감도 키워주기 위해 태권도 도장에 등록시켜 주었다. 그 이후로 아이는 커나가면서 점점 적극적인 성격으로 변화해 가는 것을 느꼈다.

재수로 서울대학교에 들어간 아들 우영에게, 나는 "대학 졸업 후 무조건 군대에 가라"는 말을 자주했다. 그 당시는 ROTC 희망자가 그렇게 많지 않던 시절이었다.

ROTC 장교로 전방 철책선에서 군복무를 하게 된 어느 날, 경계 근무 순찰을 하던 중 뒤따르던 상사가 수류탄을 밟아 발목을 절단하는 사고가 발생했다.

아들은 자신의 부주의로 인해 사고가 났다며 열심히 병문안을 다녔다. 그런 모습을 보면서 책임감 있는 사람으로 변화해 나가는 것을 느꼈다.

군대라는 환경과 장교라는 직책을 통해 리더십도 배우면서 적극적이고 진취적인 스타일로 사고의 변화가 이루어졌다. 군대에서 헛된 시간을 보내지 않은 것 같아 마음이 편해졌다.

그 이후 사업을 하는 것을 보니 열정적인 사람으로 완전히 변해 있었다. 사회생활을 하는 중에도 책임 있는 역할을 도맡아 하는 모습을 보니 나도 모르게 흐뭇한 생각이 들기도 했다.

"꼭, 당신을 닮았어요!"

아내는 아들의 박력 있고 사교적인 모습을 볼 때마다 그렇게 속삭이곤 했다.

딸 둘은 가정적이고 조용한 성격이었다. 다만 큰딸에게는 너무 엄격하게 대했다는 생각에 항상 미안한 생각이 든다.

한 번은 큰딸아이가 놀다가 귀가시간을 넘겨 늦게 들어온 적이 있었다. 나도 모르게 큰딸아이의 뺨을 때렸는데, 아이가 울면서 자기 방으로 들어가고 말았다.

"늦을 수도 있는 거지. 왜 애를 때리고 그러세요?"

아내가 볼멘소리로 말했다. 내 앞에서는 굉장히 어려워하던 아이였다. 밤에 몰래 그 아이 방에 들어가 보니 울다가 이불을 뒤집어 쓴 채 잠들어 있었다. 이불을 제대로 덮어주고 나오면서 부모란 이렇게 마음이 아픈 거구나 하는 생각을 했다.

결혼식 때 아이의 팔짱을 끼고 들어가면서 따뜻하게 해줄 걸 하는 후회를 했다. 또 신혼여행을 떠나는 모습을 보고 집에 돌아와 아이의 방에서 한참을 서성거렸다. 텅 빈 방처럼 내 마음이 그렇게 허전하고 쓸쓸할 수가 없었다. 결국 더는 앉아 있을 수 없어 방을 나오고 말았다.

둘째 딸은 어려서 수두를 앓은 적이 있다. 그런데 너무 꽉 끼는 옷 때문에 피부가 옷감에 쓸려 몹시 쓰라려하며 고통스러워했다. 나는 보다 못해 백화점까지 가서 임산부 옷같이 헐렁한 원피스를 사 입혔다. 그런데 둘째 딸은 그것이 고마웠는지 시집갈 때 그 옷을 가지고 갈 정도였다.

특히 머리도 좋고 공부도 잘했으며, 속 썩이는 일 없이 대학도 자기의 희망대로 이화여대에 들어갔다. 항상 머리가 아파 고생을 많이 했지만, 몸이 아파도 아프다는 소리를 하지 않을 정도로 강단이 있었다.

"저희 엄마를 닮았구나!"

나는 둘째 딸의 그런 모습을 지켜보면서 남 앞에서는 자신의 속내를 내비치치 않는 제 엄마를 떠올리곤 했다.

한 번은 허리가 아프다고 하여 서울대병원에 데려가 척추에서 골수를 빼 검사를 했다. 굉장히 통증이 심한 검사인데도 얼굴만 잠깐 찡그렸을 뿐 비명도 지르지 않았다고 한다.

"그때 정말 아팠어요. 그렇게 아플 수가 없었어요, 아버지."

언젠가 나를 찾아왔을 때 딸은 이렇게 고백한 적이 있었다. 나는 그 말을 듣고 마음 속으로 울었다.

내가 세 아이를 키우면서 느낀 점은 엄한 교육보다는 가정적인 교육이 더 좋다는 생각이다. 아이들이 자랄 때 너무 엄하게 대한 것이 자꾸 나이가 들어가면서 마음에 걸리기 때문이다.

나는 아이들이 잘못을 하거나 남들에게 버릇없이 굴 때면 가차 없이 매를 들었다. 그 때문인지 지금까지도 몹시 어려워하는 것이 아닌가 싶다.

가족이 식사를 하러 갈 때 내 팔짱을 끼는 것을 어색해 하니 말이다. 오히려 며느리가 팔짱을 자주 껴준다. 그럴 때마다 나는 위안을 받는다. 마음이 편안해져 가족에 대한 고마움이 넘치며 그렇게 행복할 수가 없다.

나는 아이들의 진학 문제에 대해서는 본인들의 희망을 존중해 주었다. 다만 아들이 의예과에 가기를 내심 희망했지만, 의사라는 직업이 힘들다는 이유로 반대한 아내의 의견을 따랐다.

사람은 저마다의 특기가 있는 법이다. 그것을 존중해 주는 것은 그 아이들의 인생이 거기에서부터 출발하기 때문이다.

나는 아이들에게 항상 겸손하고 남을 배려하는 마음을 가질 것을 가르쳤다. 먼저 남에게 배려하면 나중에 배가 되어 자신에게 돌아온다는 것과 남과 어울려 사는 법을 깨우치기를 희망했던 것이다. 외롭지 않은 사람이 되기 위해서는 남을 배려할 줄 알아야 하는 것이다.

또한 절제와 절약, 분수에 맞게 행동해야 한다고 강조했다. 절제와 절약 생활을 몸에 익히면 세상을 살면서 느끼는 불편을 줄일 수 있고, 남에게 흉잡히지 않으려면 제 분수가 무엇인지 잘 살펴야 하기 때문이다.

아내는 내가 옛날보다 많이 변했다는 말을 하곤 한다.

"옛날 아이들 가르칠 때는 너무 엄격해서 정말 눈치 많이 봤어요. 몸살 날 정도였다니까요!"

그러나 변한 것이 아니다. 원칙은 무슨 일이 있더라도 반드시 지켜져야 한다는 것 외에는 개방적인 것이 본래 나의 가정교육에 대한 생각이었던 것이다.

나는 손자와 손녀에게도 많은 것을 바라지 않는다. 다만 세상에서 자신의 몫을 하고, 남들에게 욕먹지 않는 사람이 되어주길 바랄 뿐이다. 그저 사람답게 살면서 현재 위치에서 자기 할 일이 무엇인지 알고 최선을 다해주길 바랄 뿐이다.

미국 대학원에서 MBA 과정을 밟고 있는 손자는 반 학기를 남겨놓고 군복무를 마치기 위해 입대했다. 1학기만을 남겨놓고 있는데 군 복무를 마치고 나머지를 마치겠다고 한다. 그 생각이

요즘 우리나라 아이들하고 다른 것 같아 마음에 든다.

카네기메론대학에서 경영학을 전공하고 있는 손녀는 내성적인 오빠와는 달리 성격이 시원시원하다. 그래서인지 학교에서도 리더 역할을 하고 있다.

"저는 오빠하고 성격을 바꿨으면 좋겠어요."

전통적인 여성관을 가지고 있을 이 할아버지를 생각해서 어리광으로 한 말일 것이다. 그래서 나도 흉은 아니라는 말로 위로 아닌 위로를 해준다.

"요즘은 여자가 왈가닥인 것이 흉은 아니란다."

이렇게 모두가 원칙을 지키고 자신의 인생을 살고 있는 것을 지켜보는 나는 한없이 기쁘다. 가정을 지키는 것은 모든 구성원들이 항상 화목하고 명랑한 마음을 가질 때 비로소 이루어진다. 또한 그것은 근면하고 성실한 인간이 되어 똑바른 사회생활을 할 수 있는 근본이 된다.

이제 앞으로 가훈 또한 시대를 따라 바뀌어 갈 것이다. 그러나 근본에 깔린 정신만은 계속 이어지기를 바랄 뿐이다. 만고풍상(萬古風霜)에도 변하지 않는 것들이 존재하듯이 말이다.

행복한 부부
향기 나는 부부

부부란
두 반신(半身)이 되는 것이 아니고
하나의 전체가 되는 것이다.
—반 고흐

　　내가 아내를 처음 만난 때는 혈기가 왕성한 스물일곱의 나이였다. 나보다 세 살이 적은 아내는 이화여대 국문과를 막 졸업하고 신부수업을 받고 있었다.

　　이 꿈 많던 아가씨를 광화문의 2층 다방에서 만난 첫인상은 평범해 보였다. 경기도지사로 계시던 백부 밑에서 경기도 장학실관을 하시던 분이 맞선을 주선하셨는데, 그 당시 문교부 장학실장의 따님이었다.

　　우리 두 사람은 영화 관람도 하고, 제과점에서 케이크도 사 먹고, 고궁이나 은행잎이 바람에 뒹구는 덕수궁 돌담길도 걷는 등 여느 연인들과 같이 데이트를 했다.

요즘의 연인들처럼 데이트를 즐길만한 장소가 많지 않았던 터라 딱히 갈 만한 곳이 없던 그런 시절이었다. 그래도 우리 두 사람은 데이트를 즐기면서 서로의 사랑을 확인한 뒤 결혼에 성공했다.

아내는 엄격한 가풍(家風)을 지닌 교육가 집안에서 자란 탓인지 조신한 성격이었다. 50여 년을 살면서 느끼는 점이지만 아내의 그러한 성격은 참 내 마음에 든다. 아마도 천생연분이란 말은 이럴 때 사용하는 것 같다.

퇴근 후 집에 도착해 초인종을 누르면 이내 아내의 하이 옥타브 목소리가 안으로부터 들려온다.

"당신이에요?"

그리고 문이 열리면서 미소 띤 얼굴로 나를 반기는 아내가 서 있다. 참 보기 좋은 행복한 풍경이다. 지금도 그 장면들은 계속되고 있다.

나는 아내와 부부라는 이름으로 살면서 일심동체라는 말을 여러 번 실감했다. 지금까지 살면서 서너 번의 큰 수술을 받았는데, 그때마다 아내는 자신이 아픈 몸보다 남편이 얼마나 고통스러울 것인가를 더 많이 염려해 주었다.

"잘 주무셨어요?"

아침에 침대에서 일어나면 아내는 밝은 표정과 함께 꾀꼬리 같은 목소리로 인사를 한다. 그럴 때면 아내를 포옹하고 가볍게 모닝 키스를 해주고 싶은데 잘되지 않는다. 성격적으로 애정 표현을 잘 못하는 나로서는 그저 마음뿐이다.

나는 아내를 통해 남편의 자리와 아내의 자리를 생각하는 시간을 자주 갖게 된다. 남편이 세상의 튼튼한 울타리라면 아내라는 자리는 한 가정의 행복을 만드는 가장 원초적인 힘이다.

좋은 아내란 심성이 고운 사람이다. 고운 심성은 가정에서 길러지는 것이므로 가정교육이 제대로 된 사람이어야 한다.

부모에 대한 효성이 지극하고 남편을 사랑하고 자식들을 잘 길러내야 한다. 부부 사이에 사랑이 샘솟도록 노력하고, 가정이 화목하고 행복이 넘쳐나도록 최선을 다해야 한다.

물론 남편은 가장으로서 가족에 대한 책임감이 있어야 한다. 예나 지금이나 남편은 생계와 자식들의 교육 등 생활의 안정에 대해 책임져야 한다고 나는 생각한다.

또한 남편은 항상 가족들의 미래를 위해 꿈을 가진 사람이어야 한다. 계획을 가지고 살아야 하며 허송세월로 시간을 탕진해서는 안 된다.

나는 공무원에서 국영기업체, 대기업을 오가며 직장생활을 했다. 그리고 성원개발을 일구기까지 항상 내 가족의 행복과 안락한 보금자리를 만들기 위해 끊임없이 계획을 세우고 자신을 채찍질하면서 살아왔다.

이렇듯 남편이 밖의 울타리를 튼튼히 지켜주는 역할을 할 때 가정은 화목하고 평온한 가운데 질서를 찾는다.

내가 50여 년의 결혼생활을 통해 느끼는 좋은 가정 만들기의 첫 번째는 부부지간의 상호신뢰이다. 나는 지금까지 아내와 살아오면서 부부 싸움을 안했다면 거짓말일 것이다.

그러나 부부싸움이라 해도 가벼운 말다툼으로 끝나는 것은 아내의 깊은 생각 때문이다. 미리 내 마음을 살펴 부부 싸움을 할 단초를 없애고, 사소한 일에도 배려해 주기 때문이다.

언젠가 내가 늦잠을 잔 적이 있다. 그런데 잠에서 깨보니 아내는 보이지 않고, 머리맡에 아내의 편지가 놓여 있었다.

〈여보, 사랑해요! 마실 다녀올게요. 깨면 전화하세요. ―당신의 꿈으로부터.〉

빨간 종이에 아내의 낯익은 글씨체로 적혀 있었다. 나는 행복한 웃음을 입가에 띠며 종이 뒷면에 인쇄된 글을 읽어 보았다.

'매일 한 끼는 함께 하라. 매월 한 번 이상 함께 외출하라. 계절마다 함께 여행하라' 등 멋쟁이 부부로 살 수 있는 열 가지 방법이 나열되어 있었다.

아내는 나와 함께 하고 싶은 것이나 바라는 것이 있으면 말이 아닌 글이나 깜짝 이벤트 같은 것을 준비해 전달하곤 했다. 아내는 내 마음을 움직이는 법을 알고 있는 것이다. 나는 그런 아내가 한없이 고맙다.

사실 일이 바빠 아내에게 많은 시간을 함께 해주지 못했다는 것이 아내에 대한 변명일지라도 후회하지는 않는다. 나는 아내와 함께 하고 있는 지금의 삶이 제일 행복하다.

그렇다면 가정을 지키는데 있어서 남편과 아내가 지켜야 할 미덕은 무엇이 있을까? 언젠가 마음에 와 닿아 메모해 두었던 것으로 여기 '남편의 10계명'을 먼저 소개하고자 한다.

첫째, 남편은 결혼 전과 신혼 초에 보였던 관심과 사랑이 변치 않도록 항상 노력해라.

둘째, 결혼기념일과 아내의 생일을 잊지 마라.

셋째, 평소 아내의 옷차림과 외모에 관심을 가져라.

넷째, 아내가 만든 음식에 대해 말이나 행동으로 감사의 마음을 표시하라.

다섯째, 매사를 아내와 의논하고 결정하는 습관을 길러라.

여섯째, 아내의 마음에 상처를 주는 말이나 행동을 삼가라.

일곱째, 가정불화가 있을 때 한 걸음 아내에게 양보하라.

여덟째, 가정 경제는 아내에게 일임하여 아내가 보람을 느끼도록 하라.

아홉째, 아내의 개성과 취미를 존중해 주고 키워주도록 노력하라.

열째, 하루에 두 번 이상 아내의 좋은 점을 발견하여 즉시 일러줌으로써 아내에게 기쁨을 주는 습관을 길러라.

사실 이 열 가지를 모두 지킨다는 것은 힘든 일이다. 하지만 마음 속에 새겨두었다가 필요할 때 행동으로 실천하면 되는 것이다.

그럼, 화목한 부부, 향기 나는 부부가 되기 위해서 아내가 남편에게 배려해야 할 '아내의 10계명'은 무엇일까?

첫째, 재치와 근면성을 가져라.

둘째, 음식 준비를 할 때 남편의 식성에 유의하라.

셋째, 다툴 때 혼자만 말하지 말라.

넷째, 남들 앞에서 남편의 결점을 늘어놓거나 지나친 자랑도

하지 마라.

다섯째, 남편에게 할 말이 있을 때는 남편의 기분 상태를 참작하라.

여섯째, 남편에게는 한적한 시간을 갖고 싶어 하는 심리가 있음을 참조하라.

일곱째, 중요한 가정 문제를 결정할 때는 남편의 뜻에 무게를 실어주는 분위기를 보여라.

여덟째, 남편의 수입에 맞춰 절도 있게 살림을 꾸려나가도록 하라.

아홉째, 모든 일에 참을성 있게 행동하라.

열째, 남편의 좋은 점을 발견하고 표현하라.

세상의 모든 아내들 또한 이 열 가지를 지키기는 어려울 것이다. 그러나 결코 어려운 것은 아니다. 남편이나 아내 모두 서로를 배려하고 사소한 것에 마음을 써준다면 불가능한 것도 아니라고 생각한다.

나는 요즘 교회를 가면 이런 기도를 하곤 한다.

"전능하신 하느님, 감사합니다. 우리 두 내외가 오늘 교회에 와서 하느님 말씀을 들을 수 있도록 해 주셔서 감사합니다. 우리 내외와 가족 모두 건강을 살펴주시고, 남에게 피해를 주지 않는 가정이 되도록 하여 주시옵소서. 우리 내외가 결혼한 지도 어언 50여 년, 앞으로 얼마가 될지는 모르겠지만 건강하게 살다가 갈 수 있게 하여 주시옵소서. 또한 자식들에게 피해를 주지 않고 짐이 되지 않으면서 두 내외가 살 수 있도록 하느님께서

도와주시옵소서. 우리 가정에 평화가 넘치기를 하느님의 이름으로 기도드립니다. 아멘."

그저 아내에게 고맙다는 말을 하고 싶은 것일지도 모른다. 백년 동안 함께 할 수 있다면 좋겠지만, 세상을 살 만큼 산 우리네로서는 건강한 몸으로 아름답고 즐겁게 행복한 부부, 향기 나는 부부로 남은 생을 살고 싶다.

벌거벗어도 서로 부끄럽지 않은 아주 가까운 사이로, 반쪽과 반쪽의 만남인 둘이 아니라 하나로 살고 싶다. 항상 같이 있어야 양쪽을 다 볼 수 있는 외눈박이 물고기처럼 살고 싶다.

남은 생에 사랑과 존경의 레일을 깔고 행복의 기차를 타고 생의 종착역까지 달리고 싶다. 서로 마주 보고 같은 방향을 바라보면서 늘 같은 마음, 같은 생각으로 살고 싶다.

사는 날까지 부부라는 아름다운 이름의 흔적을 남기면서 늘 감사하는 마음으로 행복한 부부, 향기 나는 부부로 살고 싶다.

건강 네트워크를
구축하라

건강의 중요성은 아무리 강조해도 지나치지 않는다. 그래서인지 너도나도 웰빙을 찾고, 건강식품들이 쏟아져 나오고 있으며, 방송이나 신문, 잡지 등에서는 잘 먹고 잘 사는 법을 소개하고 있다.

어떤 음식은 어디에 좋고, 어떤 음식은 몸에 해로우니 먹으면 안 되고, 어떤 음식은 스태미나에 도움을 주기 때문에 챙겨먹어야 한다고 시시콜콜하게 건강 지식을 전달해 주고 있다.

건강을 중요하게 생각하는 현대인들은 이 같은 정보들을 맹신하고, 마치 자신의 건강이 위험한 것으로 생각해 몸에 좋은 운동, 영양가 높은 음식을 찾고 있다.

어찌 생각해 보면 이런 건강 정보들이 오히려 병을 불러오고, 사람들을 비만으로 만들어 건강에 악영향을 미치지 않을까 걱정이 되기도 한다.

우리에게는 한때 먹을 것이 부족해 배고픔을 해결하는 것이 가장 큰 문제였던 시절이 있었다. 맛있는 음식을 먹기 위해 비싼 돈을 지불하는 지금과는 달리 건강해지기 위한 음식들을 챙겨먹는다는 것은 사치였다.

그래서 그 당시는 돈을 벌기 위해 건강을 버렸지만, 지금은 잃어버린 건강을 되찾기 위해서 돈을 쓰고 있는 것이다.

건강은 그 자체로 보배이다. 건강한 신체에 건강한 정신이 깃들고, 건강하면 모든 일에 자신감이 생겨 삶이 즐거워진다. 인간의 행복은 건강에 의하여 좌우된다고 해도 결코 틀린 말이 아닌 것이다.

페스탈로치는 "건강한 몸을 가진 사람만이 조국에 충실히 봉사할 수 있고, 좋은 부모, 좋은 자식, 좋은 형제, 좋은 이웃이 될 수 있다"고 했다. 그래서 자신뿐만 아니라 식구를 위해서, 나아가 이웃과 나라를 위해서도 건강해야 한다고 했다.

나는 어린 시절부터 몸이 허약했던 관계로 과격한 운동이나 육체적으로 체력을 많이 소모하는 운동이 아닌 비교적 체력을 소모하지 않는 나만의 건강법 몇 가지가 있다.

그렇다고 그 건강법이 의사의 조언에 따라 진행되거나 체계적으로 이뤄지는 것이 아니라 평상시 내가 생활하는 규칙적인

생활 습관이 바로 내 건강법이다.

적게 먹는 것과 음식을 꼭꼭 씹어 삼키는 것 그리고 가벼운 요가(스트레칭), 자주 웃고 긍정적인 생각을 가지려고 노력하는 것이 내 건강법이다.

첫째, 소식(小食)하고 음식을 오래 꼭꼭 씹어 먹는다.

내가 지금까지 소식하는 것은 어려서부터 위장이 약해서 많이 먹을 수 없었기 때문이다. 이것이 자연스럽게 습관이 된 것이다.

그런데 웰빙이 건강 키워드로 등장하고, 습관을 바로 잡아 몸을 맑고 건강하게 해주는 소식을 하면 장수한다는 사실이 의학으로 뒷받침되면서 많은 사람들이 이를 실천하고 있다.

옛날부터 소식하는 사람이 장수한다는 말이 있어 왔지만, 식사량을 30% 줄이면 수명을 30% 연장할 수 있다는 논문이 '사이언스'지에 발표되었다는 기사를 접했다.

또 소식을 하면 우리 몸의 체내 산소 소모량이 줄어 몸에 유해한 활성산소 생성이 억제되고 신진대사가 활발해져 신체 각 기관의 기능을 최상의 상태로 유지할 수 있고, 칼로리 제한으로 체온과 인슐린 수치가 낮아지고 혈중 남성호르몬 수치는 높아져 노화가 지연된다는 사실이 밝혀지기도 했다.

나는 적게 먹는 소식 외에도 가능하면 늘 먹던 음식보다는 한 번도 먹어보지 못했던 새로운 음식을 먹기 위해 노력하고, 식사 시간은 30분 정도로 여유롭게 하고 음식은 충분히 씹어 삼킨다. 그리고 늦은 밤에 음식을 먹거나 술, 커피, 탄산음료 등

지나치게 자극적인 음식은 가능하면 피한다.

그리고 음식물을 꼭꼭 오래 씹는다. 음식물을 잘 씹느냐 안 씹고 삼키느냐에 따라 몸으로 가느냐 아니면 바로 대변으로 가느냐가 결정된다.

우리가 먹은 음식물은 '입－식도－위장－소장'을 거쳐 우리 몸의 각 부분으로 영양분이 공급되는데, 잘 씹지 않고 위장으로 보내지면 소장에서 100% 흡수가 되지 않고 바로 대장으로 보내져 대변으로 나온다고 한다.

음식을 꼭꼭 오래 씹으면 입 안에서 소화액인 침이 나와 소화가 잘 되어 우리 몸에 필요한 에너지를 공급하고, 씹는 운동은 육체적·정신적 건강에도 아주 좋은 운동이다.

둘째, 나만의 방법으로 스트레칭과 요가를 한다.

나는 특별히 좋아하는 운동이 없어 아침에 눈을 뜨면 가벼운 요가로 운동을 대신하고, 퇴근 후에는 시간이 나는 대로 산책을 한다.

그런데 요즘 전 세계적으로 주목받고 있는 건강법이 바로 요가와 스트레칭으로, 이 두 가지만 꾸준히 해도 질병을 예방할 수 있다고 한다. 별다른 도구 없이 손쉽게 할 수 있고, 몸의 피로는 물론 정신까지 맑게 해주는 것이 가장 큰 장점이다.

셋째, 항상 긍정적인 생각으로 생활한다.

'좋아! 잘 될 거야! 할 수 있다!'는 긍정적인 발상을 계속하면, 뇌에 좋은 호르몬을 분비시켜 의욕을 고취시키고, 인내력과 창의력을 강화시키며 건강 증진에 도움을 준다고 한다.

자신의 일을 즐길 줄 알고 매사에 긍정적이고 낙관적인 사고를 가지면 신체와 정신 건강에도 좋은 영향을 미친다.

넷째, 하루 한 번 큰 소리로 웃기 위해 노력한다.

웃음은 일종의 삶의 예방주사다. 기분 좋게 큰소리로 웃으면 엔도르핀이 생성되어 스트레스와 긴장을 풀어줘 건강에 좋다.

‘의사의 아버지’ 히포크라테스는 “웃음이야 말로 몸과 마음을 함께 치료하는 최고의 치료 수단이다”이라고 했다.

미국의 프리드 박사는 “하루 45분 웃으면 고혈압이나 스트레스 등 현대적인 질병 치료가 가능하다”고 했으며, 독일의 미하엘 티체 정신과 전문의는 “웃음은 스트레스를 진정시키고 혈액순환을 개선하며 면역체계와 소화기관을 안정시키는 작용을 한다”고 했다.

노먼 커즌스는 “환자가 10분간 통쾌하게 웃으면 두 시간 동안 고통 없이 편안한 잠을 잘 수 있다”고 했으며, 미국 굳스 홉킨스 병원은 “웃음은 순환기를 깨끗이 하고 소화기관을 자극하여 혈압을 내려준다”는 사실을 밝혀냈다.

또한 웃음은 억지로 웃어도 90%의 효과가 있으며, 혼자 웃기보다는 여럿이 웃으면 33배 효과가 있다는 연구 결과도 있다.

이처럼 의학적인 증명이 아니더라도 자주 웃는 사람은 실제적으로 웃지 않는 사람보다 더 오래 산다고 한다.

마지막으로는 건강 네트워크 구축이다.

외로움은 성별이나 나이에 상관없이 건강에 치명적인 ‘바이러스’다. 실제로 우리나라 노인의 경우 배우자의 사망, 자녀와의 이별, 은퇴 등 여러 가지 환경 변화로 인해 20~40%가 우울증은 앓고 있다고 한다.

특히 전문 직종에 종사한 사람일수록 사회에 잘 적응하지 못하고, 자기중심적인 생활 때문에 사람들과 잘 어울리지 못해 우울증에 빠진다는 것이다.

그런데 나는 아직도 많은 모임에 참석하고 있고, 친구들이 사무실로 찾아와 세상사는 이야기를 나누고 있으며, 많은 친구들과 끊임없이 전화 통화를 하면서 서로의 안부를 묻거나 약속을 하고 만난다.

내가 이렇게 비교적 건강한 몸으로 바쁘게 살고 행복해 하는 것은 바로 건강 네트워크 때문이다.

100세까지는 아니더라도 노년의 삶을 건강하고 행복하게 살기 위해서는 주변에 언제라도 전화를 할 수 있는 인간관계를 맺어야 한다.

그래서 가능하면 많은 사람을 사귈 수 있는 모임이나 행사, 각종 강좌에 적극적으로 나가 건강 네트워크를 구축하고, 봉사나 영화 관람을 통해 정신 건강을 도모해야 건강하게 오래 산다.

또 다시
가고 싶은 그 곳들

진정한 여행이란
새로운 풍경을 찾는 것이 아니라
새로운 눈을 갖는 것이다.
―마르셀 프루스트

　　　　나는 여행을 길 위에서 배우는 인생 공부라고 생각한다. 젊어서부터 여행을 많이 한 이유가 다 그 때문이었다.

　지금은 예전처럼 여행을 자주 떠나지 못하지만, 시간이 주어지만 꼭 다시 가 보고 싶은 곳을 떠올려보곤 한다. 그 중에서 아프리카를 제일 먼저 가보고 싶다.

　푸른 초원에 빨간 석양이 보자기를 펼쳐놓은 듯 황홀한 장면은 보는 것만으로도 평화롭다. 바람이 불어와 대지의 기운을 흔들어 보지만 아프리카의 모든 것들은 경솔하게 움직이지 않는다. 그 곳에서는 모든 것이 느리게 움직인다. 나는 아프리카의 그런 느린 움직임들이 아름답게 느껴지곤 했다.

특히 거대한 코끼리들이 한 줄로 이동하는 웅장한 행렬은 한 편의 스펙터클 영화 같다. 거대한 몸집임에도 여유만만한 걸음을 떼어놓는 광경은 내 기억에 아주 인상적으로 남아 있다.

기린처럼 긴 목을 하고 태양을 향해 솟아 있는 몇 그루의 나무 사이로 코끼리 일행이 걸어가는 모습은 흡사 사막의 카라반이나 구도자 혹은 여행자 같은 느낌이 들었다.

마음의 복잡함을 다 떨치고 유유하게 걸어가는 코끼리들은 평화 그 자체였다. 나는 그 한 컷의 장면을 만난 이후 마음이 어수선하거나 스트레스가 쌓이면 조용히 눈을 감고 그때를 떠올려보곤 한다. 아니 그 광경은 두고두고 나의 마음을 아프리카로 향하게 한다.

그러면 내 마음은 평화로운 코끼리들처럼, 드넓은 아프리카 초원처럼 긴장이 풀리고 얼굴에 평온한 미소가 떠오른다. 그리고 고개 숙여 삶의 감사함을 기도드린다.

그리고 북유럽 쪽을 가보고 싶다. 유럽의 도시들은 거리가 곧 박물관이고 미술관이다. 오랜 역사가 깃든 도시들을 거닐다보면 21세기의 문명들이 하찮아 보일 때도 있다.

하지만 내가 북유럽을 다시 떠올리는 것은 역사와 예술을 간직한 고풍스런 거리들이 아니라 자연이 만든 상쾌한 공기와 푸른 하늘 때문이다. 그 느낌은 아직도 생생하다.

북유럽은 스칸디나비아 반도를 끼고 있는 나라와 더 북쪽에 위치한 나라들이다. 북위 55도에 위치해 추울 것 같지만, 바다의 난류 영향으로 겨울에도 온후한 기후를 지니고 있어 생각만큼 춥지 않다. 물론 내륙의 산악지역은 추위가 혹독하다.

북유럽의 대도시들은 대부분 바다를 낀 항구도시라 건물과 바다가 어우러진 풍경이 참 아름답다. 그러나 무엇보다 아름다운 것은 뛰어난 자연의 경관이다.

도시의 녹지율도 70% 이상이어서 커다란 숲을 연상시킨다. 그래서인지 북유럽은 공기부터 달랐다. 모든 것이 상쾌했고, 전혀 때 묻지 않은 청정함 그 자체였다. 여기에다 척박한 땅에서 살아 그런지 사람들은 부지런하고 근면하다.

처음 북유럽에 갔을 때는 해가 일찍 지는 것이 낯설었다. 밤이 너무 빨리 찾아와 너무 신기하기도 했다. 북유럽 사람들이 햇빛을 소중히 여기는 이유이다. 겨울도 긴 데다 밤까지 길다보니 맑고 따스한 햇볕에 대한 갈망이 더 큰 것 같았다.

하지만 짧은 햇빛 대신 상쾌한 공기와 청명한 하늘이 있는 북유럽의 추억은 색다른 느낌을 주었고, 기회가 된다면 그 곳을 다시 한 번 가보고 싶다.

그러나 아프리카나 북유럽보다 더 그리운 곳은 바로 우리 땅이다.

설악산의 우람한 모습과 화려하게 물든 단풍은 언제 봐도 아름다움 그 자체이다. 강원도 인근에서 회 한 접시 먹고, 온천욕도 하고······.

속리산은 또 어떤가! 울창한 숲은 북유럽의 자연 못지않다. 거기다 산자락의 밥집에서 먹는 풋풋한 산채 나물밥의 맛은 생각만 해도 시장기를 느끼게 한다.

음식 이야기가 나오면 몇 군데 더 떠오르는 곳이 있다.

한 그릇 안에 온갖 나물들이 다 들어 있는 비빔밥과 한 상 가득 차려진 전통 한정식이 유명한 전라도, 자갈치 시장의 싱싱한 생선들과 초고추장을 풀어서 먹는 복국이 유명한 부산, 참숯에 구운 담백하고 고소한 장어가 있는 풍천 등 어디를 가도 먹을거리 볼거리가 많은 곳이 우리 땅이다.

여행이란 언제든 마음만 먹으면 갈 수 있다지만 그것도 일에 얽매이다 보니 말처럼 쉽지 않다. 하지만 바쁠수록 쉬어 가라는 말처럼, 여유가 없을수록 일부러라도 짬을 내어 떠나야 한다. 그래야 심신이 지치지 않고 삶이 활력을 찾을 수 있다.

그러나 우리네 삶은 많은 장애와 암초가 곳곳에 지뢰처럼 매설되어 있다. 그래서 늘 자기로부터 도피하고 싶고, 현실로부터의 이탈하고 싶어 미지의 세계와 만남을 꿈꾼다.

이처럼 우리에게 찾아오는 삶의 저항을 극복하지 않고서는 더 높은 곳으로 올라갈 수 없다. 지친 일상에 포로가 되지 않고 주체로 살 수 있는 깨달음을 주고, 우리 삶 전체가 여행임을 되돌아보게 해주는 것이 바로 여행이다.

여행은 결국 자신의 뭔가를 비우고 그 자리에 뭔가를 다시 채우는 것을 배우는 과정이다.

올해는 우리나라의 멋과 맛을 즐기러 길을 나서야겠다.

 삶으로부터 배우는 인간 경영

산다는 것은…

　　　　　　　　　산다는 것은 무엇일까요?

산다는 것은 어떤 의미일까요?

이 물음에 그 누구도 명쾌하게 '이것이다'라고 대답할 수 없습니다. 사람마다 가치관이 달라 정답이 있는 것은 아니지만, 삶에 희로애락의 점을 찍으며 자신의 삶에 아름다운 무지개 하나 걸어두고 싶은 소망이 아닐까 합니다.

어쩌면 내가 선택한 인생으로 책임질 일이 더 많아진다는 것인지도 모릅니다. 수많은 사람들과 인연을 맺고, 그들에게 자신의 존재를 각인시키며, 순간순간 내린 결정의 선택을 책임져야 하는 것이 바로 인생입니다.

그렇습니다. 우리 인간은 서로 사랑하고 사랑받기 위해 태어났습니다.

진정 산다는 것은, 산다는 것은 무엇일까요?

삶에 쫓겨 종종걸음만 치는 것이 아니라 들꽃의 청조함에 눈길을 주고 서로 교감을 나누며 정을 주는 것입니다. 바람이 잠자기를 기다리는 게 아니라 그 부는 바람에 몸을 맡기는 것이며, 바람이 약해지는 것을 기다리는 게 아니라 그 바람 속을 헤쳐 나가는 것입니다.

산다는 것은 어제의 일들과 결별하는 일이며, 가슴 한 자락에 아픈 상처를 심거나 애틋한 그리움을 키워놓고 빈 가슴을 채우려 한없이 떠도는 방랑의 길입니다.

한껏 들여 마시는 공기의 양 만큼만 숨 쉴 수 있는 심장의 고동소리를 들으며 살아있음을 느끼고, 나와 더불어 사는 모든 생명을 아끼고 지켜주는 것입니다. 늙기 전엔 젊음이 삶이 좋은 줄 모르고, 작은 것의 소중함을 모르고 잃어버린 후에야 비로소 알게 되는 것입니다. 그리고 오늘 하루도 사랑했노라 후회 없이 살았노라 웃음 짓는 것입니다.

산다는 것은 "이게 삶이야"하고 자신에게 속삭이며 스스로에게 위안을 삼고, 지금 이 순간을 놓치지 않고 주인공이 되어 맑은 정신으로 깨어 있는 것입니다.

오늘 내가 살고 있는 이 시간의 소중함을 깨닫고, 삶의 흔적을 어루만지며 참회의 눈물을 흘리는 것입니다. 인생의 무거운 짐을 지고 자기의 길을 가는 나그네로 늘 갈망하고도 모자라 비워내는 연습을 하고, 나만의 꽃을 피우는 것입니다.

가끔씩은 벌거벗은 모습으로 두려움과 설렘을 안고 세상 속으로 걸어가는 것입니다. 나무처럼 뿌리를 깊게 내리고, 풀처럼 스러져도 다시 일어나고, 바다처럼 깊고 푸르고, 봄 햇살처럼 반짝이고, 바람처럼 자신의 삶을 춤추게 하는 일입니다.

아내는 영원한 삶의 동반자이자 매니저이며 멘토입니다.
부부로 산다는 것은 서로의 부족한 부분을 채워주는 것입니다. 혼자는 너무 외롭고 부족하기 때문에 사랑하는 사람을 만나 결혼해서 한 방향으로 걸어가는 것입니다. 서로에게 특별한 존재로 남길 바라며, 자꾸만 함께 있고 싶어 자꾸만 쳐다보게 되는 한 송이 꽃입니다.
나는 지금까지 "여보! 사랑해"라는 말을 해준 기억이 별로 없습니다. 오늘 이 그리움과 작은 떨림으로 오십 년 전 내 가슴에 사랑의 꽃씨를 심고, 오십 년 동안 가꾸고 키워 온 사랑의 꽃을 그대에게 바칩니다.
"당신을 사랑합니다. 그대는 하나님이 나에게 보내주신 가장 소중한 선물입니다. 오늘 내 마음의 꽃밭에서 아름답게 핀 사랑의 꽃을 꺾어 바칩니다."

또한 부모라는 이름으로 산다는 것은 무엇일까요?
자식이란 나무를 세상에 심고, 물을 주고 거름을 주면서 세상 사람들에게 시원한 그늘을 만들 수 있게 지켜주는 것입니다. 사람을 미워하지 않고, 세상을 원망하지 않고, 세상을 향해 당당하게 꽃을 피우게 하는 것입니다.

자식들이 다 자라 어른이 된 훗날까지도 부모의 책임으로 돌아오는 채무자 같은 것입니다. 가진 것 다 내어주고, 자식의 근심 걱정 감싸 안고, 마지막에는 목숨까지 떠맡기는 이별 연습을 하는 일인지도 모릅니다.

우리 부부는 지금까지 팔십 평생을 살면서 아들과 두 딸, 며느리와 사위 둘 그리고 손자손녀들을 두었습니다. 지금까지 살아오는 동안 우리 가족의 삶은 비 오듯 슬픈 날도 있었고, 바람 불듯 불안한 날도 있었으며, 파도치듯 힘든 날도 있었지만 겨울날의 따스한 햇볕처럼 행복한 날도 있습니다. 그러나 세상에는 견디지 못할 일도 없고 참지 못할 일도 없습니다. 그 동안 가족들에게 마음의 짐이 되었던 것들을 털어내고 몇 마디 희망사항을 당부하려고 합니다.

아범아! 너는 학창 시절 내내 부모 마음을 아프게 한 적이 별로 없었던 것 같구나. 그렇지만 착하고 내성적인 성격이었던 게 마음에 걸렸단다. 초등학교 때 널 괴롭히는 옆집 아이를 돌멩이로 때려 피가 나자, 네가 저지른 행동이 무서워서 고모네 집으로 도망갔던 일을 기억할 거야. 그 일 이후로 네 어머니는 네게 호연지기를 길러주고 자신감을 갖게 해주기 위해 태권도 도장을 보내기도 했어. 그리고 네가 적극적인 성격으로 변해가는 것을 보면서 내심 안도했단다. 그리고 서울대에 들어가 졸업을 하고, ROTC 장교로 최전방에서 군 복무를 할 때 부주의로 사고 난 부하를 챙기는 네 책임감을 보았고, 아울러 리더십도 배우면서 무사히 군 복무를 마친 것을 하나님께 감사했단다.

아범아! 공부를 더 하고 싶어 외국에 유학하고 돌아와 열정적으로 네 사업을 일구는 것을 지켜보면서 흐뭇했단다. 그리고 지금 성원개발을 책임지고 있는 CEO로써 잘해주고 있어 마음이 놓인다. 또한 부모를 공경하고 섬기는 너의 부부에게도 항상 고맙고 감사하게 생각하고 있단다. 그리고 이제는 많은 식구들까지 책임져야 한다는 사실을 잊지 않았으면 한다. 일을 계획하고 추진함에 있어 항상 식구들을 생각하면서 최선의 결과를 도출해야 한다. 마지막으로 네게 도쿠가와 이에야스의 유훈을 마음의 선물로 주고 싶구나. "사람의 일생은 무거운 짐을 지고 먼 길을 가는 나그네와 같은 것이다. 서두르지 마라. 무슨 일이든 내 마음대로 되는 것이 아니라는 걸 알면 굳이 세상일에 불만을 가질 일이 없다. 마음에 욕망이 생기거든 곤궁할 때를 생각하라. 인내는 무사장구의 본분이니 분노를 적으로 알라. 이길 줄만 알고 질 줄을 모르면 해가 그 몸에 이르니라. 자신을 책망할지언정 남을 책망하지 말라. 미치지 못함은 지나침보다 나으니라. 풀잎 위의 이슬도 무거우면 떨어지게 마련이다."

며늘아기, 아니 어멈아! 우리나라 꽃 중에 '며느리밥풀꽃'이란 꽃이 있어. 며느리들의 한 많은 시집살이를 대변하는 꽃으로 유명하단다. 맏며느리는 잘하면 당연한 것이고 못하면 구박 당했단다. 최 씨 집안으로 시집 와 맏며느리로서, 알뜰하고 소박한 아내로서, 두 아이의 어머니로서 자리매김을 해주어 감사하고 흐뭇하단다. 맏며느리란 한 집안의 가치관과 신념, 가족들의 삶의 태도에 직·간접적으로 가장 큰 영향을 주는 사람이야. '맏며느리는 하늘이 내린다'는 말처럼 맏며느리란 자리는 베푸는 덕을 배우면서 마음 수양을 하라는 의미에서 맏며느리 자리가 주어지는 것이란다. 그래! 며느리 사랑은 시아버지요, 시아버지는 며느리가 뻐드렁니에 애꾸라도 예뻐한다고 했다. 또한 같은 떡도 맏며느리 주는 것이 더 크다고 했어. 맏며느리가 집안의 중요한 사람임을 비유적으로 이르는 말이야. 어멈아! 너는 비록 피 한 방울 섞이지 않는 남이었지만 친부모처럼 거리감 없이 시부모에게 대하고, 친딸처럼 시부모를 섬기는 너에게 항상 고마워하고 있단다. 어멈아! 견고하고 튼튼한 집을 지어주기 바란다. 항상 가정에 웃음꽃이 피고, 행복이 넘쳐나고, 가족의 사랑과 우애가 넘치면 좋겠구나. 너희 부부의 사랑과 신뢰가 견고하고 튼튼한 집을 짓는 초석이라는 사실을 잊지 않았으면 한다. 어멈아! 나는 네가 팔짱을 끼어주는 게 그렇게 좋을 수가 없더구나. 언제나처럼 그렇게 내 팔짱을 끼어주고, 말동무가 되어주었으면 한단다. 아무튼 모든 것이 고맙고 감사하다, 어멈아!

큰딸, 계영아! 네가 지금의 위치에서 자신의 본분을 지키고 한 집안의 며느리로서, 지아비의 아내로서, 어머니로서 역할을 충실하게 해내고 있어 아버지는 자랑스럽다. 아버지는 지금까지 부모로 살아오면서 네게 마음으로부터 진 빚이 있단다. 왠지 그 빚을 갚고 않고는 마음이 편치 않을 것 같아 몇 마디 적는다.

계영아! 네가 친구들과 놀다가 귀가시간을 넘겨 뺨 맞은 것을 기억할 게야. 아마도 아픈 상처가 되었을 거야. 네가 울면서 네 방으로 뛰어가는 걸 바라보는 내 마음은 너보다 더 아팠단다. 나는 네 앞에서 눈물을 보일 수 없어 가슴으로 울었단다. 네가 잠든 모습을 바라보면서 미안하다는 말을 수도 없이 되뇌었단다. 그렇지만 나는 아무것도 할 수가 없어 네 잠자리를 살피고 방을 나오는 게 전부였단다. 항상 엄하게 키운 탓에 아버지를 어려워했다는 것을 잘 안다. 그래서 네 결혼식 때 팔짱을 끼고 행진하면서 좀 더 따뜻하게 대해줄 걸 하는 후회를 했단다.

계영아! 네가 신혼여행을 떠난 뒤 집에 돌아와 한참을 네 방에서 서성거렸다. 네 물건들은 다 그 자리에 있는데 너만 없더구나. 주인 없는 텅 빈 방처럼 내 마음도 그렇게 허전하고 쓸쓸해 결국 네 방을 나오고 말았다. 그런데 네가 "아빠!"하고 부르면서 달려 나올 것 같아 얼마 동안 문 앞을 뜰 수 없었단다. 네가 부모 품을 떠나 시집을 갔다는 것을 마음으로부터 정리하기까지는 많은 시간이 필요했어. 이런 마음은 네 어머니도 마찬가지였단다. 출가외인이라는 말이 있지만, 너는 여전히 물가에 내놓은 자식처럼 걱정되고 행복하기를 바라는 마음이다. 부모란 자식들의 삶까지도 다 떠안아야 하는 것이기 때문이란다.

둘째 딸, 미영아! 너는 머리도 좋고 공부도 아주 잘했지. 정말이지 부모 마음을 속 썩이는 일 없이 대학도 네 희망대로 이화여대에 들어갔어. 네가 자랑스러웠단다. 네가 목표를 세우고, 네 의지대로 원하는 것을 얻기까지 쏟아낸 그 땀의 대가는 참으로 값지고 아름다운 것이었어. 그래! 하찮은 한 송이 꽃을 피우는 데도 많은 세월의 노력이 필요하다는 것을 알아주었으면 한단다. 나는 너를 믿는다. 항상 머리가 아파 많은 고생을 했지만, 몸이 아파도 아프다는 것을 표현하지 않을 정도로 너는 강단이 있고 인내심이 있었었다. 나는 그런 너를 보면서 남 앞에서 자신의 속내를 내비치지 않는 네 어머니를 떠올리곤 했단다.

미영아! 네가 수두를 앓을 때, 너무 고통스러워하는 것을 차마 보지 못해 백화점에 달려가 임신복처럼 헐렁한 원피스를 사 준 것을 기억할 거야. 그때 이 아버지의 마음은 수두가 차라리 내 몸에 걸렸으면 하는 심정이었단다. 그런데 네가 고통을 잘 이겨 내고 행복하게 살고 있어 참으로 기쁘다. 이런 아버지의 마음을 이해하고 시집갈 때 그 옷을 가져가지 않았니? 그래! 너도 자식이 있어 부모의 마음을 다 이해하리라 믿는다.

미영아! 네가 머리가 자주 아파 서울대병원에서 검사받았던 일을 기억하니? 척추에서 골수를 채취해야 하는 통증이 심한 검사인데도, 너는 비명 한 번 내지르지 않았어. 언젠가 네가 나를 찾아와 "정말 아팠어요. 그렇게 아플 수가 없었어요, 아버지" 하고 고백했을 때 내 마음은 찡했단다. 사람은 완벽할 수 없는 거야. 싫으면 싫다고 말하고, 아프면 아프다고 표현하는 게 더 인간적인지도 몰라. 세상에는 많은 기쁨이 있지만 그 가운데 가장 빛나는 기쁨은 가정의 웃음이고, 그 다음은 자식을 보는 기쁨이라고 했어. 아버지와 어머니는 이 기쁨을 지키기 위해 노력했단다. 오빠라고 해서 더 특별하게 대우하거나 언니라고 해서 더 잘해주거나 동생이라고 해서 차별하지 않았단다. 열 손가락 깨물어서 안 아픈 손가락 없다고 했단다. 그 누구도 소중하지 않은 자식이 없어. 이 말은 네 오빠나 언니에게도 해당되는 말이지만, 서로 존경하고 사랑하고 우애하기를 바란다. 건강하고 행복하게 살아주어서 고맙고 감사하게 생각한단다.

　큰사위 진 서방, 작은 사위 김 서방! 장인 장모의 사위 아끼는 정이 따뜻하게 느껴지게 하는 사위질빵이라는 꽃이 있다네. 옛날에는 가을이 되면 사위가 처가의 일을 돕는 풍습이 있었지. 그런데 귀한 사위에게 무거운 짐을 지게 하는 것이 안쓰러워 약한 덩굴로 질빵(지게 끈)을 만들어 지게 했다는 데서 유래된 이름이라네. 그래, 사위는 백년손님이라고 했어. 백년 만에 찾아온 손님이라는 뜻으로 매우 반가운 손님이라는 뜻이라네. 옛날에는 출가외인인 딸과 사위가 친정을 방문하는 것은 부모로서 굉장히 반가운 일이었기 때문이라네. 그러나 백 년이 지나도록 사위가 어려운 손님인 까닭은 시집보낸 딸의 행복과 불행이 오로지 사위 손에 달려 있으며, 모진 시집살이를 바람막이 해줄 딱 한 사람도 바로 사위이기 때문이네. 사위가 잘 되어야 딸도 잘되는 것이고, 온 집안이 화목하고 평온해지는 것이라네. 그렇기 때문에 사위는 한집 식구이면서도 어려워하는 것이지만, 지금은 사위도 자식인 세상 아닌가. 부부란 서로 기댈 수 있는 어깨가 되어주고, 아픔을 나누고 힘이 들 때 귓속말로 "여보! 당신을 사랑해"하고 나직이 속삭여주는 것이라네. 비올 때 우산을 받쳐주는 것이 아니라 함께 비를 맞는 것이며, 눈물과 한숨과 웃음 속에서 작은 몸짓으로 꿈틀거리며 오늘 같은 내일을 사는 것이라네.

진 서방! 사업이 날로 번창하는 것을 지켜보는 장인의 마음은 기쁘다네. 사업가로써 역량이 있는 것 같아 아무런 근심 걱정이 없다네. 그러나 진정한 부자가 되려면 나보다 못한 사람들의 그늘에 따스한 햇볕이 되어주는 것이라네. 그리고 그들을 위해 배려할 줄 아는 진정한 CEO, 부자가 되었으면 하네.

김 서방! 대학 교수로써 인재 양성을 위해 노력하는 모습이 자랑스럽다네. 모든 국가의 기초는 그 나라 젊은이들의 교육에 있다고 했네. 또한 교육의 목적이 기계적인 사람을 만드는 것이 아닌 인간적인 사람을 만드는 것이라고 알고 있네. 창조적인 표현과 지식에 대한 기쁨을 깨우쳐주는 교육자가 되었으면 하네. 그리고 대학교 처장과 원장을 겸직하고 있어 얼마나 감사할 일인가. 일도 중요하지만 건강도 챙기고 가족에게도 더 많은 시간을 배려해 주었으면 하는 바람이네.

영근, 진선아! 그리고 민준, 성균, 소연아! 할아버지는 너희들에게 많은 것을 바라지 않는단다. 다만 세상에서 자신의 몫을 다하고, 남들에게 욕먹지 않는 사람이 되어주길 바랄 뿐이란다. 사람답게 살면서 현재 위치에서 자기 할 일이 무엇인지 알고 최선을 다해주길 바랄 뿐이다. 세월은 누구에게나 공평하게 주어진 자본금이란다. 이 자본을 잘 이용한 사람에겐 승리자가 될 수 있단다. 아주 짧은 시간을 귀중히 여겨 하루하루를 마지막 날인 듯 뜨겁게 살아야 한다. 앞으로 다가 올 세상에 너희들 삶을 춤추게 해야 한단다.

미국 대학원에서 MBA 과정을 밟고 있는 손자 영근아! 무사히 군 복무를 마치고 마지막 남은 학기를 마친 뒤, 네가 그리는 인생이란 지도를 무사히 항해할 수 있는 나침반 같은 사람이 되었으면 한단다. 삶은 끝없는 반복의 연속이기 때문이란다.

카네기메론대학에서 경영학을 전공하고 있는 손녀 진선아! 내성적인 오빠와는 달리 성격이 시원시원한 네가 학교에서 리더의 역할을 하고 있는 것이 자랑스럽다. 네가 원하는 것, 하고 싶은 것이 있거든 다 해 보거라. 그런 뒤 세상 사람들에게 희망을 나눠줄 수 있는 사람이 되었으면 한다.

민준아! 넌 가정적이며 집안에 효자라고 소문났잖니. 또한 집안의 모든 일을 처리하는 네가 대견스럽기도 하다. 특히 손재주가 뛰어난 네 재능을 살려 산업디자인학과에 입학했잖니. 네가 꿈꾸는 미래의 프로세스를 디자인하기 바란다.

성균아! 고 3이라는 중요한 기로에 서 있구나. 넌 머리가 영리하고 영어웅변대회에서 1등을 할 정도로 모든 일에 열심이었어. 내가 원하는 미국의 대학에 입학할 수 있도록 남은 시간 최선을 다하거라. 반드시 좋은 결과 있을 것이다.

소연아! 넌 울보였지만 자립심 강한 효녀이기도 했어. 또한 네 물건을 잘 챙긴 탓에 궁리가 어른 같다는 말도 들었단다. 그

린데 말이야. 공부보다 더 쉬운 일이 없다고 했단다. 학생의 본
분은 공부라는 뜻이야. 꼭 원하는 고등학교에 입학하기 바란다.

　그렇습니다. 아픔 없는 사랑 없고 상처 없는 삶은 없습니다.
조금만 속내를 들여다보면 집집마다 가슴 아픈 사연과 아픈 눈
물을 간직하고 살아갑니다. 이 아픔과 상처를 치유하며 살아가
는 과정에서 작은 행복을 맛보며 살아가는 것입니다.
　또한 산다는 것은, 내가 그리워하고 사랑했던 것들을 하나하
나 맞이했다가 떠나보내는 세월 같은 것입니다. 떠날 사람은 떠
나고 남을 사람만 남아 떠난 사람의 마지막 눈빛을 언제까지나
떠올리다 쓸쓸히 돌아서는 발자국 같은 것입니다.
　우리는 삶에 초대된 귀빈으로 인생의 주인공입니다. 그럼에
도 삶이 힘들다며 우리 앞에 펼쳐진 풍성한 잔치를 즐기려 하지
않습니다. 현실에 안주하는 사람에겐 늘 똑같은 삶의 연속일 수
밖에 없습니다. 더 나은 삶을 위해 늘 고민하고 현실을 변화시
키고자 노력하는 사람이 되어야 합니다. 항상 주도적인 인생을
사는 사람만이 새로운 희망과 꿈을 이룰 수 있습니다.
　인생은 강물처럼 흘러가는 것이 아니고 성실로써 이루어져가
는 것입니다. 하루하루를 헛되이 보내는 것이 아니라 내가 가진
것으로 채워가는 것입니다.
　산다는 것은……, 한 인간으로 산다는 것은…….

삶으로부터 배우는 인간 경영
ⓒ 최두형, 2008

제1판 제1쇄 찍음 | 2008년 9월 20일
제1판 제1쇄 펴냄 | 2008년 9월 25일

지 은 이 | 최두형
펴 낸 이 | 이영희
펴 낸 곳 | 도서출판 이미지북

등록번호 | 제2-2795호(1999. 4. 10)
주   소 | 서울시 강남구 논현동 193-8 우창빌딩 202호
대표전화 | 02) 483-7025, 팩시밀리 02) 483-3213
전자우편 | ibook99@korea.com

ISBN 978-89-89224-08-2   03810

* 잘못 만들어진 책은 바꿔드립니다.
* 책값은 뒤표지에 있습니다.

이 도서의 국립중앙도서관 출판시도서목록(CIP)은 e-CIP홈페이지
(http://www.nl.go.kr/ecip)에서 이용하실 수 있습니다.(CIP제어번호 :
CIP2008002883